비밀,거짓말
그리고
민주주의

촘스키, 세상의 권력을 말하다
비밀, 거짓말 그리고 민주주의

지은이 | 노엄 촘스키
인터뷰어 | 데이비드 바사미언
엮은이 | 아서 네이먼
옮긴이 | 강주헌
삽화가 | 김용민
펴낸이 | 김성실
기획편집 | 이소영 · 박성훈 · 김진주 · 김성은 · 채은아 · 김선미
마케팅 | 곽홍규 · 김남숙
인쇄 · 제본 | 한영문화사

초판 1쇄 발행 | 2004년 4월 12일
초판 12쇄 발행 | 2013년 1월 18일
2판 1쇄 발행 | 2013년 12월 9일
2판 2쇄 발행 | 2015년 7월 27일

펴낸곳 | 시대의창
출판등록 | 제10-1756호(1999. 5. 11.)
주소 | 121-816 서울시 마포구 연희로 19-1 4층
전화 | 편집부 (02) 335-6125, 영업부 (02) 335-6121
팩스 | (02) 325-5607
이메일 | sidaebooks@daum.net

ISBN 978-89-5940-271-7 (04300)
     978-89-5940-269-4 (전 3권)

이 도서의 국립중앙도서관 출판시도서목록(CIP)은
서지정보유통지원시스템 홈페이지(http://seoji.nl.go.kr)와
국가자료공동목록시스템(http://www.nl.go.kr/kolisnet)에서 이용하실 수 있습니다.
(CIP제어번호: CIP2013019170)

촘스키, 세상의 권력을 말하다

촘스키
CHOMSKY

비밀, 거짓말
그리고
민주주의

노엄 촘스키 지음
데이비드 바사미언 인터뷰 · 강주헌 옮김

시대의창

일러두기

＊이 책은 *HOW THE WORLD WORKS*(Interviewed by David Barsamian, Edited by Arthur Naiman, Soft Skull Press, Berkeley, 2011)에 수록된 *The Prosperous Few and the Restless Many*(Odonian Press, Berkeley, 1993)와 *Secrets, Lies and Democracy*(Odonian Press, Berkeley, 1994)를 한국어로 옮긴 것이다.
＊이 책의 한국어판은 2004년 《촘스키, 세상의 권력을 말하다 2》(강주헌 옮김, 시대의창)로 처음 출간되었다.

자신들만의 이익을 좇는 권력은 반드시
국민의 심판을 받는다

촘스키는 좌파다. 그러나 우리가 생각하는 그런 좌파가 아니다. 우리는 좌파를 붉은 물이 든 사람과 동의어로 생각한다. 하지만 촘스키가 생각하는 좌파는 그런 것이 아니다. 인간으로서의 기본적인 권리를 보장받자는 것이다. 따라서 촘스키는 지배자를 감시하고 그들의 언행에 총구를 겨눈다.

촘스키가 생각하는 지배자는 정부(정치권력)와 언론(언론 권력)과 대기업(경제 권력)이다. 이들이 대다수 국민의 이익을 무시한 채 자신들만의 이익을 챙기려 할 때 촘스키는 분노한다. 분노에 그치지 않고 그 분노를 글로 표현한다.

이 책에서도 언급되지만 촘스키는 한국의 외환위기 때 IMF의 고금리정책을 비난했다. "IMF 근본주의"라는 신조어까지 사용하며 IMF와 같은 세계 기구를 비난했다.

하지만 당시 우리는 어땠던가? 고금리에 견디다 못해 쓰러진 기업이 외국인들에게 팔려나갔다. 지금 정치 개혁의 선도자인 양 떠들어대는 한 인물도 그때 외국 기업이 우리 기업을 사들이는 것을 옹호했다. 우리 땅에 있으면 어차피 우리 기업이라면서! 대체 그가 비판하던 매판자본 기업과 무엇이 다르단 말인가? 게다가 부자는 고금리 혜택으로 더할 나위 없는 풍요를 누렸고, 가난한 사람들은 풍선처럼 불어난 이자 때문에 더 가난해져야 했다. 태평양 건너편에서, 그것도 미 대륙을 완전히 건너서 동부에 살고 있는 촘스키는 IMF의 정책을 비난했지만, 우리의 떠들썩한 지식인들은 IMF의 정책에 딴지를 걸지 못했다.

촘스키는 언제나 약자 편이다. 대다수 국민이 약자이기 때문에 약자 편이다. 그런데 대다수 국민은 눈과 귀를 봉쇄당하고 산다. 신문과 언론이 정치권력의 편이기 때문이다. 정치권력이 양편으로 나뉘어지자 언론도 양편으로 나뉘었다. 서로 진실을 말한다고 주장하며 상대방이 틀렸다고 말한다. 틀림과 다름을 구분하지 않는다. 자신의 의견과 다른 쪽은 틀린 것이다. 여기에서 어용 조직과 지식인까지 양편으로 나뉘어 교묘하게 거들고 나선다. 좌우의 문제가 아니라 그저 진영 싸움이다.

하지만 촘스키는 이런 싸움에 말려들지 않는다. 신문과 텔레비전 뉴스의 행간을 읽는다. 양심 있는 기자들에게 실낱같은 희망을 건다. 그들이 행간에 숨긴 진실을 찾아낸다. 추측하고 가정하지 않고 객관적인 진실을 바탕으로 과학적이고 합리적으로 추론한다. 그것이 촘스키의 일이다. 따라서 촘스키는 언제나 반체제적인 지식인으로 보인다. 그래서 좌파적인 인물로 보인다. 요컨대 촘스키는 좌파이지만 빨갱이가 아니라 국민의 기본권을 쟁취하려고 몸부림치는 사람이다.

이 책은 데이비드 바사미언과 촘스키의 대화를 녹취한 것이다. 바사미언은 촘스키에게 많은 것을 묻는다. 중남미 문제, 이스라엘과 미국의 관계,

환경 문제, 인종차별의 원인, 심지어 가족이란 개념에 대해서도 묻는다.

특히 환경 문제에 대한 생각은 우리 환경 단체에 귀감이 될 만하다. 또한 인종차별의 원인도 새롭게 분석한다. 마르크스처럼 자본주의를 원인이라 생각하지 않고 한 걸음 더 나아가 "지배와 억압"의 산물이라고 정의한다.

언제나 그렇듯이 촘스키는 우리에게 사물을 새롭게 보는 눈을 길러준다. 이 책은 구체적인 현안에 대한 촘스키의 대답이지만, 그 대답의 형식에서 우리는 우리 주변에서 일어나는 현상들을 다르게 분석하는 방법을 배울 수 있다.

충주에서 강주헌

편집자의 글

　이 책은 노엄 촘스키의 연설과 인터뷰를 집약적으로 편집한 것으로, 이를 통해 우리는 그의 주장을 온전히 이해할 수 있는 흔치 않는 기회를 얻게 되었다. 이 책에서는 촘스키의 눈부신 사상과 날카로운 통찰력을 그대로 살리면서도 그의 주장을 명확하고 이해하기 쉬운 친숙한 문체로 독자들에게 전달하고자 했다.

　이 책을 만들겠다는 착상은 촘스키가 버클리의 KPFA 라디오에 나와 얘기하는 것을 듣던 중에 시작되었다(물론 이 책을 포함한 〈The Real Story Series〉의 책들이 대부분 그렇다). 듣다 보니 책을 읽었을 때보다도 말을 들을 때 그의 사상을 이해하기가 더 쉽다는 걸 알게 되었다. 그래서 촘스키에게 편지를 보내 그가 말한 것들을 일부 편집해서 짧고 대화체로 된 책을 만들면 어떻겠느냐고 제안했다.

　촘스키는 내 제안에 동의했고, 나를 데이비드 바사미언에게 소개해주었다. 바사미언은 1986년부터 촘스키의 연설과 인터뷰를 녹음하는 일을 해왔다(그는 아직도 그 일을 하고 있다).

　바사미언이 제공한 일곱 종의 연설과 인터뷰 사본을 기초로 몇 달 동안 작업을 진행했다. 이 과정에서 다양한 주제를 두고 각기 다른 시기에 촘스키가 말한 것들을 죄다 끌어모았다. 그리고 가장 좋은 부분을 골라 수록했고, 각기 다른 시간대에 같은 주제를 가지고 얘기하느라 불가피하게 반복된 부분은 뺐다. 이것을 다시 전체적으로 일관되게 정리한 후에 결과물을 촘스키에 보내 최종 교정을 요청했다. 그는 내가 편집한 것에 추가하여 논점을 부연하거나 명확히 하여 새롭게 쓴 자료를 나에게 보내주었다.

이러한 방법으로 다음의 네 가지 종류의 책이 출판되었다.《미국이 진정으로 원하는 것 *What Uncle Sam Really Wants*》,《부유한 소수와 불안한 다수 *The Prosperous Few and the Restless Many*》,《비밀, 거짓말 그리고 민주주의 *Secrets, Lies and Democracy*》,《공공선을 위하여 *The Common Good*》. 이렇게 대화체로 이루어진 촘스키의 책들에 대한 독자들의 반응은 아주 대단했다. 네 권의 책이 모두 합해 총 59만 3천 권이나 팔렸으니 말이다.

3자가 협력하면서 책을 고민하던 초기에 나는 어떤 형식으로 책을 만들어야 가장 효과적일지 자신이 없었다. 그래서 첫 번째 책에서는 바사미언이 촘스키에게 질문을 던지는 부분 전체를 덜어냈다. 하지만, 나머지 세 권의 책에서는 이 부분들을 본문에 포함시켰다(라디오 청취자가 촘스키에게 전화로 질문하는 부분도 대부분 같은 방식으로 편집했다).

책의 내용 가운데 처음으로 언급되는 용어, 잘 알려지지 않은 사건과 인물에는 주를 달아놓았다.

이 책을 만드는 데 참고한 촘스키의 책 중 일부는 추가적인 자료들을 포함하고 있는데, 노트나 촘스키가 쓴 다른 책들의 제목, 도움이 될 만한 단체의 이름 등이 그것이다.

원래 이 책으로 편집된 대화나 인터뷰는 1990년대에 이루어졌고, 일부는 1980년대 후반 것이지만, 오늘날의 독자들이 신문이나 방송에서 읽고 들은 것보다 촘스키의 관점이 훨씬 더 통찰력이 있다는 걸 깨닫게 될 것이라 믿는다. 그가 보여준 깊이 있는 분석과 선견지명은 시간이 지날수록 더 시의적절해서, 독자들은 이 책을 읽는 동안 깜짝 놀랄 것이다. 몇 페이지만 읽어도 이 말이 틀리지 않다는 걸 알 것이다.

아서 네이먼

＊작가이자 편집인, 출판인인 아서 네이먼은 정치적 주제에 대한 책인 리얼 스토리 시리즈를 편집했다. 촘스키와 데이비드 바사미언의 대담집인 *HOW THE WORLD WORKS*를 포함한 15여 권의 책을 펴냈다.

차 례

1

부유한 소수와 불안한 다수

1

세계화, 그들만의 잔치

NAFTA는 미국 노동자에게도 적잖은 피해를 입힐 것입니다.
수십만개의 일자리가 사라질 것이고 작업 환경도 떨어질 것입니다. 흑인과
라틴계 노동자가 최대의 피해자가 될 것입니다.
하지만 미국의 투자자 그리고 이들과 손을 잡은 멕시코의 부자는
그야말로 노다지를 만난 기분일 것입니다. 따라서 NAFTA에 박수를 보내는
사람은 이들과 이들의 편에서 일하는 전문가뿐입니다.

새로운 세계경제

— 나는 어젯밤 케임브리지의 브래틀 가에 있었습니다. 돈을 구걸하는 거지들, 건물의 현관 앞에서 새우잠을 자는 사람들을 적잖게 보았습니다. 더구나 오늘 아침 하버드스퀘어 전철역에서는 그런 사람들을 더 많이 보았습니다. 빈곤과 절망이라는 망령이 이젠 중산계급, 심지어 상류계급까지 점점 확대되고 있습니다. 이런 현상이 도시의 일부 지역에 국한되었던 몇 년 전이었다면 몰라도, 이제는 피할 수 없는 지경에 이른 듯합니다. 이것을 미국의 빈민화와 떼어놓고 생각할 수 없을 것 같습니다. 제 생각이지만 선생님의 개념에 따르면 '내부의 제3세계화internal Third Worldization'라고 할 수 있겠죠.

— 여러 요인이 복합된 결과라고 생각합니다. 약 20년 전에 세계 질서에 커다란 변화가 있었습니다. 전후 경제 질서를 완전히 해체해버린 리처드 닉슨의 정책 말입니다. 닉슨은 세계 질서에서 미국의 주도권이 눈에 띄게 줄어들었고, 세계적으로 목소리를 점점 높이고 있는 일본 그리고 독일을 중심으로 한 유럽과 더불어 새롭게 구축한 '3극 체제tripolarism'에서 미국이 더 이상 세계의 물주 구실을 실질적으로 할 수 없다는 사실을 깨달았던 것입니다.

이런 3극 체제는 미국 기업의 이익에 엄청난 부담으로 작용했고, 그 결과

사회복지 정책도 큰 타격을 받지 않을 수 없었습니다. 결국 보통 사람들에게 허락된 빵 조각까지 사라지고 말았습니다. 모든 것이 부자의 손에 떨어지고 만 것입니다.

게다가 통제 불능의 자본이 엄청난 규모로 전 세계를 휘젓고 다녔습니다. 1971년 닉슨이 '브레턴우즈협정'에 따른 경제 구조를 해체하면서 통화에 대한 규제를 철폐한 덕분이었습니다. 브레턴우즈협정의 파기, 그리고 그 밖의 많은 변화로 세계에서 규제할 수 없는 자본이 무서운 속도로 급증했고 경제의 세계화를 가속화시켰습니다.

일자리를 가난한 저임금 국가에 수출한다고요? 정말 멋지게 들립니다. 하지만 국내의 생산직 노동자가 일할 기회가 그만큼 줄어든다는 뜻이기도 합니다. 물론 기업의 이익을 증대시킬 수 있는 방법이긴 합니다. 여기에 자본의 흐름이 자유화되고 텔레커뮤니케이션이 발달한다면 기업의 이익 증대는 한결 쉬워집니다.

세계화는 두 가지 중요한 결과를 낳았습니다. 첫째는 제3세계 모델을 산업국가까지 확대시킨 것입니다. 제3세계의 특징은 이원화된 사회입니다. 즉 거의 절대적인 특권을 누리는 소수 그리고 빈곤과 절망에 신음하는 무력한 다수입니다.

서구 세계가 강요하는 정책으로 이런 구분이 더욱 심화되고 있습니다. 서구 세계는 신자유주의 즉 자유 시장 체제를 제3세계에 강요합니다. 신자유주의가 무엇입니까? 메시아가 오고 나면 대단한 무엇이 마법처럼 저절로 굴러 떨어질 것이란 장밋빛 환상을 심어주면서, 자원을 부자와 외국 투자자에게 집중시키는 것입니다.

산업화된 세계 어디에서나 이런 현상을 목격할 수 있습니다. 하지만 영어를 사용하는 세 국가에서 가장 두드러집니다. 1980년대에 들면서 대처 총리의 영국, 레이건 정부의 미국, 그리고 노동당 정부가 집권한 호주가 제3세계에서 써먹던 정책 가운데 일부를 채택했습니다.

물론 그들은 이 게임을 완전하게 해내지는 못했습니다. 부자들에게 엄청난 피해를 안겼으니까요. 하지만 그들은 불장난을 계속했습니다. 그리고 고통을 겪었습니다. 당신도 아시다시피 고통은 일반 국민의 몫이었습니다.

로스엔젤레스 남동부를 예로 들어볼까요? 과거에 그곳은 공장 지대였습니다. 그런데 그 공장들이 동유럽, 멕시코, 인도네시아로 이전했습니다. 여자 농부를 손쉽게 구할 수 있는 곳으로 옮긴 것입니다. 하지만 부자들은 제3세계에서 그랬듯이 대단한 성공을 거두었습니다.

두 번째 결과는 지배 구조와 관계가 있습니다. 역사를 통해 알고 있듯이 정부 구조는 다른 형태의 권력과 유착하는 경향이 있습니다. 물론 요즘에 다른 형태의 권력은 곧 경제 권력입니다. 따라서 국가 경제를 좌지우지하는 자가 국가권력을 장악할 수 있습니다. 우리는 지금 국제경제 시대를 맞았습니다. 국제 국가를 향해 나아가고 있습니다. 이른바 하나의 국제 정부를 지향하고 있는 것이죠.

비즈니스 언론을 인용한다면 우리는 "실질적인 세계 정부"를 가진 "새로운 제국 시대"를 건설하고 있습니다. 새로운 제국은 자체의 기구를 두고 있습니다. IMF(국제통화기금)와 세계은행, NAFTA(북미자유무역협정)와 GATT(관세무역일반협정) 같은 무역 협정, 그리고 G7(미국, 캐나다, 일본, 독일, 영국, 프랑스, 이탈리아로 이루어진 세계에서 가장 부자인 일곱 나라를 가리킨다. 그들은 경제정책을 논의하기 위해 정기적인 회담을 갖는다)과 유럽공동체[EC]의 각료 회의와 같은 정부 수장들의 회담 등이 대표적인 예입니다.

당신도 알고 있겠지만, 이런 의사 결정 기구들은 기본적으로 다국적기업, 국제적인 규모의 은행 등의 이익을 우선시합니다. 민주주의에 치명타가 아닐 수 없습니다. 이런 모든 기구의 의사 결정이 행정부 차원에서 이루어지기 때문에, 영향력을 갖지 못한 국민과 의회가 소외된 '민주주의의 결핍democratic deficit'은 피할 수가 없습니다.

이것만이 아닙니다. 대다수의 국민은 무슨 일이 일어나고 있는지도 모릅니다. 극단적으로 말하면 모른다는 사실조차 모릅니다. 이 결과의 하나가 제도권에서의 소외입니다. 따라서 국민은 누구도 자신들 편이 아니라고 느끼게 됩니다.

그렇습니다! 누구도 국민을 위해 일하지 않습니다. 국민은 의사 결정 기구들이 은밀한 곳에서 무엇을 결정하고 있는지 모릅니다. 민주주의에서 알맹이를 빼앗고 껍질만 남겨놓으려는 그들의 장기적인 포석이 마침내 성공을 거둔 셈입니다.

— 클린턴의 리틀록 경제 콘퍼런스를 필두로 경제 회복과 경쟁력 제고를 위한 회의가 연이어 열렸습니다. 그런데 정치경제학자 가르 알페로비츠는 《뉴욕타임스*The New York Times*》에 "현재 제안되고 있는 의견들은 심각한 위기에 처한 우리 경제문제를 해결해줄 돌파구가 되기엔 미흡하다. 우리는 경제의 질적 저하라는 문제를 해결하지 못한 채 고통스런 시기를 오랫동안 겪어야 할지도 모른다"라고 말했습니다. 선생님은 이 생각에 동의하십니까?

— 나는 아직 그 기고문을 읽지 못했습니다. 하지만 《파이낸셜타임스*Financial Times*》는 클린턴 정부의 보수적인 재정 정책을 상당히 높게 평가하고 있더군요.

여기에 중대한 문제가 있습니다. 무엇보다 우리는 단어의 사용에 신중해야 합니다. 예를 들어 아메리카가 장기적인 경제 쇠퇴기에 있다고 누군가 말한다면 '아메리카'가 무엇을 뜻하는지 분명히 말해줘야 한다는 것입니다. 만약 아메리카가 미국 땅을 뜻한다면 알페로비츠의 판단은 옳습니다. 지금 논의되고 있는 정책들은 표면적인 효과는 거둘 것입니다. 그러나 경제의 질적 저하는 과거부터 있었던 것이고 앞으로 더 심화될 것입니다. 현재 미국은 제3세계 사회의 특징을 적잖게 보여주고 있습니다.

그러나 아메리카가 미국에 기반을 둔 기업을 뜻한다면 알페로비츠의 판단은 틀렸습니다. 실제로 통계 지표는 정반대입니다. 예컨대 제조업 생산에서 이런 기업이 차지하는 비율은 안정되어 있을 뿐 아니라 꾸준히 증가하는 추세입니다. 하지만 미국 자체의 몫은 줄어들고 있습니다. 생산 기지를 해외로 이전시킨 결과입니다.

《파이낸셜타임스》의 보도에 따르면, GM(제너럴모터스)은 북미에서 약 스물네 군데의 공장을 폐쇄하는 중입니다. 하지만 작은 활자로 쓰인 기사를 읽어보십시오. GM이 새로운 공장을 해외에 건설한다는 기사를 분명히 찾아낼 수 있을 것입니다. 동독에 7억 달러를 투자해 건설한 첨단 공장은 한 예일 뿐입니다. 엄청난 실업률에 시달리는 동독에서 GM은 서유럽 노동자 임금의 40퍼센트만을 지출하면 그만입니다. 그렇다면 이윤은 눈덩이처럼 불어날 것이고요.

《파이낸셜타임스》의 1면에 아주 흥미로운 기사가 실렸습니다. GM의 전략을 아주 높이 평가했더군요. 《파이낸셜타임스》의 주장대로라면 GM은 '배부른' 서유럽 노동자를 더 이상 걱정해줄 필요가 없습니다. 어쨌든 동독이 옛날처럼 제3세계의 구조로 되돌아가고 있는 중이기 때문에 GM은 착

취할 노동력을 얼마든지 구할 수 있습니다. 멕시코, 타이 등에서도 마찬가지입니다.

— 미국의 경제문제를 해결할 처방은 언제나 똑같습니다. "시장에 맡겨라!" 자유 시장에 끝없이 쏟아지는 찬사 때문에 이제 자유 시장은 거의 신화가 되어버렸습니다. "자유 시장이 모든 문제를 해결해줄 것이다!" 다른 대안은 없을까요?

— 무엇보다 이데올로기와 현실을 구분할 필요가 있습니다. 이 시점에서 자유 시장에 대해 언급한다는 것은 우스갯소리에 불과하기 때문입니다. 이론가와 학자 그리고 언론을 제외하면 아무도 자본주의를 지속가능한 제도라 생각하지 않습니다. 지난 60년, 아니 70년 동안 그렇게 생각한 사람은 아무도 없었습니다.

세계은행의 경제 분석가인 허먼 데일리와 로버트 굿랜드가 최근에 흥미로운 연구 결과를 발표했습니다. 그 연구 보고서에 따르면, 그동안 의사 결정을 위한 표준 이론으로 여겨온 경제 이론은 자유 시장이라는 바다에 개인 기업이라는 아주 작은 섬들이 떠 있는 모습이었습니다. 물론 이 섬들은 국제적으로 자유롭지 않습니다. 대부분이 중앙집중식으로 관리됩니다.

하지만 개인 기업이 바다에 떠 있는 작은 섬에 불과하다면 이 현상은 문제될 것이 없습니다. 개인 기업들이 길거리의 구멍가게와 크게 다르지 않다고 생각해도 상관없습니다. 그런데 데일리와 굿랜드의 지적에 따르면 이제 이 섬들이 바다를 꽉 채울 정도로 커지고 있다는군요. 한 기업 내에서 국경을 넘나드는 거래량이 엄청난 비중을 차지하지만 이것은 진정한 의미에서 '무역'이라 할 수 없습니다. 거대 기업 조직이라는 분명하게 보이는 손에 의해 중앙에서 집중적으로 관리되는 무역입니다. 여기에 덧붙여야 할 것이 또 있습니다. 비유해서 말하면 바다 자체도 자유무역과는 부분적으로만 닮았다는 사실입니다.

따라서 자유무역 제도의 대안은 이미 우리 수중에 있다고 말할 수 있습니다. 강대국이 이익을 보장받지 못하는 곳에서는 시장에 의존하지 않기 때문입니다. 미국이 현재 취하고 있는 경제 정책은 보호주의, 간섭주의, 자유 시장, 규제의 철폐 등이 뒤죽박죽된 것입니다. 한마디로 말해, 사회보장 정책의 방향을 결정하는 사람은 대부분이 부자이고, 이 정책 또한 권력을 쥔 사람들의 이익을 대변한다는 것입니다.

예를 들어, 미국은 다른 산업국가와 마찬가지로 국가 주도의 산업 정책을 줄곧 취해왔습니다. 또한 정부의 간섭이 확대될 때에만 개인 기업을 중심으로 한 경제 체제가 살아남을 수 있다고 생각해왔습니다. 무질서한 시장을 규제하고, 시장 중심 체제의 파괴적인 힘에 개인 자본을 보호하며, 첨단산업 분야를 발전시키기 위해 공공보조금을 편성할 필요도 있다고 생각해왔습니다.

하지만 누구도 이런 것을 산업 정책이라고 부르지 않았습니다. 반세기 동안 이런 정책 방향은 펜타곤 시스템 내에 철저히 감추어졌기 때문입니다. 국제적으로 볼 때 펜타곤은 간섭자였지만, 국내적으로는 정부가 민간 경제를 조정하고 대기업을 보호하는 수준을 넘어서, 보조금을 지급하며 납세자의 돈을 연구 개발에 쏟아붓고 과도한 생산을 국가가 떠맡아주며 첨단산업의 발전 방향을 결정할 수 있는 멋진 수단이었습니다. 미국 경제에서 성공을 거두고 열매를 맺은 대부분의 분야가 이런 식의 정부 개입에 힘입었습니다.

— 리틀록 콘퍼런스에서 클린턴은 구조적인 문제를 언급하면서 인프라 구조를 개조하겠다고 말했습니다. 한편 러트거스 대학교 경제학 교수로 《냉전 경제의 와해 *Dismantling the Cold War Economy*》를 쓴 앤 마쿠센은 펜타곤 시스템의 월권을 지적하면서, 펜타곤 시스템이 미국 경제에 미친 왜곡과 피해를 언급했습니다. 따라서 요즘 들어 이런 문제들에 대한 논의가 시작된 듯합니다. 전에는 생각할 수도 없었던 현상이죠.

— 예전처럼 쉽게 펜타곤 시스템을 유지할 수 없기 때문입니다. 펜타곤 시스템을 은폐시키고 있던 가면이 벗겨지자 이제 펜타곤 시스템을 거론하지 않을 수 없는 것입니다. 투자를 첨단산업으로 돌리기 위해서 러시아가 위협한다는 핑계로 국민에게 소비를 줄이고 꿈을 낮추라고 설득할 명분이 사라진 시대이니까요.

따라서 펜타곤 시스템이 곤경이 빠졌습니다. 얼마 전부터 경제학자들과 은행가들은 미국 경제가 빠르게 회복되지 못하는 이유 중의 하나로 정부가 엄청난 파급 효과가 있음에도 불구하고 군사비 지출을 늘리지 않기 때문이라며 공공연히 떠들고 있습니다. 이른바 경제 부양책이란 것입니다. 물론 군사비 지출을 늘리려는 다양한 노력이 취해지고 있지만 과거와 같은 방식일 수는 없습니다. 내 생각이지만 소말리아 작전도 펜타곤이 벌이는 이런 노력의 일환인 듯합니다.

물론 다른 면도 고려해야겠죠. 첨단 기술과 첨단산업도 얼마 전부터 다른 방향으로 움직이고 있습니다. 다시 말해 전자에 기반을 둔 산업에서 생

국제적으로 볼 때 펜타곤은 간섭자였지만,
국내적으로는 정부가 민간 경제를 조정하고
대기업을 보호하는 수준을 넘어서, 보조금을 지급하며
납세자의 돈을 연구 개발에 쏟아붓고 과도한 생산을
국가가 떠맡아주며 첨단산업의 발전 방향을
결정할 수 있는 멋진 수단이었습니다.

물학에 기반을 둔 산업과 경제로 바뀌어간다는 것입니다.

생명공학, 유전자공학, 종자와 신약 설계 등이 앞으로 황금알을 낳아줄 산업으로 기대됩니다. 따라서 생명공학이 전자공학보다 훨씬 중요할 수 있습니다. 실제로 생명공학의 성장 잠재력에 비교할 때 전자공학은 새 발의 피에 불과합니다.

하지만 펜타곤을 등에 업고 이런 분야들에 정부가 개입하기란 어렵습니다. 러시아가 지금 건재하더라도 미국이 옛날처럼 노골적으로 그렇게 할 수는 없을 것입니다. 게다가 무엇을 해야만 하는가에 대한 문제에서도 두 정당의 입장이 다릅니다. 민주당에 비해 광적인 이데올로기에 사로잡힌 레이건-부시의 공화당은 이 문제를 감추는 데 급급합니다. 따라서 상당히 독선적인 편입니다. 반면에 클린턴의 민주당은 이 문제에 상대적으로 정직한 편입니다. 그래서 클린턴이 관련 기업들을 대대적으로 지원하는 것입니다.

이제 '인프라 구조' 또는 '인적 자본' 문제를 생각해볼까요? 이 말들은 국민에게 생동감을 주고 충분히 교육받도록 해주어야 한다는 원칙을 달리 표현한 것입니다. 요즘 들어 기업계는 이 원칙에 소홀했다는 사실을 절감할 것입니다. 예를 들어 《월스트리트저널 *The Wall Street Journal*》은 10년 동안 레이건의 광기를 가장 열렬하게 옹호한 언론이었습니다. 하지만 최근에 이들은 결과에 탄식한다는 기사를 연이어 내보내고 있습니다. 물론 이들이 그 결과를 초래하는 데 한몫했다는 사실까지는 인정하지 않지만 … 캘리포니아 주의 교육 제도가 붕괴되었다는 기사를 큼직하게 내보내며 이 때문에 우려를 금치 못한다고 덧붙였습니다. 샌디에이고 지역의 기업가들은 캘리포니아 주의 교육제도, 즉 공공보조금에 크게 의존하고 있습니다. 그들에게 숙련된 노동자, 중간 관리자, 응용 연구 등을 제공해주니까요. 그런데 그 제도가 붕괴되고 말았습니다.

이유는 자명합니다. 연방 예산에서 사회 비용을 대폭 삭감했습니다. 그리고 연방 정부의 빚을 엄청나게 증대시킨다는 이유로 국민의 교육과 관련한 재정과 정책을 주 정부에 떠넘겼기 때문입니다. 주 정부가 국민 교육이란 부담을 어떻게 완전히 감당할 수 있겠습니까? 주 정부는 심각한 재정난에 빠질 수밖에 없었고, 이 문제를 지방자치단체에 다시 떠넘기려 할 수밖에요. 이 때문에 지방자치단체들까지 심각한 곤경에 처했습니다.

여기 보스턴 지역의 부자 동네에 살고 있는 부유한 기업가라고 다를 바가 없습니다. 리무진을 타고 도심으로 가려면 도로가 있어야 합니다. 그런데 도로 사정이 엉망입니다. 곳곳이 움푹 패어 있습니다. 또한 강도 걱정 없이 시내를 거닐고 극장을 다니고 싶을 것입니다.

따라서 이제는 기업가들도 볼멘소리를 합니다. 자신들에게 필요한 것을 지원해주던 원래의 임무로 돌아가라고 정부에 촉구합니다. 《월스트리트저널》과 같은 언론들이 지난 10년 동안 줄기차게 박수갈채를 보냈던 정책을 재고해야 한다는 뜻입니다.

— 문제점을 지적하는 것도 필요하겠지만, 과연 정부가 그 문제를 해결할 수 있을까요?

— 나는 해결책이 있다고 봅니다. 리틀록 콘퍼런스에서 개막 강연을 한 밥 솔로와 같은 영리한 경제학자들의 주장을 고려한다면 현 정부 관리들은 상당히 합리적인 생각을 갖고 있습니다. 이들이 하고자 하는 것은 이미 독일과 일본 등 제대로 된 나라에서 했던 것입니다. 즉 민간 경제가 도약할 기

반을 정부가 발 벗고 나서서 마련해주는 것입니다. 일본의 주변국들, 예를 들어 한국과 대만이 정부의 대대적인 개입으로 제3세계의 사슬에서 벗어나 산업사회로 변신한 사례를 우리는 잘 알고 있습니다.

노동을 관리하는 역량을 지닌 국가도 있지만 자본을 관리하는 역량을 지닌 국가도 있습니다. 1980년대에 라틴아메리카는 국제 자본시장에 공개되면서 자본 유출이라는 엄청난 문제에 부딪혔습니다. 하지만 한국은 그런 문제를 겪지 않았습니다. 자본 유출을 사형으로 다스렸으니까요. 분별력 있는 경제 계획으로 한국은 자원을 분배하는 수단으로 시장 시스템을 활용했습니다. 그것도 엄격히 계획된 중앙정부의 지도 아래 말입니다.

미국은 펜타곤 시스템을 이용해서 간접적으로 경제 정책에 개입을 해왔습니다만 그다지 효율적이지 못했습니다. 게다가 앞으로는 그럴 수도 없는 입장입니다. 따라서 차라리 공개적으로 개입하고 싶어 하지만, 문제는 과연 해낼 수 있겠냐는 것입니다. 레이건 시대에 급증한 엄청난 부채 —연방 정부와 주 정부만이 아니라 기업과 지방자치단체, 가계에서도— 가 건설적인 프로그램을 시작하는 데 커다란 걸림돌로 작용하는 것이 문제입니다.

— 여유 자본이 없다는 뜻입니까?

— 그렇습니다. 레이건 정부가 주도한 '빚을 내서 소비하라$^{borrow-and-spend}$'라는 정책이 빚어낸 결과입니다.

— 자본가들을 제거하려고요?

— 약 10년 전, 데이비드 스토크먼(레이건 정부 초기의 행정관리로 예산국 국장)이 쫓겨난 때를 기억해볼까요? 스토크먼은 경제 전문지 기자인 윌리엄 그라이더와 여러 번 인터뷰를 했습니다. 그때마다 스토크먼은 그런 정책이 사회적 지출을 늘릴 뿐이라고 지적했습니다. 그것도 빚으로요! 물론 부자를 지원하는 정책은 언제나 다양했습니다만 어린 자식을 둔 어머니에게는 도움이 되지 않았습니다. 젖을 달라고 떼를 쓰는 기업가들만 지원했을 뿐입니다.

말이 나온 김에 솔직히 말하면, 빚 자체는 그렇게 큰 문제가 아닐 수 있습니다. 우리는 과거보다 더 큰 빚을 지고 있습니다. 빚의 액수가 아니라 GNP(국민총생산)에 비례해서 말입니다. 빚의 정확한 액수는 통계적 수치에 불과합니다. 계산하는 방법에 따라서 얼마든지 달라질 수 있습니다. 어떤 식으로 계산하든지 간에 빚의 액수는 우리가 감당하지 못할 수준은 아닙니다.

그럼 문제가 무엇이겠습니까? 그 빚으로 무엇을 했냐는 것입니다. 지난 10년 동안 진 빚이 건설적인 목적에 사용되었다면, 다시 말해서 투자나 인프라의 구축에 사용되었더라면 우리는 지금보다 훨씬 여유롭게 살고 있을 것입니다. 하지만 그 빚은 부자를 더 부자로 만들어주는 데 사용되었습니다. 즉 소비(엄청난 수입에 따른 무역 적자를 메워야 했습니다), 금융 조작과 투기에 사용되었습니다. 이 모든 것이 경제에 치명적인 타격을 입혔습니다.

다른 문제도 있습니다. 문화와 이데올로기에 관련된 문제입니다. 지난 정부는 프로파간다 시스템을 이용해서 이런 진실을 은폐했습니다. 정부가 적극적으로 개입해서 사회보장제도를 구축한 나라들이 많습니다. 그런데 우리는 지독한 개인주의자가 되고 말았습니다. IBM은 정부에서 어떤 지원도 받지 못합니다. 그러나 실제로는 펜타곤을 통해 엄청난 지원을 받습니다.

또한 프로파간다 시스템은 세금 제도와 관료에 대한 히스테리를 자극했습니다. 상대적인 기준으로 볼 때 우리가 세금을 적게 내고, 노동자와 소비자의 이익을 보호하고자 기업의 이윤을 최소화시키려고 노력하는 관료들이 많은데도 말입니다. 결국 공공보조금을 기업에 집중적으로 지원하며 잘난 체하는 자들이 훌륭한 관료인 셈입니다.

프로파간다가 없다면 국민은 상대적으로 뚜렷한 개성을 보이면서 반체제적으로 변하기 십상입니다. 그래서 국민은 명령을 잘 따르지 않게 되고, 국가는 산업 정책을 국민에게 팔기가 쉽지 않습니다. 이런 문화적 요인들은 상당히 중요합니다.

유럽에는 일종의 사회계약이 있습니다. 요즘 들어 이런 분위기가 쇠퇴하고 있지만, 강력한 노동조합과 조직화된 노동력이 사회계약을 강요하여 기업계의 힘이 상대적으로 약한 편입니다. 사실 역사적인 이유로 유럽에서는 미국에서처럼 기업계가 막강한 힘을 휘두르지 못합니다. 유럽의 정부도 개인 기업의 욕구 충족을 최우선시하고 있지만 나머지 국민을 위한 안전망을 구축하는 데에도 소홀하지 않았습니다. 따라서 건강보험이 보편적으로 실시되고 합리적인 사회보장책이 마련되어 있습니다.

그런데 우리에게는 이런 것이 없습니다. 유럽처럼 조직화된 노동력이 없고, 계급의식이 강한 기업계가 막강한 힘을 휘두릅니다.

일본은 유럽에 버금가는 결과를 아주 훌륭하게 이뤄냈습니다만, 그 과정에서 권위주의적인 문화의 영향을 받았습니다. 일본 국민은 명령받은 대로 해냅니다. 따라서 소비를 줄이고 열심히 일하라고 말하면 그만입니다. 실제로 일본 국민은 재산 규모에 비해서 아주 검소하게 살고 있습니다. 그런데 미국에서는 그렇게 하기가 쉽지 않습니다.

— 현 경제 상황이 계속된다면 좌파와 진보 진영이 구체적인 대안을 내세우며 약진할 수 있는 절호의 기회인 것 같습니다. 하지만 좌파는 내분으로 깊은 수렁에 빠진 듯하며, 때로는 반동적인 작태까지 보입니다. 결코 상황에 능동적으로 대처하는 모습이 아닙니다.

— 정확한 정체가 무엇이든지 간에 평화운동과 사회정의 운동에 동참하는 사람을 '좌파'라고 한다면 이 세력이 지난 몇 년 동안 확대된 것은 사실입니다. 또한 전문화되는 경향도 뚜렷합니다. 다시 말해 이들은 특정한 문제에 힘을 집중해서 일정한 성과를 거두고 있습니다.

하지만 폭넓은 비전이나 제도적인 조직을 갖춘 좌파는 그리 많지 않습니다. 노동조합이 근본적으로 사라진 것이나 마찬가지이기 때문에 좌파가 노동조합을 중심으로 뭉칠 수도 없습니다. 나름대로 조직을 갖춘 좌파라면 대개가 교회와 같은 단체들입니다.

실질적인 역할을 하는 좌파 지식인 계급도 없습니다. 무엇을 해야만 하고, 심지어 무엇을 말해야 하는지에 대해서도 분명히 말하는 지식인이 없습니다. 지난 수십 년 동안의 계급투쟁으로 민중의 조직이 약화되었을 뿐입니다. 민중이 뿔뿔이 흩어지고 말았습니다.

우리가 당면하고 있는 정책 문제는 결코 간단히 해결될 수 없습니다. 물론 개혁이라는 말은 언제나 멋지게 들립니다. 굶는 아이들에게 더 많은 돈을 투자한다는 것도 멋진 일입니다. 하지만 당신과 내가 국가를 운영한다면 직면할 수밖에 없는 객관적이고 실질적인 문제들이 있습니다.

그런 문제 중 하나를 언젠가《월스트리트저널》이 머리기사로 클린턴 행정부에 지적한 바 있습니다. 행정부가 사회보장제도에 대대적으로 투자한다면, 즉 그들의 구호를 진지하게 실천에 옮긴다면 세상이 어떻게 바뀔 수 있는가를 따져본 기사였습니다. 물론 그럴 가능성이야 없겠지만 누구나 이런 재밌는 생각을 해볼 수 있어야 하지 않을까요?

미국은 국제금융계에 많은 빚을 진 탓에 금융계가 미국 정책을 좌지우지한다고 말할 수 있습니다. 미국에서 어떤 일이 일어난다면, 예컨대 노동자의 임금이 대폭 상승해서 공채 소유자들의 단기 차익이 감소한다면 이들은 곧바로 미국 공채 시장에서 철수하기 시작할 것입니다.

그럼 이자율이 상승할 것이고 그 결과로 경제가 침체되고 적자는 더욱 불어날 것입니다. 《월스트리트저널》의 지적에 따르면, 공채의 수급에 작은 변화만 있어도 200억 달러를 쏟아붓겠다는 클린턴의 정책은 정부에 200억 달러의 빚을 추가로 안겨주는 악몽으로 돌변할 수 있습니다.

따라서 미국처럼 부유한 강대국, 아니 세상에서 가장 부자이고 가장 강력한 힘을 지닌 국가조차도 국내외의 부자들에게 발목이 잡혀 사회보장제도를 마음대로 시행할 수 없습니다. 바로 이런 문제를 화급히 다루어야 합니다. 혁명적 변화가 필요하다는 뜻이기도 하죠.

물론 이런 문제를 두고 많은 토론이 있었고 지금도 계속되고 있습니다. 그런데 어느 토론에서나 투자자에게 미래에 일어날 일을 결정할 권리가 있다고 전제합니다. 따라서 우리는 가능한 한 투자자의 구미를 당길 수 있게 일을 꾸며야 합니다. 하지만 투자자가 미래에 일어날 일을 결정할 권리를 갖는 한 혁명적인 변화는 기대할 수 없습니다.

민의를 반영하는 비례대표제에서 전체주의 국가의 어용 국회로 전락할 것인가 아니면 이를 거부할 것인가를 결정하는 것에 비유할 수 있습니다. 그렇게 전락하더라도 약간의 변화는 있을 수 있겠지만 그다지 중대하지는 않을 것입니다.

당신이 궁극적으로 투자 결정권을 가진 권력의 핵심부에 도달할 때까지 다른 변화들은 부차적이고 제한적인 변화일 뿐입니다. 그런데 변화가 지나칠 때 투자자는 다른 선택을 하게 될 것입니다. 이 과정에서 당신은 어떤 영향력도 행사할 수 없습니다.

누가 살고 누가 죽느냐, 또한 어떻게 살고 어떻게 죽느냐를 결정하는 투자자의 권리에 도전해야 합니다. 이렇게 할 때 계몽운동의 이상적 목표, 즉 고전적 자유주의자들의 이상적 목표를 향한 의미 있는 진전이 있을 것입니다. 요컨대 혁명적 변화가 있을 것입니다.

— 현재 문제시되는 다른 요인을 언급해주셨으면 합니다. 심리적으로, 무엇인가에 대해 건설적인 제안을 하는 것보다 비판하기가 훨씬 쉽습니다. 이 둘은 완전히 다른 것이기도 합니다.

— 당신 눈에도 잘못된 것이 적잖게 보일 것입니다. 그래서 작은 변화를 위한 제안을 할 수도 있습니다. 하지만 현실적이고 본질적인 변화를 위해서, 예를 들어 대대적인 방향 전환을 모색해서 근본적인 문제들을 해결하자면 사회와 경제 제도에 진정한 민주화가 요구됩니다.

기업계, 즉 대기업의 구조는 내부적으로 파시스트적입니다. 권력이 최정상에 집중되고 명령이 위에서 아래로 전달됩니다. 당신에게는 양자택일밖에 없습니다. 그 명령에 따르거나 아니면 사표를 던져야 하는 것이죠.

이런 구조에서 권력 집중은 이데올로기나 징지 엉역에서의 보는 것이 강제적이란 사실을 뜻합니다. 그렇다고 완전히 지배되는 것은 아닙니다만 강력하게 구속됩니다. 누구도 부인할 수 없는 엄연한 사실입니다.

국세경제는 다른 분야에도 지배력을 행사합니다. 엄연한 사실이기 때문에 결코 간과할 수 없는 부분입니다. 쓸데없이 애덤 스미스라는 이름만 들먹이지 말고 그의 책을 신중하게 읽어본다면, 그가 사회정책은 계급에 기반을 둔다고 지적한 사실을 누구나 쉽게 이해할 수 있습니다. 그렇습니다! 애덤 스미스는 계급 분석을 당연한 것으로 받아들였습니다.

하지만 당신이 시카고 대학에서 공부했다면(시카고 대학은 밀턴 프리드먼을 비롯한 우익 경제학자들의 본거지이다) 애덤 스미스가 자유무역을 신봉했기 때문에 중상주의와 식민주의를 비난했다고 배웠을 것입니다. 절반만이 사실입니다. 그럼 나머지 절반은 무엇일까요? 애덤 스미스는 중상주의와 식민주의가 "상인과 제조업자 … 그리고 정책 입안자에게는 무척 유리하지만 영국 국민에게는 해롭다"고 주장했습니다.

요컨대 계급에 기반을 둔 정책은 영국의 부자들과 권력자들에게 유리했습니다. 대신 영국 국민이 그 비용을 치러야 했습니다. 애덤 스미스는 의식화된 지식인이었기 때문에 이에 반대했지만 현실을 인정하지 않을 수 없었습니다. 이런 현실을 인정하지 않는다면 현실과 동떨어지게 될 테니까요.

NAFTA와 GATT, 경제 권력의 첨병

— 미국에 기반을 둔 마지막 남은 타자기 제조 회사, 스미스코로나가 멕시코로 공장을 옮기고 있습니다. 멕시코의 국경선을 따라 마킬라도라(다른 곳에 제작된 부품을 값싼 노동력을 이용하여 조립·수출하는 멕시코의 외국계 공장을 뜻한

다)가 거대한 띠를 이룹니다. 그곳 노동자들은 하루 5달러를 벌려고 일을 합니다. 게다가 공해, 유독성 폐기물, 수중 납 함유량 등의 수치가 믿겨지지 않을 정도로 높습니다.

— 현재 멕시코가 당면하고 있는 최대 현안 중 하나가 NAFTA입니다. NAFTA가 미국인과 멕시코인 모두에게 엄청난 영향을 미칠 것이라는 사실은 의심의 여지가 없습니다. 어떤 영향을 미칠까요? 이런 의문에 대해서는 누구도 자신 있게 대답할 수 없지만 이 영향이 대단할 것이란 점에서는 모두가 동의합니다.

십중팔구, 당신이 방금 언급한 생산 기지를 멕시코로 이전시키는 현상은 더욱 급속히 진행될 것입니다. 멕시코는 야만적이고 억압적인 독재 정권이 지배하는 국가입니다. 따라서 보장된 임금도 턱없이 낮을 것입니다.

'멕시코의 경제 기적'이라 불렸던 지난 10년 동안, 임금은 오히려 60퍼센트가 떨어졌습니다. 노동조합 지도자들이 줄줄이 살해당했습니다. 포드자동차는 언제라도 현재의 노동자를 해고하고 더 싼 노동자를 고용할 수 있습니다. 공해 문제로 규제받지도 않습니다. 한마디로 투자자에게 한없이 매력적인 땅입니다.

NAFTA로 생산 기지를 멕시코로 이전하면 멕시코인의 실질임금이 상승해서 미국인에 버금가는 수준이 되리라 생각할 수도 있습니다. 하지만 현실은 전혀 그렇지 않습니다. 억압적인 독재 정권이 고임금을 보장받기 위한 노동조합의 결성을 방해하기 때문입니다. 또한 NAFTA로 미국에서 생산된 농산품이 멕시코를 휩쓸고 있는 것도 한 원인입니다.

미국의 농산품은 엄청난 공공보조금을 받아 생산되고 있습니다. 이 때문에 멕시코의 농업은 파산 상태에 이르고 말았습니다. 앞으로 미국의 농산물이 멕시코를 완전히 지배할 것입니다. 약 3,000만 명에 달하는 멕시코 농민을 농지에서 도시나 마킬라도라 지역으로 내몰 것입니다. 그럼 임금 하락은 불을 보듯 뻔한 일이 아닐까요?

NAFTA는 미국 노동자에게도 적잖은 피해를 입힐 것입니다. 수십만 개의 일자리가 사라질 것이고 작업 환경도 떨어질 것입니다. 흑인과 라틴계 노동자가 최대의 피해자가 될 것입니다.

하지만 미국의 투자자 그리고 이들과 손을 잡은 멕시코의 부자는 그야말로 노다지를 만난 기분일 것입니다. 따라서 NAFTA에 박수를 보내는 사람은 이들과 이들의 편에서 일하는 전문가뿐입니다.

— NAFTA와 GATT로 북반구와 남반구의 관계(부유한 산업국가가 대부분 북반구에 있고 가난한 비산업국가는 대부분 남반구에 있다)가 구체화되고 제도화될 수 있을까요?

— 그렇게만 된다면 바랄 것이 없겠습니다. 그런데 NAFTA는 환경 기준도 퇴색시킬 것이 거의 분명합니다. 예를 들어 기업은 환경보호국의 기준이 NAFTA의 위배라고 주장하고 나설 것입니다. 이미 미국과 캐나다에서 그런 조짐이 일어나고 있습니다. NAFTA로 기업의 이윤은 증대하겠지만 삶의 질은 전반적으로 떨어질 것입니다.

이 문제가 그동안 어떻게 다루어졌는지를 돌이켜 볼 필요가 있습니다. 대중은 대체 무슨 일이 일어나고 있는지 짐작조차 하지 못합니다. 실제로 알아낼 방도가 없습니다. NAFTA가 실제로는 비밀리에 체결된 협정이기

미국의 농산품은 엄청난 공공보조금을
받아 생산되고 있습니다. 이 때문에
멕시코의 농업은 파산 상태에 이르고 말았습니다.
앞으로 미국의 농산물이 멕시코를 완전히 지배할 것입니다.
약 3,000만 명에 달하는 멕시코 농민을
농지에서 도시나 마킬라도라 지역으로 내몰 것입니다.

때문입니다. 대중에게는 공개되지 않은 정부 간의 협정입니다.

1974년 무역 법안이 의회에서 통과되었습니다. 이 법안의 한 조항에 따르면, 노동조합에 기반을 둔 노동자문위원회는 무역에 관련된 모든 사항에 대한 정보와 분식 내용을 확보할 수 있었습니다. 따라서 노동사문위원회는 내통령이 서명한 정부 간 협정이었던 NAFTA에 대해서 보고서를 제출해야만 했습니다.

그런데 노동자문위원회는 1992년 8월 중순이 되어서야 보고서 마감 시한이 1992년 9월 9일이라는 사실을 통보받았습니다. 게다가 보고서 마감 시한 전날, 즉 24시간 전에야 협정 전문을 전달받았습니다. 결국 노동자문위원회는 위원들을 소집할 수도 없었습니다. 협정 전문을 꼼꼼하게 분석해서 마감 시한까지 보고서를 신중하게 작성할 여유가 없었던 것입니다.

이들은 보수적인 노동 지도자들이었습니다. 정부를 매섭게 비판할 사람들이 아니었습니다. 하지만 이들은 매우 신랄한 보고서를 제출했습니다. 이들은 "우리에게는 최소한의 시간이 주어졌지만 우리는 성심성의껏 그 협정의 전문을 분석했습니다. 우리가 보기에 NAFTA가 투자자에게는 엄청난 혜택을 안겨주겠지만 노동자와 환경, 특히 멕시코인에게는 재앙이 될 것처럼 보였습니다"라고 말했습니다.

노동자문위원회는, NAFTA의 옹호자들이 NAFTA가 미국 노동자, (옹호자들의 정의에 따르면 전체 노동인구의 70퍼센트에 이르는) 특히 '미숙련 노동자'에게 큰 피해를 주지 않을 것이라고 한 주장을 지적했습니다. 또한 재산권은 전 지역에서 보호받는 반면에 노동자의 권리는 거의 언급되지 않았다고 지적했습니다. 게다가 시간을 충분히 두지 않고 전문을 전달한 작태는 민주주의에 대한 철저한 모욕이라는 비난도 서슴지 않았습니다.

GATT도 마찬가지입니다. 전문가가 아니면 GATT가 무엇인지 제대로 아는 사람이 없습니다. 게다가 GATT의 파괴적인 영향은 NAFTA에 비할 바가 아닙니다. 이 협정에서 가장 고심하면서 다루었던 문제 중 하나가 '지적재산권' 즉, 특허권의 보호입니다. 예를 들어 소프트웨어나 음반 같은 것을 보호하겠다는 뜻입니다. 미래의 기술을 다국적기업의 손에 영원히 쥐어 주겠다는 뜻입니다. 결국 세계 정부가 다국적기업의 이익을 위해 앞장서고 있는 셈입니다.

머크 제약 회사가 약을 생산하는 비용으로 인도는 자국민의 10퍼센트를 위한 약도 생산할 수 없습니다. 머크 제약이 미국 정부의 지원을 받고 보조금을 간접적으로 받기 때문입니다. 머크 제약은 공공자금을 지원받는 대학 생물학 연구실의 연구 결과만이 아니라 미국 정부가 온갖 형태로 개입한 연구 결과에 크게 의존하고 있습니다.

— 선생님은 NAFTA와 GATT의 전문을 세세하게 읽으셨나요?

— 지금은 그 협정들의 전문을 손에 넣는 것이 이론적으로 가능합니다. 하지만 내가 본 것은 전문을 해석한 것입니다. 예컨대 노동자문위원회의 보고서와 의회 기술평가국의 보고서 같은 것입니다. 두 보고서는 놀라울 정도로 비슷합니다.

중요한 점은 당신이나 내가 전문을 손에 넣더라도 미국 민주주의의 발전에 아무런 영향을 미치지 못한다는 사실입니다. 미국 민주주의가 어떻게 변질되어가는지 아는 사람이 몇이나 될까요? 노동자문위원회의 보고서는 언론에 보도조차 되지 않았습니다. NAFTA의 체결 소식을 노동자문위원회에 알리지도 않았다는 사실도 마찬가지입니다. 적어도 내가 알기로는 그렇습니다.

나는 2주일 전에 유럽에서 돌아왔습니다. 현재 유럽에서는 GATT가 EU(유럽연합) 가맹국의 국민에게 커다란 화두입니다. 그들은 비밀리에 결정을 내리는 행정부와 의회 같은 민주적 기관들, 적어도 부분적으로는 민주적인 기관들 사이에 나날이 커지는 간극에 대해 걱정하고 있습니다. 게다가 EU 차원에서 내려지는 결정에 대한 민주적 기관들의 영향력도 점점 줄어드는 실정입니다.

— 클린턴 정부가 곧 큰 곤경에 빠질 것 같군요. NAFTA와 GATT를 지지하면서도, 적어도 '수사적'으로는 환경 보호와 미국인을 위한 일자리 창출에 최선을 다하겠다고 공언하고 있지 않습니까?

— 그런 문제로 큰 곤경에 빠진다면 나라도 발 벗고 나서서 돕겠습니다. '수사적'으로라는 표현이 정확하다고 생각합니다. 그들은 미국에 본사를 둔 기업, 즉 다국적기업을 위해 일할 뿐입니다. 그들은 NAFTA가 나가고 있는 방향, 즉 재산권은 특별히 보호하면서도 노동자의 권리는 보호하지 않는 방향을 적극 지지합니다. 환경 보호에서도 마찬가지입니다. 그래야 자신들에게 이익이니까요. 따라서 대중의 압력이 없는 한 클린턴 행정부가 그런 문제로 고민할 것이라고는 생각지 않습니다.

식량 문제와 제3세계의 '경제 기적'

— 정치경제학적 관점에서 식량의 문제, 특히 IMF와 세계은행의 정책 틀 안에서 식량의 생산과 분배에 대해 말씀해주십시오. IMF와 세계은행은 남반구 국가에 차관을 확대하면서 매우 엄격한 조건을 제시했습니다. 즉 시장 경제를 수용해서 장려하고, 차관을 경화^{硬貨}로 갚아야 하며, 수출을 확대해야 합니다. 예컨대 우리가 카푸치노를 마실 수 있도록 커피를 수출해야 하고, 우리가 햄버거를 마음대로 먹을 수 있도록 쇠고기를 수출해야 합니다. 반면 지역 고유의 농업을 희생시켜야 합니다.

— 썩 잘 설명해주셨습니다. 하지만 개별 국가의 사례를 면밀히 분석해볼 필요가 있습니다. 볼리비아를 예로 들어보겠습니다. 볼리비아는 그야말로 곤경에 빠졌습니다. 독재자들의 야만적인 탄압과 산업 전반에서의 엄청난 부채에 시달렸습니다.

그때 서구 세계가 개입했습니다. 하버드 대학의 제프리 색스가 자문관이었습니다. 물론 IMF의 원칙에 따라 통화를 안정시키고 농산물 수출을 늘리고 자국민에게 필요한 생산은 줄여야 했습니다. 효과가 있었습니다. 거시경제 지표가 상당히 바람직하게 나타났습니다. 실제로 통화가 안정되었고 부채도 줄었습니다. GNP도 꾸준히 증가했죠.

하지만 옥에 '티'가 있었습니다. 빈곤층이 급속히 늘어난 것이죠. 영양 부족도 눈에 띄게 늘어났습니다. 교육제도도 붕괴되었습니다. 하지만 흥미로운 점은 경제를 안정시킨 주역, 바로 코카(코카인을 채취하는 나무)의 수출이었습니다. 일부 관측통에 따르면, 코카의 수출이 현재 볼리비아 수출액의 3

분의 2를 차지한다고 합니다.

그 이유는 자명합니다. 농부들을 다른 곳으로 쫓아내고, '평화를 위한 식량Food for Peace'이란 프로그램의 일환으로 그 땅에 미국의 지원을 받은 농산물을 심었습니다. 농부들은 생산 여력도 없었고 경쟁할 힘도 없었습니다. 오직 농산물 수출 역군으로만 뼈 빠지게 일해야 하는 상황이 된 것입니다. 하지만 농부들은 바보가 아닙니다. 가장 큰 이익이 보장되는 농산물, 즉 코카에 눈을 돌릴 수밖에 없었던 것입니다.

물론 농부들이 코카를 재배해서 돈을 많이 버는 것도 아닙니다. 폭력단의 총알 세례를 피해야 하고, 미국 마약단속국의 헬리콥터도 피해야 합니다. 하지만 코카를 재배하면 적어도 살아남을 수는 있습니다. 덕분에 세계는 코카로 뒤덮이고 있습니다.

이익은 대부분 조직폭력단의 손에 들어갑니다. 그리고 뉴욕의 은행에 저축됩니다. 코카인으로 벌어들인 수익금이 뉴욕의 은행이나 해외 지사에 얼마나 쌓였는지는 아무도 모릅니다. 하지만 적게 잡아도 수십억 달러는 넘을 것입니다.

그런데 이중 상당액이 미국에 본사를 둔 화학 회사로 들어갑니다. 널리 알려졌듯이, 화학 회사가 코카인 추출에 필요한 화학 제품을 라틴아메리카에 수출하고 있지 않습니까! 화학 회사가 여기에서 많은 이익을 거둬들이면 미국 경제에도 도움이 됩니다. 요컨대 미국이 전 세계적으로 마약이 확산되는 데 커다란 기여를 하고 있는 셈입니다.

이런 것이 바로 볼리비아의 경제 기적입니다. 볼리비아만 이런 것은 아닙니다. 칠레의 경우를 예로 들어볼까요? 칠레에도 경제 기적이란 것이 있었습니다. 그런데 아옌데(민주적인 선거에 의해 대통령에 당선된 사회주의자였지만

1973년 미국이 지원한 쿠데타 세력에 의해 암살당했다) 시절에는 20퍼센트 남짓하던 빈곤층이 오히려 40퍼센트 가까이 늘었습니다. 대단한 기적이 있은 후에 말입니다. 경제 기적을 이루었다는 나라들의 실상이 바로 이렇습니다.

'IMF 근본주의IMF fundamentalism'라 칭하는 정책이 빚어낸 결과입니다. IMF의 원칙이 적용되는 곳에서는 예외 없이 이런 재앙적인 결과가 닥칩니다. 그러나 가해자의 입장에서 본다면 성공작입니다. 공공 자산을 헐값에 팔아치우면 돈이 몰려들게 마련입니다. 따라서 라틴아메리카를 빠져나간 자본이 다시 돌아옵니다. 덕분에 주식시장이 제대로 돌아갑니다. 전문가와 기업가는 환호의 박수를 보냅니다. 그런데 이들이 바로 계획을 세우고 언론에 IMF의 원칙을 찬양하는 기사를 써대는 자들입니다.

이제 똑같은 방법이 동유럽에 적용되고 있습니다. 실제로 라틴아메리카의 '경제 기적'을 이루었던 사람들이 동유럽으로 달려갔습니다. 볼리비아에서 경제 기적을 이뤄낸 후 색스는 폴란드와 러시아로 날아갔습니다. 그들에게 경제 기적을 이뤄낼 수 있는 원칙을 가르쳐주겠다고 말입니다.

당신은 미국에서도 이런 경제 기적을 찬양하는 소리를 귀가 따갑게 들었을 것입니다. 현재 미국에서 일어나고 있는 현상을 과장되게 떠벌린 소리에 불과합니다. 그렇습니다, 부자에게는 더할 나위 없이 좋은 상황입니다. 하지만 일반 대중은 깊은 수렁에 빠져 허우적대고 있습니다. 제3세계에 비한다면 훨씬 나은 형편이지만 구조는 똑같습니다.

— 1985년부터 1992년 사이에 기아로 고통받는 미국인의 수가 2,000만에서 3,000만 명으로 늘었습니다. 하지만 소설가 톰 울프는 1980년내를 "인류역사상 가장 눈부신 황금기"라고 표현했습니다.

— 보스턴 시립병원은 보스턴의 가난한 사람들과 일반 시민을 위한 병원입니다. 호사스런 하버드 대학병원과는 완전히 다른 곳입니다. 그런데 2년 전, 보스턴 시립병원은 영양실조 클리닉을 개설해야 했습니다. 보스턴 시민의 영양 상태가 제3세계 수준으로 떨어졌기 때문입니다.

미국에서 기아와 영양실조는 1960년대에 시행된 '위대한 사회Great Society' 프로그램으로 크게 해결되었습니다. 그런데 1980년대 초에 들면서 이 문제가 다시 부각되기 시작했습니다. 최근의 조사에 따르면 3,000만 명 정도가 기아에 허덕이고 있습니다.

겨울 동안에는 사태가 더욱 악화됩니다. 부모가 난방과 먹거리를 두고 고통스러운 결단을 내려야 하기 때문입니다. 아이들이 죽어가고 있습니다. 먹지도 못할뿐더러 마실 물도 없기 때문에 말입니다.

— 최근에 월드워치연구소(민간 환경 연구 기관)는 식량 부족을 해결할 수 있는 방법의 하나로 인구 조절이 필요하다고 주장했습니다. 이 주장에 찬성하십니까?

— 식량은 부족하지 않습니다! 분배에 심각한 문제가 있을 뿐입니다. 분배에 문제가 없다면 나도 인구 조절을 위한 노력이 있어야 한다고 생각합니다. 인구를 조절할 수 있는 방법이 뭔지 아십니까? 경제 수준을 향상시키는 것입니다.

인구는 산업국가에서 급속히 줄어들고 있습니다. 대다수의 산업국가가 원래의 인구조차 유지하기 힘든 실정입니다. 뒤늦게 산업국가의 대열에 뛰어든 이탈리아를 예로 들어볼까요? 출생률이 현재의 인구를 유지할 수 없을 정도입니다. 그렇다고 이탈리아가 예외적인 국가는 아닙니다. 어느 산업국가에서나 확인할 수 있는 현상입니다.

— 교육과도 관계가 있을까요?

— 그렇습니다. 교육은 물론 산아조절 방법과도 관계가 있습니다. 미국은 그동안 아무런 역할도 하지 않았습니다. 앞으로도 미국은 산아조절 교육을 위한 국제적인 노력에 한 푼도 지원하지 않을지 모릅니다.

2   선택받은 자와 못 받은 자

1980년대에 최악의 재앙 중 하나가 아프리카에서 벌어졌습니다.
1980년부터 1988년까지, 미국의 지원을 받은 남아프리카공화국은
약 150만 명의 인명을 학살했고, 600억 달러 이상의 재산을 불태웠습니다.
남아프리카공화국을 둘러싼 지역에서만 이런 잔혹 행위가 벌어졌습니다.
미국이 지원했기에 아무도 이런 참상에 관심을 기울이지 않았습니다.

소말리아, 블랙 호크 다운

— 소말리아 희망회복작전(소말리아 국민을 기아에서 구하자는 취지의 작전. 영화 〈블랙 호크 다운Black Hawk Down〉의 소재가 되었다)은 미국이 국제 문제에 개입하는 새로운 형태라 말할 수 있을까요?

— 나는 이번 작전을 진정한 의미에서 개입이라고 생각하지 않습니다. 펜타곤의 홍보 작전에 불과하다고 생각합니다. 이 작전이 거의 공개적으로 거론되었다는 점이 흥미로울 뿐입니다. 이를 두고 미 합참의장인 콜린 파월은 군부의 진면목을 널리 알리는 데 일조했다는 성명을 발표했고,《워싱턴포스트 The Washington Post》는 사설에서 펜타곤의 대성공이라고 평가했습니다.

　기자들은 실상을 직접 경험할 수 있었습니다. 펜타곤이 신문사와 주요 텔레비전 방송국에 전화를 걸어, "모 시간에 모 장소에 카메라를 설치하십시오. 그럼 해군 특공대가 상륙하는 것을 볼 수 있습니다. 아주 멋진 장면일 것입니다"라고 알려주었을 때, 이 정보를 홍보라고 생각지 않은 기자는 없었을 것입니다. 그야말로 어리석기 짝이 없는 행동이 아닐 수 없습니다.

　내 생각에, 해군 특공대가 상륙한 날 영국의《파이낸셜타임스》에 실린 기사가 그 '개입'을 가장 완벽하게 설명한 듯합니다. 그 기사에서 소말리아는 언급조차 되지 않았습니다. 미군이 철수한다는 내용과 회복이 더딘 이유가 집중적으로 다루어졌습니다.

또한 투자사와 은행에 관계된 경제학자들의 말을 인용했습니다. 어떤 의미에서 이들은 진정으로 경제를 걱정하는 사람들이었습니다. 이들의 의견은 한결같았습니다. 정부의 경제 진흥책, 즉 펜타곤 시스템을 통한 경기 부양책이 과거만큼 유효하지 않기 때문에 경기 회복이 늦는다는 것이었습니다.

부시의 고별사는 상당히 정직한 편이었습니다. 우리가 보스니아가 아니라 소말리아에 개입한 이유를 설명했으니까요. 보스니아에 개입하면 누군가 우리에게 총을 쏠 수도 있었지만 소말리아에서 조심스러운 상대는 십대 패거리가 전부였습니다. 결국 3만 명의 해병 특공대만으로도 소말리아를 충분히 좌지우지할 수 있으리라 생각한 것입니다.

기아가 만연했고 치열한 전투의 가능성은 거의 없는 나라였습니다. 그야말로 미국의 새로운 면모를 알리는 데 안성맞춤인 곳이었습니다. 그래서 소말리아 사람들에게 피해를 주지 않고 도움을 줄 수 있기를 바란 사람들이 적지 않습니다. 하지만 소말리아 사람들은 펜타곤의 안중에도 없습니다. 그저 펜타곤의 홍보에 동원되었을 뿐입니다.

게다가 소말리아 사건은 결코 아름답지 않기 때문에 언론에 의해 조작될 필요가 있습니다. 미국은 1978년부터 1990년까지 시아드 바레를 지원했습니다. 그렇게 먼 옛날이야기가 아닙니다. 그런데 시아드 바레가 어떤 인물입니까? 소말리아를 사분오열시킨 장본인이었습니다.

그는 시민사회를 완전히 파괴시켰습니다. 지금의 사태는 전적으로 그 결과라 말할 수 있습니다. 아프리카워치Africa Watch (워싱턴 DC에 본부를 둔 인권 감시 단체)에 따르면 5만~6만 명이 학살당했습니다. 그런데도 미국은 이자를 지원했습니다. 어쩌면 지금도 지원하고 있을지 모릅니다. 시아드 바레에게 충성했던 군부가 미국의 영향력하에 있는 케냐를 통해 아직도 지원받고 있으니까요.

미국은 한 가지 이유 때문에 소말리아에 들어갔습니다. 소말리아에 군사 기지를 세워 걸프 지역의 교두보로 삼자는 것이었습니다. 하지만 내 생각에 이 판단이 옳았는지 의문입니다. 이보다 훨씬 안전하고 안정된 지역이 많기 때문입니다. 결과야 어떻게 되든 간에 펜타곤의 예산이 삭감되는 것을 피하려는 속셈이었습니다.

언론과 평론가는 미국이 여기에서 얻을 이익이 없다고 말하지만 잘못된 판단입니다. 이들은 지나치게 협소한 관점에서 분석했는데, 사실 펜타곤 시스템을 유지하는 것만으로도 미국 경제에 큰 보탬이 됩니다.

— 해군과 해병대가 1992년 9월에 발표한 백서에서는 군부의 관심이 범세계적인 위협에서 "인도주의적 지원과 제3세계에서의 국가 건설 등 지역적 도전과 기회"로 옮겨간다고 지적했습니다.

— 한낱 구실에 불과합니다. 군사 예산은 주로 개입을 위한 것입니다. 실제로 전략 핵무기까지도 기본적으로는 개입을 위한 것이었습니다.

미국은 세계 유일의 초강대국입니다. 과거 국경선 부근, 요컨대 전통적인 군사력이 압도적으로 강했던 곳에서나 개입한 소련과는 질적으로 다릅니다. 미국은 과거부터 개입하지 않는 곳이 없었습니다. 동남아시아, 서남아시아 등 전통적인 군사력이 압도적이지 않은 곳에까지 개입했습니다. 따라서 누구에게도 방해받지 않기 위해서라도 미국은 극단적으로 위협적인 자세를 취하지 않을 수 없었습니다.

그래서 '핵우산nuclear umbrella'이란 것도 필요했던 것입니다. 핵우산이야말로 모두를 위협할 수 있는 강력한 전략적 무기였던 까닭에 전통적인 무기도 정치력일 수 있었습니다. 경제적인 면을 감안하지 않을 때 미국의 군부 전체는 개입을 위해 존재한다고 말해도 과언이 아니었습니다. 하지만 그런 개입은 '국가 건설'이란 이름으로 미화되었습니다. 베트남에서나 중앙아메리카에서나 미국은 언제나 인도주의자로 포장되었습니다.

따라서 해병대 보고서가 인도주의적 국가 건설이란 새로운 소명을 내세우고 있지만 이것은 이미 낡은 수법입니다. 옛날에 써먹던 "러시아가 몰려온다!"라는 평계에 아무도 더 이상 속지 않기 때문에 인도주의라는 이름을 더 강조하는 것입니다. 하지만 목적은 옛날이나 지금이나 마찬가지입니다.

— 미군이 소말리아에 진입한 결과가 소말리아 시민사회에 어떤 영향을 미칠 것이라고 생각하십니까? 한 미군 장교는 소말리아를 무법 천지인 도시 '도지 시티'에 비유했고 해병대를 그 도시의 보안관인 '와이어트 어프'에 비유했습니다. 보안관이 마을을 떠나면 어떤 일이 벌어질까요?

— 그 비유는 소말리아와 조금도 어울리지 않습니다. 이번 개입이 갖는 특징 중 하나는 소말리아 자체와는 무관하다는 점입니다. 이번 계획에 참여한 사람 중에 소말리아 전문가는 한 명도 없었습니다. 우리가 아는 한 소말리아와 어떤 대화가 있었던 것도 아닙니다. 적어도 지금까지는 그렇습니다.

해병대는 소말리아에 진입한 후에도 '군사 지도자'라는 사람들과 상대했

해병대는 소말리아에 진입한 후에도
‘군사 지도자’ 라는 사람들과 상대했을 뿐입니다.
그런데 이자들이 소말리아를 황폐화시킨 깡패들입니다.

을 뿐입니다. 그런데 이자들이 바로 소말리아를 황폐화시킨 깡패들입니다. 하지만 소말리아도 어엿한 국가입니다. 조국의 상황을 알고 걱정하는 사람들이 있습니다. 하지만 이 사람들의 목소리는 크게 들리지 않습니다.

아프리카워치의 사무총장을 지낸 라키야 오마르가 어떻게 되었습니까? 개입이 있기 전까지 그녀는 인권운동에 매진하며 많은 글을 발표했습니다. 당연히 미군의 개입을 강력히 반대했습니다. 하지만 아프리카워치에서 축출당하고 말았습니다.

그녀와 공동 사무총장을 지낸 알렉스 드 발도 인권운동가로 명성을 날렸지만, 라키야가 해임당한 것에 항의하며 아프리카워치를 떠났습니다. 그는 인권운동에도 열심이었지만 그 지역의 전문가이기도 했습니다. 많은 학술 논문을 썼고, 수단의 기아 문제를 다룬 책을 옥스퍼드 대학 출판부에서 발표하기도 했습니다. 그는 소말리아만이 아니라 그 지역 전체를 꿰뚫어 보고 있는 전문가입니다. 그 이외에도 많은 전문가가 있습니다. 이들의 견해는 미국의 견해와 너무 다릅니다.

시아드 바레는 과거 영국 식민지였던 소말리아의 북부를 무자비하게 다스렸습니다. 하지만 바레가 사라진 후 그 지역은 복구되고 있었습니다. 질서를 회복해가고 있었던 거죠. 그들만의 독특한 시민사회가 형성되고 있었습니다. 지역 장로를 중심으로 한 전통적인 시민사회 말입니다. 게다가 새로운 성격의 단체들도 나타나기 시작했습니다. 예컨대, 여성 단체가 그런 위기에서도 형태를 갖추어갔습니다.

오히려 진정한 위기를 맞은 지역은 남부였습니다. 케냐의 지원을 받은 무함마드 헤르시 장군의 세력 때문이었습니다. 외부 세계에 모간이란 이름으로 알려진 헤르시는 시아드 바레의 사위입니다. 무함마드 파라 아이디드 장군과 알리 마흐디의 추종 세력과 마찬가지로 헤르시의 군대도 말로 표현하기 힘든 잔혹 행위를 저질렀습니다. 결국 시민들은 살아남기 위해서 총을 잡을 수밖에 없었습니다. 그 결과로 곳곳에서 약탈이 자행되었고, 십 대 갱단까지 생겨났습니다.

하지만 1992년 9월인가 10월쯤에는 이 지역도 질서를 되찾아갔습니다. 미국대외구제협회US Care와 같은 단체들과 유엔의 구호 활동은 아무런 효과를 거두지 못했지만 국제적십자와 세이브더칠드런Save the Children 등과 같은 구호 단체들, 그리고 미국퀘이커봉사위원회American Friends Service Committee와 오스트레일리아대외구제협회Australian Care와 같은 군소 단체들은 기대한 만큼의 효과를 거두었습니다.

11월 초쯤에 이 단체들의 구호 활동은 80~90퍼센트까지, 11월 말쯤에는 95퍼센트까지 목표를 달성했습니다. 그 이유는 자명했습니다. 재건되어 가던 소말리아 사회와 손잡고 일했기 때문입니다. 덕분에 북부가 그랬듯이, 기아와 폭력에 시달리던 남부도 제 모습을 되찾아갔습니다.

이 대부분이 유엔의 조정관인 알제리의 모하메드 사흐눈의 주도 아래 이루어졌습니다. 대단한 성공을 거둔 그는 모두에게 존경받았습니다. 그는 지역 장로들과 손을 잡았고 막 태동하기 시작한 시민 단체, 특히 여성 단체와 협력했습니다. 그의 지도를 받으며, 적어도 그의 주도 아래 모두가 힘을 결집했습니다.

하지만 10월에 유엔사무총장 부트로스갈리는 사흐눈을 내쳤습니다. 그가 유엔의 무능력과 부패를 공개적으로 비난했다는 이유로 말입니다. 유엔은 이라크 출신의 조정관을 후임으로 앉혔지만, 불행히도 그는 아무런 성과도 거두지 못했습니다.

유엔의 개입은 미국 대선 직후에 계획되었습니다. 공식 발표에 따르면 11월 말에 결정되었습니다. 조지 부시가 텔레비전을 통해 처참한 광경들을 보았을 때 말입니다. 그러나 유엔 보고서에 따르면, 11월 초부터 민간인 복장을 한 해군 장교들이 바이도아 지역을 염탐하면서 기지를 세울 곳을 물색했다고 합니다.

개입하기에 최적인 때였습니다. 최악의 위기 상황이 끝나고 사회가 재건되고 있던 때였습니다. 어떤 식으로든 식량을 지원할 수 있었기 때문에 이것만 제때 공급한다면 그야말로 깔끔한 성공을 보장받을 수 있었습니다. 3만의 군인들이 단기간에 식량을 신속히 배분받아 처리하면 그만이었습니다. 전투도 급속히 줄어들었기 때문에 총격전을 벌일 필요도 없었습니다. 결코 '도지 시티'는 아니었습니다.

부시는 멋진 사진을 찍을 기회를 얻은 셈이었습니다. 그리고 나중에 일어날 일에 대한 책임은 후임자에게 떠넘겼습니다. 소말리아 사람에게 어떤 결과가 닥칠지는 아무도 걱정하지 않았습니다. 결과가 좋으면 우리는 박수를 치면서 세상 사람들에게 미국의 선행을 자랑하면 됩니다. 반대로 결과가 좋지 않으면 다른 지역에 개입했을 때처럼 똑같이 처리하면 됩니다. 소말리아에 재앙을 안겨주더라도 말입니다.

미국이 개입한 지역에 재앙을 안겨준 예는 한두 번이 아닙니다. 그레나다를 예로 들어볼까요? 인도주의적인 개입이었습니다. 우리는 그레나다 사람들을 비극에서 구해내고, 레이건의 표현을 빌어 "민주주의의 명소" 혹은 "자본주의의 명소"로 그 나라를 변모시키겠다고 공언했습니다.

유엔이 지원에 나섰습니다. 그리고 그레나다는 그 다음 해에 지구상에서 일인당 최고의 지원을 받았습니다. 물론 이스라엘보다야 적었지만 이스라엘은 특수한 나라이니까요. 하지만 그 결과는 최악의 재앙이었습니다.

그레나다 사회는 완전히 붕괴되었습니다. 현재 그 나라에서 제대로 돌아가는 것이 있다면 마약 거래뿐입니다. 그레나다의 소식은 완전히 두절되었습니다. 텔레비전 카메라는 다른 곳을 비출 뿐입니다.

따라서 해병대의 개입이 성공한다면 대대적인 찬사가 뒤따를 것입니다. 우리가 얼마나 훌륭한 나라인지 떠들어댈 것입니다. 하지만 실패한다면 소말리아는 지도에서 지워지고 우리에게서 완전히 잊힐 것입니다. 어떤 경우이든 미국이 손해 볼 것은 없습니다.

유고슬라비아내전

— 유럽에서 50년 만에 일어난 최대 비극이라 할 수 있는 옛 유고슬라비아 내전에 대한 의견을 말씀해주시겠습니까? 거의 10만여 명이 죽었고 수십만 명의 난민이 발생했습니다. 동티모르의 경우와 크게 다르지 않은 사태가 유럽에서 벌어지고 있는 셈입니다. 게다가 언론에서 연일 대서특필하고 있고요.

— 어떤 의미에서 옛 유고슬라비아에서 벌어지고 있는 사태는 영국과 미국의 우익이 바라던 일입니다. 1940년대 이후로 서방세계가 티토와 파르티잔을 지원하면서 미하일로비치와 체트니크(미하일로비치의 군사 조직으로 독일, 크로아티아, 파르티잔과 싸웠다), 노골적으로 나치주의를 표방했던 우스타샤(크로아티아의 극우 민족주의 단체로 '인종 청소'라는 학살을 자행하였다)를 포함한

크로아티아의 반공주의자들로부터 등을 돌린 것을 영국과 미국의 우익은 별로 달갑게 생각하지 않았습니다. 체트니크도 소문과 달리 나치에 협조하면서 파르티잔과 대립했습니다.

파르티잔의 승리는 공산당 독재로 이어지긴 했지만 나라를 연방국으로 만드는 한편, 증오심에 따른 민족 간의 폭력을 불식시키면서, 각 민족이 제 역할을 해내는 효율적인 사회를 만들어갔습니다. 그런데 지금 다시 1940년대로 되돌아간 기분입니다. 다만 파르티잔이 없을 뿐입니다.

세르비아는 체트니크의 후계자로 그들의 이데올로기까지 물려받았습니다. 크로아티아는 우스타샤와 그들의 이데올로기를 물려받은 상속국입니다. 물론 나치보다야 덜 흉폭하지만 오십보백보입니다. 당시 파르티잔이 승리하지 않았더라면 자행했을 일을 이들이 지금 저지르고 있는 셈입니다. 물론 이런 불행은 공산당 주도로 벌어지고 있습니다. 하지만 그 이유는 그 지역의 모든 살인마가 공산당 지도부의 일원이기 때문입니다. 예컨대 옐친도 공산당 보스였습니다.

그런데 서방세계의 우익이 옛 유고슬라비아에서 벌어지고 있는 일을 옹호한다는 점이 흥미롭습니다. 어쩌면 우익의 솔직한 모습일 수도 있겠습니다. 어쨌든 영국의 우익 인사로 유고슬라비아 전문가인 노라 벨로프는 보스니아의 세르비아인을 비난하는 사람들을 힐난하는 글을 《이코노미스트 *The Economist*》에 보냈습니다. 그녀의 주장에 따르면 모든 잘못의 원인은 무슬림입니다. 무슬림이 세르비아인의 수용을 거부했고, 이 때문에 세르비아인이 자위권을 행사하는 것이라는 주장입니다.

노라는 예전부터 체트니크의 옹호자였습니다. 따라서 체트니크의 폭력을 계속 변호하지 않을 도리가 없을 것입니다. 물론 다른 요인도 있습니다.

그녀는 극단적인 시오니스트이기 때문에 무슬림이 개입되었다는 사실만으로도 무슬림은 죄인인 것입니다.

— 강제수용소에서 많은 사람이 희생되는 것을 막기 위해서 연합군이 아우슈비츠로 연결되는 철로를 폭격해야만 했던 것처럼, 우리는 사라예보를 에워싸고 세르비아의 진지를 폭격해야 한다는 주장이 있습니다. 선생님은 이 주장에 동의하십니까?

— 먼저, 아우슈비츠로 연결되는 철로를 폭격했다면 어떤 결과가 빚어졌을까에 대한 충분히 토론해야 합니다. 이 문제는 언젠가 따로 살펴보기로 합시다. 어쨌든 서방 강대국이 아니라 유엔군이나 다국적군이 주체가 되어 군사력을 신중하고 현명하게 사용했다면 초기 단계에서 폭력을 상당히 진압할 수 있었을 것입니다. 어쩌면 완전히 중단시켰을 수도 있었을 것입니다. 하지만 현 단계에서 군사력이 효과가 있을지는 사실 의문입니다.

일부 전략적 요충지를 폭격하겠다고 위협하거나 이를 실행에 옮김으로써 사라예보의 폭격을 중단시킬 수 있다면, 모두가 그 주장에 동의할 수 있다고 생각합니다. 하지만 그 조건에 대한 확신이 있어야 합니다. 도덕적인 문제로만 생각해서는 안 됩니다. 결과까지 염두에 두어야 합니다. 따라서 보통 복잡한 문제가 아닙니다.

발칸 전쟁이 일어난다면 어떻게 되겠습니까? 러시아의 보수적인 군부가 개입할 가능성이 큽니다. 실제로 러시아군이 세르비아의 '슬라브 형제'를 지원하기 위해 이미 들어와 있습니다. 이런 상황에서 발칸 전쟁이 터지면 러시아군이 대규모로 개입할 수도 있습니다. 말이 난 김에 덧붙인다면 내

예측은 과거의 예를 근거로 한 것입니다. 톨스토이의 소설을 읽어보십시오. 러시아가 '슬라브 형제'들을 외세의 공격에서 구해내기 위해서 어떻게 남쪽으로 움직였는지 읽어보십시오. 그런 상황이 재현될 수도 있습니다.

현 시점에서 핵무기의 위협도 고려해야 합니다. 피해자라고 생각하는 세르비아인을 우리가 공격한다면 이들에게 알바니아인이 대다수인 코소보를 더욱 학대하는 빌미를 제공할 수 있습니다. 그렇게 되면 그리스와 터키까지 개입해서 대규모 전쟁으로 발전할 가능성이 있습니다. 한마디로 결코 간단한 문제가 아닙니다.

만약 보스니아 내의 세르비아인이 세르비아를 비롯해 다른 슬라브 지역의 지원을 받아 게릴라전을 벌인다면 어떻게 되겠습니까? 서방세계의 군사 전문가들은 그 지역의 안전을 도모하기 위해서만 10만의 군대가 필요할 것이라고 주장합니다. 사실일지도 모릅니다.

따라서 결과에 대해 더 많은 고민을 해야 합니다. 세르비아 진지를 폭격하면 만사가 해결될 것처럼 보이지만, 이로 인해 얼마나 많은 사람이 죽어야 하는가도 생각해야 합니다. 그렇게 간단한 문제가 아닙니다.

— 스웨덴에서 은행 강도를 저지른 범인으로 지목된 아르칸, 즉 젤리코 라즈나토비치가 1992년 12월에 세르비아의 의원이 되었습니다. 그가 창설한 타이거스 민병대는 보스니아에서 민간인들을 학살한 죄목으로 기소당하기도 했습니다. 게다가 아르칸은 미국 국무부가 전범으로 지목한 열 명 중 한 사람이기도 합니다. 하지만 아르칸은 미국의 비난을 일축하면서, "내가 전범으로 지목하고 싶은 사람이 미국에는 넘쳐흐른다"라고 주장했습니다.

— 맞습니다. 뉘른베르크 기준에 따르면, 서방세계에서 전범으로 기소당해야 마땅한 사람들이 많습니다. 그렇다고 아르칸에게 죄가 없는 것은 결코 아닙니다.

선택받은 국가 이스라엘

— 미국과 이스라엘의 동맹 조건이 꾸준히 변해왔습니다. 그런데 구조적인 변화까지 있었을까요?

— 눈에 띄는 구조적인 변화는 전혀 없었습니다. 이스라엘의 역량이 적어도 단기적으로는 미국에 이익을 줄 수 있을 정도로 성장한 것이 가장 큰 변화라고 할 수 있습니다. 클린턴 행정부는 부시 행정부의 편향된 친이스라엘 정책을 계속 밀고 나가겠다는 뜻을 분명히 밝혔습니다. 게다가 배경을 AIPAC(미국이스라엘공공문제위원회로 미국에 있는 친이스라엘 로비 단체)에 두고 있는 마틴 인디크를 국가안전보장회의의 중동 책임자로 임명했습니다.

인디크는 워싱턴 극동문제연구소라는 사기성 짙은 연구소의 소장이었습니다. 이스라엘의 프로파간다를 '객관적'이란 이름으로 포장해서 알리고 싶은 언론인이 주로 이용하는 연구소입니다. 그래야 이들이 원하는 대로 말해주는 사람의 이름을 앞세울 수 있으니까요.

미국이 소위 평화 협상에서 줄곧 기대해온 한 가지 희망 사항이 있습니다. 이스라엘과 걸프 연안의 독재 군주국들 간의 암묵적 동맹이 어떤 식으로든 조금씩 공개되거나 공고해져야 한다는 것입니다. 그렇게 덧없는 바람은 아닙니다.

하지만 큰 문제가 있습니다. 이스라엘이 점령지역에서 원하는 것을 손에 넣고 완전히 자기 것으로 만들겠다는 계획, 즉 이스라엘이 건국 이래 줄곧 획책해왔던 계획이 실질적인 문제에 부딪히고 있다는 점입니다. 사실 이스라엘은 궁극적으로 자기들의 땅에서 팔레스타인인을 쫓아내겠다는 꿈을 한시도 버린 적이 없었습니다.

이 계획의 실현을 앞당기기 위한 많은 시도가 있었습니다. 그들이 서안 지구에서 교육을 대대적으로 시행한 이유 중 하나가 무엇인지 아십니까? 교육받은 사람들이 일자리를 얻지 못해 스스로 그곳을 떠나도록 만들려는 것이었습니다.

한동안 이 계획은 그런대로 효과가 있었습니다. 많은 팔레스타인인이 서안 지구를 떠났으니까요. 하지만 이들은 그곳에 남겨진 동포에 대한 애착까지 버리진 않았습니다. 게다가 이스라엘이 물과 쓸 만한 토지를 빼앗고 있어 대단히 중요한 문제로 발전할 가능성도 있습니다. 결코 쉽게 해결할 수 있는 문제가 아닙니다.

— 하지만 이스라엘의 정책을 비난하는 유엔안전보장이사회의 결의를 이스라엘이 20회 이상 수긍하며 따랐다는 사실은 무엇을 의미할까요?

— 명목상의 수긍일 뿐입니다.

— 제재 조치나 강제 집행이 없었습니까?

— 없었습니다. 아무 예나 들어볼까요? 1978년 3월, 〈유엔안전보장이사회 결의안Security Council Resolution 425〉를 예로 들어봅시다. 이 결의안은 이스라엘이 레바논에서 무조건 즉각 철수할 것을 요구했습니다. 하지만 이스라엘은 여전히 레바논을 떠나지 않고 있습니다. 전 세계가 이라크를 공격했던 1991년 2월에 레바논 정부가 이를 재요구했지만 소용없었습니다.

미국은 변화를 위한 어떤 시도도 용납하지 않을 것입니다. 실제로 이스라엘의 공격이나 잔혹성을 비난하는 안전보장이사회의 많은 결의안이 미국에 의해 거부되고 있습니다.

1982년 이스라엘의 레바논 침공을 예로 들어볼까요? 처음에 미국은 안전보장이사회의 비난을 거들었습니다. 하지만 며칠이 지나지 않아 미국은 즉각적인 철수와 전투 중지를 요구한 안전보장이사회의 결의안을 거부했습니다. 그 후에도 비슷한 결의안을 거부했습니다.

— 그래도 최근에는 유엔 결의안이나 추방안에 지지를 표명하지 않았습니까?

— 그렇습니다. 미국은 유엔과 원만하게 지내려고 합니다. 하지만 유엔이 힘을 갖는 것은 허용하지 않습니다. 중요한 문제는 "미국이 이스라엘에 어떤 영향을 미치느냐?"라는 것입니다. 예를 들어 미국은 골란고원의 합병을 비난한 안전보장이사회의 결의안에 지지를 표명했습니다. 하지만 유엔이 이스라엘에 실질적인 어떤 조치를 취할 때가 되면 등을 돌렸습니다.

— 국제법이 국내법에 우선합니다. 하지만 이스라엘은 유엔의 결의안을 적

용할 수 없다고 주장합니다. 어째서 적용할 수 없다는 것일까요?

— 국제법이 미국에서 적용될 수 없는 것이나 마찬가지입니다. 이 때문에 국제사법재판소[IC]가 얼마나 미국을 비난하고 있습니까! 미국은 제 마음대로 결정하면서 약소국에게는 국제법을 준수하라고 강요합니다.

이스라엘은 약소국이 아닙니다. 초강대국의 부속국입니다. 따라서 이스라엘은 미국의 뜻대로 움직입니다. 미국이 "너희는 그런 결의안을 준수할 필요가 없어"라고 말하기 때문에 유엔 결의안이 이스라엘에게는 쓸데없는 소리처럼 들리는 것입니다. 미국을 비난하는 소리가 공허한 메아리이듯이 말입니다.

물론 안전보장이사회의 결의안이 미국을 비난한 적은 없습니다. 미국이 그런 결의안을 애초부터 거부하기 때문입니다. 파나마 침공을 예로 들어볼까요? 미국이 파나마를 침공했다고 비난하는 결의안을 안전보장이사회는 두 번이나 상정했습니다. 하지만 미국은 철면피처럼 두 결의안을 모두 거부했습니다.

미국을 비난하는 안전보장이사회의 결의안은 절대 통과될 수 없습니다. 똑같은 짓을 저질렀지만 미국처럼 거부권을 지니지 못한 나라를 비난한 결의안이었다면 문제없이 통과되었을 텐데 말입니다. 유엔총회가 매번 결의안을 통과시키지만, 총회의 결의안은 구속력을 갖지 못합니다. 그저 권고일 뿐입니다.

— 서안 지구 라말라에 있는 인권 단체 알하크를 위해 일하는 변호사, 모나 리시마위와 나눴던 말이 기억납니다. 그녀는 법정에 나설 때마다 이스라

검사가 영국이 위임한 비상조치법, 요르단 법, 이스라엘 법, 터키 법 등 대체 어떤 법으로 그녀의 의뢰인들을 기소할 것인지 종잡을 수 없다고 말했습니다.

— 그들만의 법도 있습니다. 한 번도 공개된 적이 없는 행정적 법규도 있습니다. 팔레스타인 출신의 변호사라면 누구나 그곳의 법체계는 조크에 불과하다고 말할 것입니다. 요컨대 법이 없습니다. 판례만 있을 뿐입니다.

대부분의 유죄 판결이 '자백'을 근거로 합니다. 여기에서 자백이 무엇을 의미하는지 모르는 사람은 없습니다. 자백해서 유죄를 선고받은 드루즈파 이스라엘 퇴역 군인이 거의 16년이 지난 뒤에야 무죄로 밝혀진 예도 있습니다. 이 때문에 상당한 소동이 있지 않았습니까!

뒤늦게 조사한 바에 따르면, 대법원은 무려 16년 동안 첩보 기관이 거짓말을 했다고 선고했습니다. 첩보 기관은 죄 없는 사람들을 무수히 고문했지만 법정에서는 그런 짓을 결코 하지 않았다고 주장했습니다.

첩보 기관이 대법원을 속였다는 사실이 밝혀지면서 대소동이 벌어졌습니다. 대법원까지 속이는 나라에서 어떻게 민주주의를 기대할 수 있겠습니까? 하지만 고문은 큰 쟁점이 아니었습니다. 모두가 아는 사실이 확인된 것에 불과했으니까요.

국제사면위원회Amnesty International는 1977년 런던에서 대법원 판사인 모셰 에치오니를 인터뷰했습니다. 그들은 에치오니에게 아랍인의 자백률이 지나치게 높은 이유가 뭐냐고 물었습니다. 그때 에치오니는 "그들의 천성 탓"이라고 대답했습니다. 서안 지구에 적용되는 이스라엘의 법체계라는 것이 바로 이렇습니다.

— '안전지대 security zone'와 '완충지대 buffer zone'의 조작과 왜곡 Orwellism에 대해 설명해주십시오.

— 레바논 남부에서요? 이스라엘이 그렇게 부르는 것을 언론이 그대로 인용한 것입니다.

이스라엘은 1978년에 레바논 남부를 침공했습니다. 캠프데이비드협정의 테두리 안에서 이루어진 일입니다. 이 협정에서 합의한 사항이 결실을 맺은 셈입니다. 즉 이집트가 전쟁 억제력을 상실했기 때문에, 이스라엘이 레바논을 공격해서 점령지를 병합하는 것을 허용한 것입니다.

그래서 이스라엘은 레바논 남부를 침략했고 용병을 고용해 점령지를 사수했습니다. 기본적으로 이스라엘의 용병이라 할 수밖에 없는 사드 하다드 소령의 군대를 통해서 말입니다. 그때 〈안전보장이사회 결의안 425〉가 통과되었습니다.

이스라엘이 1982년 레바논을 재침공했을 때 이스라엘 북부 전역의 국경선에서 치열한 교전이 있었습니다. 미국이 중재에 나서서 휴전이 성립되었고, PLO(팔레스타인해방기구)는 월경을 자제하면서 휴전 조약을 성실히 지켰습니다. 하지만 이스라엘은 도발 행위를 그치지 않았습니다. 심지어 민간인을 목표로 삼아 폭격을 가하기도 했습니다. PLO를 도발하게 하려는 계획된 폭격이었습니다. PLO가 폭력으로 맞서야 이스라엘이 침략할 핑계거리가 생길 테니까요.

미국의 언론이 이 사건을 어떻게 다루었는지 살펴보는 것도 매우 흥미로운 일입니다. 미국의 언론은 예외 없이 PLO가 이스라엘 정착촌을 폭격했다는 기사를 보도했습니다. 하지만 이것은 진실의 작은 단면일 뿐입니다.

이스라엘이 북부의 국경선을 폭격하고 침략하면서 PLO를 자극했지만 PLO는 대응하지 않았다는 것이 진실에 더 가깝습니다. 실제로 PLO는 협상안대로 화해의 길을 모색하려고 애썼습니다. 예전의 진실도 이상적인 그림에 제한적으로만 닮았을 뿐입니다. 나는 여러 차례 이 점을 지적했지만 아무도 귀 기울여주지 않았습니다.

이스라엘이 레바논을 침공한 후 어떤 사태가 벌어졌는지 우리는 잘 알고 있습니다. 그들의 표현대로라면 '테러'에 쫓겨나고 말았습니다. 하지만 위협받고 싶지 않은 사람들의 저항이었을 뿐입니다. 이스라엘은 근본주의자들의 저항을 불러일으키는 데 성공했습니다. 하지만 그 저항을 마음대로 억누를 수는 없었습니다. 그래서 밀려날 수밖에 없었던 거지요.

이스라엘은 남부 지역을 사수했습니다. 그리고 '안전지대'란 이름을 붙였습니다. 하지만 그곳이 진정으로 안전하다고 믿는 사람은 없습니다. 이스라엘이 레바논에 마련한 교두보입니다. 용병, 즉 이스라엘군의 지원을 받는 레바논 남부군이 점령하고 있습니다. 이스라엘군은 인간의 탈을 쓴 야수들입니다. 혹독한 고문실까지 갖춰놓고 있습니다.

이스라엘이 적십자나 그 밖의 인권 단체가 사찰하는 것을 허용하지 않기 때문에 자세한 내막까지는 알 수 없습니다. 하지만 인권 단체와 언론인을 비롯한 사람들이 꾸준히 조사했습니다. 게다가 그곳에서 탈출한 사람들이 이스라엘군의 야만적 학대를 증언하고 있습니다. 이스라엘의 일부 소식통도 이 사실을 확인해줍니다. 한 이스라엘 병사는 그곳에서 저질러지고 있는 만행을 견디다 못해 자살을 시도했습니다. 만행을 폭로하는 글을 히브리 언론에 써 보내는 군인들도 있습니다.

이스라엘이 히얌이라는 마을에 세운 안사르가 주된 수용소입니다. 폭격으로 히얌의 주민 대부분을 몰아낸 후, 1978년 이스라엘군이 보는 앞에서 하다드의 민병대가 대학살을 저질렀습니다. 레바논 남부군에 협조하기를 거부한 레바논 사람들이 무수히 죽었습니다.

이른바 '안전지대'라는 곳의 실상이 그렇습니다.

— 1970년대와 1980년대에 이스라엘은 수십 명을 레바논으로 추방시켰습니다. 그런데 지금은 왜 그렇게 하지 않는 것일까요? 또 레바논은 왜 거부하는 것일까요?

— 레바논이 그렇게 많이 거부하지는 않았습니다. 만약 이스라엘이 몇 사람만 헬리콥터로 싣고 시돈 외곽으로 날아가 공중에서 떨어뜨린다면 레바논도 거부할 수 없을 것입니다. 하지만 이번에는 이스라엘이 전술적 실수를 저지른 듯합니다. 1992년 12월에 415명의 팔레스타인인을 추방한 것은 이스라엘이 해명하기가 무척 힘들 것입니다.

이스라엘 언론에 따르면 이번의 대규모 추방은 뚜렷한 계획 없이 저질러진 것으로, 집단 학대가 야만적 방식으로 표현된 전형이라고 합니다. 이스라엘의 유력 일간지인 《하레츠*Ha'aretz*》에서, 샤바크(이스라엘 비밀경찰)가 처음에 위험인물로 여섯 명만을 지목했지만 라빈 노동당 정부가 더 많은 수를 원해서 한 사람을 더했다는 정보를 누설했다는 기사를 읽었습니다. 나머지 400여 명은 라빈 정부가 첩보 기관의 도움 없이 단독으로 추가한 사람들이었습니다.

따라서 국외로 추방된 사람들이 하마스(이슬람 근본주의자들로 결성된 반이스라엘 과격 단체) 행동대원이라고 믿을 만한 근거가 없습니다. 실제로 이스라엘은 한 이슬람 대학교의 전 교원을 추방했습니다. 이들은 복지 프로그램 등에 관계한 지식인들이었습니다.

하지만 이런 사람들을 겨울에는 모든 것이 꽁꽁 얼어붙고 여름에는 찌는 듯이 더운 레바논 남부의 산악 지대로 끌고 가는 모습은 텔레비전 카메라 앞에서 결코 보기 좋은 장면은 아니었을 것입니다. 이스라엘은 그런 면을 고려했던 것입니다. 따라서 외부의 거센 압력이 없다면 그들의 입국을 이스라엘이 허용하지 않을 것이기 때문에 적잖은 문제가 야기될 수도 있습니다.

— 스티븐 솔러즈 민주당 의원이 BBC와 회견하는 것을 들었습니다. 솔러즈 의원의 주장에 따르면 이중의 기준이 우리 세상을 지배하고 있다는 것입니다. 즉 사우디아라비아에서 70만 명의 예멘인이 추방되었을 때는 누구도 이에 대해 언급하지 않습니다. 사실입니다. 하지만 415명의 팔레스타인인이 가자 지구와 서안 지구에서 추방되자 세상이 시끌벅적하다는 것입니다.

— 스탈린주의자도 똑같이 말했습니다. "우리가 사하로프를 추방하자 세상이 시끄러웠다. 그런데 다른 포악한 짓에는 어찌 함구하는가? 대체 어느 쪽이 더 나쁜가?"라고 말입니다. 실제로 더 포악한 짓을 저지르는 사람은 언제나 있는 법입니다. 스탈린주의자가 솔러즈를 흉내 냈다면, "왜 똑같은 원칙을 적용하지 않는가?"라고 말했을 것입니다.

정확히 분석하면 차이가 있습니다. 예멘인은 본국으로 추방되었지만 팔레스타인인은 본국에서 추방되었습니다. 과연 솔러즈가 자신의 가족과 함께 멕시코의 한 사막에 떨어뜨려지더라도 우리 모두가 침묵해야 한다고 주장할 수 있을까요?

— 하마스에 대한 이스라엘의 입장이 그동안 계속 변해왔습니다. 이스라엘이 다시 하마스와 우호적 관계로 돌아갈 가능성은 없을까요?

— 이스라엘이 한때 하마스에 우호적이었을 뿐 아니라 하마스의 조직을 돕고 지원하려고까지 했습니다. 이스라엘은 인티파다^{Intifada}(반이스라엘 저항 투쟁) 초기에 이슬람 근본주의자들을 지원했습니다. 서안 지구의 한 대학에서 학생 소요가 일어났을 때에는 이스라엘군이 이슬람 근본주의자들을 투입해 소요를 진압하기도 했습니다.

가자 지구의 대표적인 반유대주의자이고 이슬람 근본주의자들의 리더인 셰이크 아흐마드 야신은 오랫동안 이스라엘군의 보호를 받았습니다. 이스라엘군은 그를 좋아했습니다. 그가 "유대인은 무조건 죽입시다!"라고 외쳤는데도 말입니다. 역사를 돌이켜 보면 이런 모순은 흔한 일입니다. 70년 전에 하임 바이츠만도 "우리에게 위험한 존재는 아랍 온건주의자들이다. 아랍 극단주의자들이 아니다"라고 말했습니다.

레바논 침공도 마찬가지입니다. 이스라엘은 PLO를 섬멸시키고 싶어 합니다. 이들은 비종교적인 민족주의자이며, 협상과 외교적 해결을 요구하기 때문입니다. 이런 태도에 이스라엘은 위협을 느낍니다. 테러리스트가 무서운 것이 아닙니다. 이스라엘의 평론가들은 처음부터 이 점을 분명히 지적했습니다.

이스라엘은 똑같은 실수를 거듭해서 저지르고 있습니다. 따라서 똑같은 결과가 야기되리라는 예측이 가능합니다. 레바논에서 이스라엘은 온건주의자들의 위협을 불식시키고 헤즈볼라(이란의 지원을 받는 이슬람 근본주의자들)와 타결을 보려 했습니다. 서안 지구에서도 온건주의자들, 즉 정치적 타결을 원하는 사람들의 위협을 불식시키고 싶어 했습니다. 그래서 이스라엘 보안군을 게릴라식으로 공격해대는 하마스와 손잡으려 했던 것입니다.

첩보 기관이 민족이나 정치 문제를 다룰 때 얼마나 무능할 수 있는가를 인식할 수 있어야 합니다. 학계가 그렇듯이 첩보 기관도 엄청난 실수를 저지르고 있습니다.

점령이나 지배의 상황에서 점령군, 즉 지배력을 지닌 측은 그 목적의 타당성을 정당화시킬 수 있어야 합니다. 이를 정당화시킬 수 있는 방법은 하나뿐입니다. 인종차별주의자가 되는 것입니다! 지배당하는 희생자의 잘못을 들춰내며 비난해야 합니다. 자신의 행동을 변명하려고 광적인 인종차별주의자가 되는 순간부터 눈앞에서 벌어지는 일을 객관적으로 판단하는 능력을 상실하게 마련입니다.

미국도 인도차이나에서 그랬습니다. 미국은 그 땅에 어떤 잘못을 저지르고 있는지조차 알지 못했습니다. 자국 내에서도 똑같은 잘못을 범하고 있습니다. FBI도 예외가 아닙니다. 비슷한 이유로 놀랍기 그지없는 잘못을 범하고 있습니다.

— 《뉴욕타임스》에 보낸 기고문에서, 친유대 단체인 반명예훼손연맹Anti-Defamation League의 사무총장인 에이브러햄 폭스먼은 라빈 정부가 정권을 획득한 이후 "일관되게 평화 정착을 위해 열의를 보였다"라고 말했습니다. 게다가 "이스라엘은 평화에 대한 열망을 구태여 증명해 보일 필요가 없는 나라이다"라고 덧붙였습니다. 대체 라빈의 노동당 정부는 그동안 어떻게 해왔습니까?

― 이스라엘이 평화를 원한다는 것은 부인할 수 없는 사실입니다. 히틀러도 그랬습니다. 모두가 평화를 원합니다. 다만 '어떤 조건'인지가 문제입니다.

정확히 예측한 것처럼 라빈 정부는 점령지역에서 억압의 강도를 높였습니다. 오늘 오후에도 나는 지난 2년 동안 가자 지구에서 인권 운동을 해온 한 여인을 만났습니다. 그녀의 주장도 마찬가지였습니다. 인간의 뇌를 가진 사람이라면 누구나 알고 있는 것을 말했습니다. 라빈 정부가 들어서자마자 억압이 더욱 거세졌다는 것입니다. 라빈은 냉혹한 사람입니다. 그의 이력이 이 사실을 증명해줍니다.

리쿠드당(이스라엘의 보수 우익 정당)이 노동당보다 훨씬 낫습니다. 베긴 정부 시절에는 고문과 탄압이 중단되었습니다. 샤론이 국방장관이었을 때는 잠시 암울하긴 했지만 베긴 정부하에서는 모든 것이 전반적으로 나았습니다. 그런데 1984년 노동당이 정권을 되찾으면서 고문과 탄압이 다시 시작되었고 급기야 인티파다까지 일어났습니다.

1989년 2월 라빈은 피스나우$^{Peace Now}$의 지도자들에게 PLO와의 협상은 무의미하다고 말했습니다. 결국 PLO가 자신에게 팔레스타인을 무력으로 괴멸시킬 빌미를 줄 것이라고 말했습니다. 그때 그들은 궤멸될 것이고 완전히 와해될 것이라고 덧붙였습니다.

― 하지만 그런 불행은 일어나지 않았습니다.

― 그렇지 않습니다. 인티파다는 거의 죽은 상태였습니다. 그런데 라빈이 폭력을 휘둘러 인티파다를 다시 깨워냈습니다. 물론 올바른 눈을 가진 사람들이 예측했듯이 라빈은 점령지역에서의 정착 정책을 계속 밀고 나갔습

니다. 물론 겉으로는 정착을 원천봉쇄하고 있다고 선전했지만 거짓말이었습니다. 폭스먼도 그 사실을 알고 있습니다. 그자도 이스라엘 신문을 읽을 테니까요.

라빈이 중단한 것은 샤론의 극단적인 계획 중 일부입니다. 샤론은 점령지역 전체에 주택을 건설하려고 했습니다. 아무도 가지 않을 땅이자, 정부가 재정적으로 지원할 수 없는 땅에 말입니다. 어리석기 짝이 없는 계획이었습니다. 그래서 라빈은 좀 더 합리적인 정착 정책을 시행했습니다. 내 계산이지만 1만 1,000가구가 새로 정착을 시도하고 있습니다.

노동당은 리쿠드당보다 합리적인 정책을 시도합니다. 미국이 늘 노동당을 선호한 것도 이런 이유에서입니다. 물론 리쿠드당과 똑같은 정책을 시행하는 경우도 있습니다. 하지만 리쿠드당처럼 노골적이지는 않습니다. 훨씬 은밀하게 진행합니다. 서구 세계의 위선적인 기준에 맞추고 있다는 점에서 근대적인 정당처럼 보이기도 합니다. 또한 노동당은 아주 현실적입니다. 리쿠드당처럼 정착지로 일곱 군데를 개발하는 대신에 네 군데로 대폭 줄였습니다.

하지만 목표는 똑같습니다. 정착지를 정비해서 팔레스타인 지역을 갈라놓겠다는 것입니다. 유대인의 정착지를 고속도로로 연결시키면 언덕 위에 있는 아랍인 마을은 고립되고 말 것입니다. 그렇게 되면 지역적인 자율권을 주더라도 진정한 자치정부는 아닐 것입니다. 이런 음모가 착착 진행되고 있습니다. 여기에도 미국은 돈을 대고 있습니다.

— 팔레스타인 저항운동을 곱게 보지 않는 평론가들은 '인트라파다intrafada'를 비판합니다. 즉 팔레스타인인이 팔레스타인인을 죽이고 있다는 것입니

다. 이 때문에 이스라엘의 지배는 정당화되고 팔레스타인인의 열망은 불법적인 행동으로 여겨진다는 것입니다.

— 시오니스트들의 운동을 돌이켜 보면 해답이 나옵니다. 유대인이 얼마나 많은 유대인을 죽였습니까! 그들은 협력자들을 죽였습니다. 물론 배신자, 아니 그들이 배신자라고 판단한 사람들을 죽였습니다. 그들은 팔레스타인인들처럼 가혹한 조건 속에 있지도 않았습니다. 많은 이스라엘인이 지적하듯이 영국이 신사답게 행동하지는 않았지만 우리와 비교한다면 신사였습니다.

노동당에 기반을 둔 방위군 하가나는 고문실을 두었고 암살자를 고용했습니다. 언젠가 나는 하가나가 대외적으로 발표한 약사略史에서 암살 기록을 보았습니다. 아주 깔끔하게 정리되어 있더군요.

1921년이었습니다. 야코프 데 한이란 유대계 네덜란드인이 암살당했습니다. 팔레스타인인들과 그 지역에 새로이 정착한 유대인들 간의 관계가 원만한지 살펴보려고 팔레스타인인들에게 접근을 시도한 것이 암살당한 이유였습니다. 그를 죽인 사람이 누구인지 아십니까? 나중에 이스라엘의 초대 대통령이 된 사람의 아내가 된 여자였습니다. 그런데 이들은 그가 동성연애자였기 때문에 암살했다고 핑계를 댔습니다.

한편 이츠하크 샤미르는 유대인 극우 지하조직인 '스턴갱Stern gang'의 수장으로 지명된 사내를 살해함으로써 그 갱단의 두목이 되었습니다. 무슨 이유인지는 몰라도 샤미르는 그를 싫어했습니다. 어느 날 샤미르는 그와 해변을 산책했습니다. 하지만 그날 이후로 그 사내는 모습을 드러내지 않았습니다. 샤미르가 그를 죽였다고 모두가 믿고 있습니다.

인티파다가 가혹한 억압 체제하에서 자포자기하는 심정으로 시작되었기 때문에 살상이 그치지 않는 것입니다. 묵은 원한을 청산하는 수단으로 변질되더니, 눈에 띄는 사람을 무작정 죽이는 갱단처럼 변해버린 거죠. 원래 인티파다는 잘 조직화된 저항운동이었습니다. 그런데 무작위적 살상 행위로 변해버렸습니다. 이스라엘은 이런 무질서에 내심 미소를 지으면서, 아랍인들이 얼마나 타락한 인간인가를 보여주는 증거로 삼습니다.

― 위험한 이웃이라는 뜻이겠죠?

― 그렇습니다. 그런데 문제는 이스라엘인이 이웃을 위험한 존재로 만들고 있다는 점입니다.

간디, 비폭력과 인도

― 제 기억이 맞다면, 선생님이 간디에 대해 말하는 것을 들어본 적이 없습니다. 오웰은 "우리 시대의 무수한 정치 지도자들과 비교한다면 그는 그런대로 깨끗한 흔적을 남겨놓고 떠났다"라는 말로 간디를 평가했습니다. 선생님은 간디를 어떻게 평가하십니까?

― 간디가 한 일과 그가 남긴 업적을 면밀히 분석해보지 않았기 때문에 자신 있게 말할 수기 없습니다. 몇 가지 긍정적인 면은 있습니다. 예컨대 촌락 개발, 자기 계발, 공동 프로젝트 등을 강조한 점입니다. 인도가 이 교훈

을 제대로 이행했더라면 상당히 유익했을 것입니다. 인도가 실제로 받아들인 스탈린 모델, 즉 중공업 개발을 강조한 모델보다 훨씬 성공 가능성이 크고 인간적인 개발 모델을 함축적으로 제시하기도 했습니다.

하지만 비폭력에 대해서는 심도 있게 생각할 필요가 있습니다. 물론 모든 사람이 폭력보다 비폭력을 지지합니다. 그러나 어떤 조건에서나, 그리고 항상 그럴 수 있을까요? 비폭력이 절대적인 원칙일 수 있을까요?

— 선생님도 간디가 1938년 루이스 피셔에게 독일의 유대인에 대해 말한 것을 기억하실 것입니다. 독일의 유대인이 집단 자살을 감행한다면 "세계인과 독일인에게 히틀러의 폭력성을 일깨워주었을 것"이라고 말하지 않았습니까.

— 전술적인 제안이었지 비폭력주의에 입각한 제안은 아니었습니다. 비폭력의 원칙에 따라서 유대인이 기분 좋게 가스실에 들어갔어야 한다고 말한 것은 절대 아닙니다. 오히려 '그렇게 한다면 훨씬 나았을 것'이라고 말한 것입니다.

얼마나 많은 인명을 구해낼 수 있는가? 이런 기본적인 원칙을 떠나 간디의 제안을 생각한다면, 그의 제안이 나치의 학살을 중단시킬 정도로 세계인을 각성시켰을 수도 있습니다. 하지만 나는 그렇게 생각하지 않습니다. 완전히 불가능한 일이기 때문입니다. 어딜 쳐다보아도 부끄럽기만 하던 당시 상황에서 유럽의 유대인이 할 수 있는 일은 거의 없었습니다.

— 하지만 전쟁이 끝난 후 오웰은 간디가 옳았다고 말했습니다. "유대인은

온갖 구실로 살해당했다. 차라리 의미 있게 죽는 편이 나았을 것이다"라고 말입니다.

— 역시 전략적인 발언입니다. 결코 원칙에 입각한 발언은 아닙니다. 간디의 제안대로 유대인들이 했더라면 어떤 결과가 빚어졌을까요? 이런 질문에는 아무도 객관적으로 대답할 수 없습니다. 아무 증거도 없는 추측에 불과한 대답일 뿐입니다. 간디가 그 당시 유대인에게 실제로 그런 충고를 했더라도 진지하게 받아들일 사람이 몇이나 되었을까요?

내 생각이지만 간디는 오히려 이렇게 말했어야 합니다. "보십시오. 힘없는 사람들이 학살되고 있지만 아무런 저항도 하지 못하고 있습니다. 따라서 그들을 학살에서 구해줄 사람은 바로 우리입니다!" 유대인에게 어떤 식으로 학살당해야 한다고 충고한다고 해서 그들의 사기가 높아지겠습니까!

요즘 벌어지는 사건들에 대해서도 똑같이 말할 수 있습니다. 아이티에서 고문당하고 살해당하는 사람들을 예로 들어봅시다. 그들에게 "당신은 떳떳하게 죽어야 합니다. 허리를 펴고 살인마들에게 걸어가 그들의 칼 앞에 목을 내밀어야 합니다. 그럼 외부 사람들이 각성하게 될 것입니다"라고 말할 수 있을까요? 물론 할 수도 있겠죠. 하지만 살인마들에게 칼을 쥐어주는 자들에게 더 보람 있는 일을 하라고 말하는 편이 훨씬 나을 것입니다.

말로 비폭력을 주장하기란 쉽습니다. 반전주의자였던 데이비드 델린저처럼 희생자들의 참상을 두 눈으로 본다면 누구나 비폭력을 진지하게 다시 한 번 생각하게 될 것입니다.

— 오늘날 인도는 분리주의자들의 저항운동 때문에 사분오열된 상태입니

다. 인도군이 점령한 카슈미르는 완전히 난장판입니다. 펀자브를 비롯한 다른 지역에서도 살해와 구금, 인권유린이 벌어지고 있습니다. 따라서 오늘날 제3세계 국가를 괴롭히는 온갖 문제들에 대해 식민지 지배자들을 비난하는 경향에 대한 선생님의 고견을 듣고 싶습니다. 제3세계 국가는 "그래, 인도에는 문제가 있어. 하지만 영국의 잘못 때문이야. 영국이 침략하기 전에 인도는 아주 행복한 땅이었다고!"라고 말하니까요.

— 역사적인 재앙에 대한 비난을 평가하기란 어렵습니다. 굶어 죽어가는 사람의 건강에 대한 비난을 평가하는 것과 비슷하다고 생각합니다. 여기에는 많은 요인이 있습니다. 그런데 그 사람이 고문당했다고 해봅시다. 고문을 당할 때에는 그 영향을 받기 마련입니다. 그런데 고문이 끝난 후 그 사람은 제대로 먹지도 못하면서 방탕한 삶을 살다가 복합적인 이유로 죽었습니다. 우리가 말하려는 것은 결국 이 사람의 사망 원인을 따지는 것과 크게 다르지 않습니다.

물론 제국주의의 횡포가 재앙이었습니다. 인도를 볼까요? 영국이 벵골에 첫 발을 내딛었을 때까지 인도는 세계에서 가장 부유한 나라 중 하나였습니다. 영국의 상인들이 남겨놓은 글을 보면 인도는 천국이었습니다. 그곳이 바로 방글라데시이고 캘커타입니다. 그랬던 곳이 절망과 한탄의 상징처럼 변해버렸습니다.

어떤 곳보다 품질이 뛰어난 목화를 생산하던 비옥한 땅이었습니다. 또한 그 시대의 기준으로 첨단 기술까지 보유한 땅이었습니다. 예컨대 나폴레옹 전쟁 동안 영국 제독을 위해 기함旗艦들을 건조한 조선소가 그곳에 있었습니다. 영국 조선소에서 만든 전함들이 아니라 인도인들이 자체의 기술로 만들어낸 것들이었습니다.

당신도 약 200년 전에 쓰인 애덤 스미스의 글을 읽어보았을 것입니다. 그는 영국이 벵골에 안겨준 가난을 연구했습니다. 그의 주장이 옳다면 영국은 처음에 벵골의 농업 기반을 파괴하면서 "부족한 상태를 기근의 상태"로 전락시켰습니다. 인도인에게 농지를 빼앗아 아편을 재배했기 때문입니다. 영국이 중국에 팔 수 있는 유일한 수출품이 아편이었으니까요. 대기근이 벵골을 휩쓴 것은 당연한 결과였습니다.

영국은 인도의 제조업까지 파괴하려고 했습니다. 1700년부터 시작해서 영국은 가혹한 관세 규제로 인도의 제조업자들이 영국의 섬유산업계와 경쟁하는 것을 원천봉쇄했습니다. 섬유산업에서 인도가 비교 우위에 있었기 때문에 인도의 섬유산업을 파괴해야 했던 것입니다. 인도의 섬유산업이 영국에 비해 기술적인 면에서 더 뛰어나지는 않았지만 충분히 경쟁할 수 있었고, 더 좋은 목화를 원료로 더 좋은 섬유를 만들어냈기 때문입니다.

영국의 정책은 성공을 거두었습니다. 인도의 산업 조직은 파괴되었고 인도는 완전히 농업국으로 전락했습니다. 산업혁명이 영국에서 확산되어갈 때 인도는 가난한 농업국으로 전락해갔습니다.

경쟁자들이 모두 쓰러지고 영국이 앞서 나가게 되자, 영국은 자유무역의 이점을 발견했습니다. 그때가 1846년쯤입니다. 영국 자유주의 역사학자들, 자유무역을 옹호하는 학자들의 글을 읽어보십시오. 그들은 자유무역의 이점을 분명하게 인식하고 있었습니다. 그 시기에 그들은 약속이나 한 듯이 이렇게 말했습니다. "그래, 우리가 인도에 한 짓은 그렇게 자랑스러운 짓은 아니다. 하지만 맨체스터의 공장들을 살려내려면 다른 노리가 없었다. 우리는 경쟁에서 이겨야만 한다!"라고 말입니다.

"보십시오. 힘없는 사람들이
학살되고 있지만 아무런 저항도 하지 못하고 있습니다.
따라서 그들을 학살에서 구해줄 사람은
바로 우리입니다!"

이런 파괴적 공작은 그 후로도 계속되었습니다. 인도 곳곳에서 이런 사례를 얼마든지 찾아볼 수 있습니다. 1944년 네루는 영국 감옥에서 아주 흥미로운 책《인도의 발견 *The Discovery of India*》)을 썼습니다. 이 책에서 네루는 인도의 각 지역에 영국이 지배하며 남긴 영향을 추적하여 그 지역의 빈곤 수준과 비교해보면 분명한 상관관계를 찾을 수 있을 것이라고 말했습니다. 영국의 지배 기간이 긴 지역일수록 더 가난하다는 뜻입니다. 물론 벵골, 즉 지금의 방글라데시가 가장 처참한 지역입니다. 영국이 가장 먼저 상륙한 땅이었으니까요.

캐나다와 북아메리카에서는 이런 현상을 찾아볼 수 없습니다. 원주민을 무참히 살해했으니까요. '정치적 올바름 *political correctness*'이 있는 평론가만이 그렇게 말하는 것은 아닙니다. '건국의 아버지들'도 똑같이 말합니다.

첫 국방장관인 헨리 녹스 장군도 "우리가 원주민에게 한 짓에 비하면 콘키스타도르(16세기에 페루와 멕시코를 정복한 에스파냐 정복자들)가 페루와 멕시코에게 한 짓은 아무것도 아니다"라고 말했습니다. 이렇게 말하며 녹스 장군은 미래의 역사학자가 원주민 '말살'을 들춰내면서 그 행위를 '어두운 모래색'으로 묘사할 것이라고 덧붙였습니다. 요즘 말로 한다면 집단 학살 *genocide*과 다를 바가 없습니다.

이런 사실은 거의 처음부터 알려졌습니다. '명백한 소명 *Manifest Destiny*'(미국이 북미 전체를 지배할 운명이라는 주장)의 창안자인 존 퀸시 애덤스는 권력 투쟁에서 밀려난 후 노예제도와 원주민 정책을 반대하는 비판자가 되었습니다. 그 자신도 그 엄청난 '멸종'에 개입했다고 고백하며, '그 가증스런 죄' 때문에 하느님이 틀림없이 자신들을 벌주실 것이라고 믿었습니다.

라틴아메리카는 더 복잡했습니다만 150년 만에 원주민은 사실상 멸종되

다시피 했습니다. 그동안 아프리카인들이 노예로 끌려왔습니다. 이 때문에 아프리카는 황폐한 땅으로 전락하고 말았습니다. 식민 시대가 시작되기 전에 이미 황폐한 땅이었는 데다, 정복자들이 직접 유린하면서 아프리카는 더욱 치참히게 변해갔습니다.

서방세계는 아프리카 식민지를 철저하게 약탈한 후 물러났습니다. 이는 의심의 여지가 없는 사실입니다. 약탈한 재화로 서방세계가 더 발전할 수 있었다는 것 또한 부인할 수 없습니다. 서방세계는 아프리카에서 물러난 후에도 '신식민주의적 관계'를 유지했습니다. 직접 통치하지 않으면서 지배하는 것 말입니다. 그 후 아프리카에 더 큰 재앙이 닥친 것은 누구나 아는 사실입니다.

정복자의 논리, 분할통치

— 인도 이야기를 계속해보겠습니다. 힌두교도와 이슬람교도를 서로 싸우게 만들어 이득을 챙긴 영국의 분할통치정책divide-and-rule policy에 대해 말씀해주십시오. 그 결과가 오늘날 어떻게 나타나고 있다고 보십니까?

— 분할통치는 당연한 정책입니다. 어떤 정복자나 내부 집단의 갈등을 이용합니다. 예를 들어, 영국이 인도를 통치하면서 이용한 군인의 90퍼센트가 인도인이었습니다.

— 하기사 놀라운 통계자료가 있습니다. 영국의 힘이 인도에서 최고조에

이르렀을 때도 영국인 수가 15만 명을 넘지 않았다고 하더군요.

― 어디에서나 그렇습니다. 미국이 필리핀을 정복해서 거의 20만 명을 학살할 때도 그랬습니다. 필리핀 부족의 도움을 받았습니다. 지역 집단 간의 갈등을 이용했다는 명백한 증거입니다. 언제 어디에서나 정복자의 편에 서는 사람들이 있는 법입니다.

하지만 제3세계만이 그런 것은 아닙니다. 문명국이라 자처하는 유럽 국가도 마찬가지입니다. 예컨대 벨기에와 네덜란드, 프랑스를 나치가 점령했을 때 어땠습니까? 누가 유대인을 검거했습니까? 바로 그 지역 사람들이었습니다. 프랑스인이 나치보다 더 민첩하게 유대인을 검거했습니다. 나치도 유대인을 이용해서 유대인을 학대했던 것입니다.

만약 러시아가 미국을 정복한다면 로널드 레이건, 조지 부시, 엘리엇 에이브럼스 등이 가장 먼저 침략자의 편에 설 것입니다. 죄 없는 미국인을 강제수용소로 보낼 것입니다. 전형적인 우파 성향의 정치인들이니까요.

분할통치정책은 역사적인 전통입니다. 침략자는 내부 협력자를 이용해서 피침략국을 지배합니다. 집단 간의 경쟁의식과 적대 관계를 교묘히 이용하는 것입니다. 침략자의 입장에서는 당연한 정책입니다.

요즘 시끌벅적한 쿠르드족의 경우도 마찬가지입니다. 서방세계는 이라크의 쿠르드족을 동원해서 숫적으로 훨씬 우세한 터키의 쿠르드족을 없애버리려고 합니다. 역사적으로 가장 억압받은 민족인 터키의 쿠르드족을 말입니다. 이라크의 쿠르드족 이외에도 서방세계가 터키의 동남부 주민들에게 대단한 지지를 받고 있다는 사실도 간과할 수 없습니다.

그런데 쿠르드족에 대한 터키의 폭정은 서방세계에 거의 알려지지 않습니다. 터키가 미국의 맹방이기 때문입니다. 걸프전쟁을 틈타 터키는 쿠르드 지역을 폭격했습니다. 이로 인해 수십만 명이 고향을 떠나 난민이 되어야 했습니다.

이제 서방세계의 목표는 이라크 쿠르드족을 무기, 좀 더 정확히 말하면 이라크에서 '안정'을 되찾기 위한 무기로 사용하는 것입니다. 한마디로 서방세계는 터키의 쿠르드족을 없애버리려고 이라크의 쿠르드족을 이용하고 있습니다. 그럼 터키의 힘이 그 지역에서 확대될 것이고, 결국 이라크가 안정될 것이란 논리입니다. 이런 서방세계의 전략에 이라크 쿠루드족이 협조하고 있는 셈입니다.

1992년 10월에 아주 추악한 사건이 있었습니다. 터키에서 쿠르드 게릴라를 축출하고 괴멸시키기 위해서 터키군과 이라크의 쿠르드군이 손을 잡고 협공을 벌인 것입니다.

이라크 쿠르드 지도자들이 이런 작전에 협조한 것은 어떤 이득을 기대했기 때문입니다. 물론 이들의 입장에 완전히 동의할 수는 없지만 이해할 수는 있습니다. 하지만 좀 더 정확히 분석할 필요가 있습니다.

사실 이들은 사방에서 몰아치는 압력 때문에 침몰되어가는 민족입니다. 살아남기 위해서 지푸라기라도 잡아야 하는 상황에서 반민족적 행위를 하는 것도 놀라운 일은 아닙니다. 지푸라기라도 잡는 것이 국경선 너머의 사촌을 죽이는 데 협조하는 것을 뜻하더라도 말입니다.

정복자들은 그렇게 조장하고 있고, 또 언제나 그랬습니다. 인도에서도 마찬가지입니다.

그렇다고 영국이 침략하기 전에 인도가 평화로운 곳이었다는 뜻은 아닙니다. 실제로 평화로운 곳은 아니었습니다. 서반구도 평화로운 유토피아는 아니었습니다. 하지만 유럽인이 간 곳마다 예외 없이 폭력의 수위가 높아진 것은 부인할 수 없는 사실입니다. 진지한 전쟁사가라면 이런 사실에 조금도 의문을 품지 않습니다. 18세기에 이미 증명된 사실이었으니까요. 애덤 스미스에게서도 이런 지적을 읽어낼 수 있습니다.

도대체 그 이유가 무엇이었을까요? 그것은 유럽의 열강들이 피비린내 나는 싸움을 벌이고 있었기 때문입니다. 이런 과정에서 유럽은 타의 추종을 불허하는 폭력 문화를 키웠습니다. 이런 폭력 문화가 첨단 기술보다 훨씬 중요한 역할을 해냈습니다. 첨단 기술은 다른 문화권에 비해 월등하지 못했으니까요.

유럽인이 세상 방방곡곡에서 저지른 짓을 나열하자면 끝이 없을 것입니다. 게다가 야만스럽기 그지없었습니다. 영국 상인과 네덜란드 상인 ─ 상인이라 하지만 실제로는 상인의 탈을 쓴 전쟁광이라 말해도 과언이 아닐 것입니다 ─ 이 아시아로 침입해 기존의 무역 지대를 파괴해버렸습니다. 유구한 역사 동안 정립된 원칙에 따라 순리적으로 운영되었으며, 자유롭고 평화로운 원칙에 따라 운영된, 일종의 자유무역 지대를 말입니다.

유럽인은 자신들에게 방해되는 것이면 가차 없이 파괴했습니다. 아시아에서만 그랬던 것이 아닙니다. 예외적인 경우가 아주 드물게 있기는 했지만 전 세계를 도탄에 빠뜨렸습니다. 유럽의 전쟁은 그야말로 멸종 전쟁이었습니다. 우리가 역사에 정직하다면 식민지 개척으로 미화된 확장 정책을 야만의 침략이라 기록해야 할 것입니다.

원주민은 유럽인의 침략에 속수무책이었습니다. 유럽인의 침략을 그런대로 견디어낸 나라는 일본과 중국밖에 없었습니다. 중국은 고유한 철학과 뛰어난 기술을 보유한 강력한 국가였던 까닭에 서방세계의 간섭을 오랫동안 견뎌냈지만 19세기 들어 국방력이 무력화되면서 결국 무너지고 말았습니다.

일본은 거의 완벽하게 서방세계의 침략을 이겨냈습니다. 이런 까닭에 일본은 제3세계 지역에 속하면서도 산업화된 국가로 발전할 수 있었습니다. 이 결과를 어떻게 설명해야 할까요? 식민지로 전락하지 않은 제3세계의 국가가 이제는 산업화된 세계의 한 축을 차지하고 있습니다. 이는 결코 우연이 아닙니다.

이런 상관관계가 의심스럽다면 유럽에 속하면서도 식민지를 경험한 지역을 살펴보는 것으로 충분합니다. 아일랜드와 같은 지역은 제3세계와 크게 다르지 않습니다. 놀라울 정도로 비슷한 과정을 밟아왔습니다. 따라서 제3세계의 국민이 빈곤의 이유를 제국주의의 역사에서 찾으면서 유럽 열강을 비난하는 것은 당연한 귀결이라 할 수 있습니다.

요즘 들어 서방세계에서 이런 문제가 다루어지는 방향을 살펴보는 것도 흥미로운 일입니다. 1993년 1월 7일, 미국의 소말리아 내정 간섭을 비난한 《월스트리트저널》에 아주 뜻밖의 기사가 실렸습니다. 스탠포드 대학교의 후버연구소 연구원이라 밝힌 안젤로 코데빌라가 쓴 기고문으로, 대략의 내용은 이렇습니다. "현 세계의 문제는 서방세계의 지식인이 그들의 문화를 증오하며 식민정책을 종식시킨 것에서 비롯된 결과이다. 대관용의 문명만이 식민정책처럼 고결한 과업을 해낼 수 있다. 식민정책만이 전 세계의 야만인을 비참한 상황에서 구해낼 수 있기 때문이다. 유럽인은 그렇게 했고, 야만인에게 막대한 선물과 혜택을 주었다. 하지만 그때 서방세계의 지식인은 이런 문화를 증오하며 위정자에게 식민지에서 철수하라고 목소리를 높였다. 그 결과가 현재 우리 눈앞에 전개되고 있다."

나치가 남긴 문헌에서도 이와 비슷한 주장을 볼 수 있습니다. 존경받는 지식인 중에 이렇게 생각하는 사람이 있을 줄 상상이나 할 수 있겠습니까? 어쨌든 이런 엄청난 무지는 차치하더라도 도덕적 수준도 나치 문헌에서나 찾아볼 수 있을 정도로 형편없이 낮습니다. 그런데 이런 기사가 《월스트리트저널》의 특집란에 실린 것입니다. 문제는 이런 기사를 비판하는 목소리가 들리지 않는다는 것입니다.

리고베르타 멘추(과테말라 인권 운동가이자 작가)가 노벨상을 받은 후, 《선데이텔레그래프 _The Sunday Telegraph_》나 《데일리텔레그래프 _The Daily Telegraph_》와 같은 영국의 우익 언론이 보인 반응도 흥미로웠습니다. 그들은 분노를 금치 못했습니다. 특히 중앙아메리카 통신원들의 분노는 대단했습니다. 그들의 관점을 대략 설명하면 이렇습니다. "그래, 과테말라에서 잔혹 행위가 있었던 것은 사실이다. 하지만 잔혹 행위는 좌익 게릴라들이 저지른 만행이었거나, 사회에 책임감을 지닌 집단이 마르크스 신봉자들의 폭력과 만행에 대응한 것으로 충분히 납득할 수 있는 행위였다. 따라서 오랫동안 원주민들에게 고통을 안겨준 리고베르타 멘추에게 노벨상을 준다는 것은……."

이 다음은 내 입으로 말하기가 민망할 정도입니다. 그 신문을 구해 읽어보십시오. 스탈린이나 나치의 비밀문서에서나 찾아볼 수 있는 글입니다. 그것도 최악일 때 말입니다. 하지만 이런 관점이 영국과 미국 문화의 근간이기도 합니다.

정복과 억압이 낳은 인종차별

— 로스엔젤레스에서 발칸반도까지, 코카서스에서 인도까지, 한마디로 전 세계에서 종족주의, 민족주의, 종교적 광신주의, 인종차별주의가 다시 발흥하고 있습니다. 그 이유가 무엇이라 생각하십니까?

— 새삼스런 현상이 아닙니다. 과거에도 없었던 것이 아닙니다.

— 전적으로 동의합니다. 하지만 요즘 들어 더 뚜렷해진다고 생각지 않으십니까?

— 일부 지역에서 민족주의 등이 유난스레 강조되는 것은 사실입니다. 동유럽이 대표적인 경우입니다. 유럽은 전체적으로 인종차별이 심한 땅입니다. 미국보다 훨씬 심합니다. 그중 동유럽은 추악할 정도입니다. 전통적으로 그 지역은 종족 간의 갈등과 증오가 대단했습니다. 우리들의 할아버지가 그 땅에서 피신해온 탓에 우리들이 미국에 살고 있는 것입니다.

2년 전까지도 동유럽은 가혹한 독재 체제, 즉 소비에트 체제하에서 신음하고 있었습니다. 소비에트 체제는 시민사회를 화석화시켰습니다. 다시 말하면 좋은 것은 없애버리고 나쁜 것도 억눌렀습니다. 독재 체제가 종식되면서 시민사회가 되살아나기 시작했습니다. 물론 그동안 억눌렸던 적잖은 단점도 되살아났습니다.

다른 곳에서, 예컨대 아프리카에서도 잔혹 행위가 온갖 형태로 저질러지고 있습니다. 사실 아프리카에서는 잔혹 행위가 그친 적이 없습니다. 1980

년대에 최악의 재앙 중 하나가 아프리카에서 벌어졌습니다. 1980년부터 1988년까지, 미국의 지원을 받은 남아프리카공화국은 약 150만 명의 인명을 학살했고, 600억 달러 이상의 재산을 불태웠습니다. 남아프리카공화국을 둘러싼 지역에서만 이런 잔혹 행위가 벌어졌습니다.

미국이 지원했기에 아무도 이런 참상에 관심을 기울이지 않았습니다. 1970년대의 부룬디의 경우를 보아도 마찬가지입니다. 엄청난 대학살이 있었습니다. 수십만 명이 죽었지만 아무도 관심을 기울이지 않았습니다.

요즘 들어 서유럽에서도 지역주의가 만연합니다. 어떤 면에서는 민주적 제도가 쇠락한다는 증거입니다. 유럽공동체가 경제력의 집중을 반영하듯이 집행부의 힘을 서서히 키워가는 반면에 각 민족은 고유한 정체성을 보존할 다른 수단을 찾으려 애쓰고 있습니다. 이 결과가 지역주의입니다. 물론 지역주의는 긍정적인 면도 있지만 부정적인 면도 있습니다. 어쨌든 내 이야기가 지역주의의 발흥 이유를 완전히는 아니지만 부분적으로는 설명했다고 봅니다.

— 독일의 정치판은 한때 세상에서 가장 자유로웠습니다. 그런데 요즘 들어 시민 자유를 제한하고 정당 활동을 금지하려는 조짐까지 보입니다.

— 독일의 인종차별을 우려하는 목소리가 많기는 합니다. 여하튼 불안한 것은 사실입니다. 예를 들어 집시를 내쫓아 루마니아로 추방하는 행위는 아무도 거론하지 않는 부끄러운 짓입니다. 집시는 홀로코스트의 유대인처럼 취급받았습니다. 하지만 그런 부당한 취급에 귀를 기울이는 사람이 없습니다. 아무도 집시에게 관심이 없기 때문입니다.

이런 박해들이 세상에서 점점 잊히고 있지만 여전히 세상 곳곳에서 자행된다는 사실 또한 기억해야 합니다. 에스파냐를 예로 들어보겠습니다. 에스파냐는 조건부로 유럽공동체 가입이 허용되었습니다. 북아프리카 유민을 차단하는 역할을 충실히 해내야 한다는 것이 여러 조건 중 하나였습니다. 자칫 방심하면 북아프리카 사람들이 떼를 지어 유럽으로 몰려올지도 모른다는 생각 때문입니다.

북아프리카와 에스파냐 사이의 좁은 해협을 건너오려는 '보트피플boat people'이 상당히 많습니다. 아이티와 도미니카공화국의 관계와 비슷합니다. 하여튼 해협을 무사히 건너더라도 이들은 에스파냐 경찰과 해군에 의해 곧바로 추방됩니다. 추악하기 이를 데 없는 작태입니다.

물론 아프리카인들이 다른 곳이 아닌 유럽으로 건너오려는 이유가 없지는 않습니다. 500년 동안 계속된 역사입니다. 지금도 유럽으로 건너오려는 보트피플은 끊이지 않지만 유럽은 이들을 원치 않습니다. 유럽인들은 자신들의 풍요를 지키기 위해서라도 가난한 사람들을 쫓아내야 한다고 생각합니다.

똑같은 문제가 이탈리아에서도 일어나고 있습니다. 신파시스트적 요소를 다분히 지닌 롬바르드리그Lombard League가 최근 선거에서 승리를 거두었습니다. 이탈리아 북부 사람들의 생각이 그대로 드러난 결과였습니다. 남부의 가난한 사람들을 껴안고 싶지 않다는 이기적 생각을 보여준 것입니다. 또한 시칠리아 섬을 거쳐 이탈리아 남부로 들어와 북쪽으로 슬금슬금 기어올라오는 북아프리카 사람들에게도 신경을 곤두세우고 있습니다. 한마디로, 이탈리아 북부 사람들은 이들을 원치 않습니다. 부유한 백인만을 상대하고 싶어 합니다.

— 결국 인종과 인종차별이라는 문제로 귀결되는군요. 또한 남부와 북부 간의 관계로 요약될 수도 있겠습니다.

— 인종차별은 언제나 있었습니다. 하지만 인종차별이 생각과 인식을 결정하는 주요 원리로 발전된 근원은 식민주의에서 찾을 수 있습니다. 조금만 생각하면 충분히 이해할 수 있는 상관관계입니다. 당신이 누군가의 목을 조르려면 그 이유를 합리적으로 설명할 수 있어야 합니다. 만약 그가 사악한 짓을 저질렀다면 당신의 행위가 정당화될 수도 있습니다.

그런데 잘못의 정도에서 별로 다르지 않은 민족 간에 이런 억압이 자행된다는 점이 문제입니다. 서방세계의 식민지 개척사에서 첫머리를 장식한 사건, 즉 영국이 아일랜드를 정복한 경우를 볼까요? 아프리카의 정복과 크게 다르지 않았습니다. 아일랜드인은 다른 종족이었습니다. 이들은 인간이 아니었습니다. 우리와 다른 존재였습니다. 따라서 아일랜드인을 죽이고 궤멸시켜야 했습니다.

— 인종차별이 경제체제, 즉 자본주의의 산물이라고 주장하는 마르크스주의자들이 있습니다. 선생님은 이들의 주장에 동의하십니까?

— 천만에요! 인종차별은 정복과 억압의 산물입니다. 누군가를 억압하고 재산을 약탈하며 삶의 방식까지 강요하면서, "난 괴물이다. 내 이익을 위해서 너희를 못살게 구는 거다"라고 말할 사람이 몇이나 있겠습니까? 아마 히틀러라도 그렇게 말하지는 않았을 것입니다.

그들을 가스실에 몰아넣든 그들의 고혈을 짜내든 간에 억압과 더불어 세뇌라는 수법이 사용됩니다. 그 전형이 "그들의 잘못 때문이야. 그래서 내가 이렇게 하는 거라고. 어쨌든 그들에게 도움을 주려고 하는 거야"라는 주장입니다.

그들의 잘못이란 것이 무엇이겠습니까? 나와 다르다는 것, 이것이 그들의 잘못입니다. 이러한 잘못은 어디에서나 쉽게 찾아낼 수 있는 것입니다.

— 또한 그렇게 차별을 합리화하기도 합니다.

— 그렇습니다. 인종차별은 그렇게 시작됩니다. 나와 다른 것은 쉽게 찾아낼 수 있습니다. 머리카락 색깔이나 눈동자 색깔이 다를 수 있습니다. 너무 뚱뚱하다고 차별할 수도 있습니다. 게이라는 이유로 차별할 수도 있습니다. 이처럼 다른 점은 얼마든지 찾아낼 수 있습니다. 물론 거짓말을 할 수도 있습니다.

세르비아인과 크로아티아인을 볼까요? 그들은 정말 구분하기 힘듭니다. 다른 문자를 사용하기는 하지만 동일한 언어를 사용합니다. 다만 가톨릭교의 서로 다른 종파에 속해 있을 뿐입니다. 이런 차이가 전부라 해도 과언이 아닙니다. 하지만 그들은 서로 죽이고 파괴하려고 합니다. 인간의 삶에서 더 고결한 의무가 있다는 대의는 생각조차 하지 않습니다.

3 　지배하는 자와 지배당하는 자

궁극적으로 지배자는 여론을 통제할 수 있을 때에만 군림할 수 있습니다.
아무리 많은 총이 있어도 여론을 통제할 수 없다면 아무도
군림할 수 없습니다. 흄의 주장에 따르면 가장 독재적인 사회에서나 가장
자유로운 사회에서나 마찬가지입니다. 일반 대중이 인정하지 않으면
지배자의 생명은 끝난 것입니다. 그런데 흄의 주장은 폭력이란 수단을
과소평가하고 있지만, 그래도 아주 중요한 진리를 담고 있습니다. 지배받기를
거부하고 정의롭지 못한 행위를 비난하는 민중과 이들을 부당하게
지배하려는 세력 간의 갈등이 인류의 역사입니다.

언급하지 말아야 할 다섯 문자, CLASS

― 이데올로기와 프로파간다는 다른 문화권에나 있는 현상이다. 미국에 그런 것은 존재조차 않는다고 말합니다. 계급^{class}도 마찬가지라고 합니다. 그래서 선생님은 계급을 "절대 언급해서는 안 될 다섯 문자의 단어"라고 비꼬았습니다.

― 계급이란 단어가 해석되는 방법을 살펴보는 것도 상당히 흥미롭습니다. 삶의 질, 유아 사망률, 평균 수명 등에 대한 통계자료는 대개 인종별로 분석됩니다. 결과는 언제나 한결같습니다. 백인과 비교할 때 흑인의 수치가 늘 형편없습니다.

그런데 존스홉킨스 대학교의 비센테 나바로 교수가 공중위생을 주제로 아주 흥미로운 연구 결과를 발표했습니다. 나바로 교수는 인종과 계급이란 요인을 따로 떼어 통계자료를 재분석했습니다. 예를 들어 그는 백인 노동자와 흑인 노동자 대 백인 경영자와 흑인 경영자의 관계를 면밀히 분석했습니다. 결과는 예상한 대로, 흑인과 백인의 차이는 대부분 계급의 차이에서 비롯된 것이었습니다. 한편 가난한 백인 노동자와 부자인 백인 경영자 간의 격차도 엄청났습니다.

나바로 교수는 전염병과 공중위생에 대한 문제를 본격적으로 언급한 그 논문을 미국의 유수한 의학 저널에 보냈습니다. 하지만 대부분의 저널에서 게재를 거부당했습니다. 그 후 나바로 교수는 같은 논문을 세계 최고의 의학 전문지인 영국의 《란세트The Lancet》에 보냈습니다. 《란세트》는 아무런 수정 없이 그대로 논문을 게재했습니다.

이유는 자명했습니다. 미국에서는 계급 차이를 거론하는 것이 허용되지 않기 때문입니다. 미국에서 계급을 의식하고 거론할 수 있는 집단은 둘뿐입니다. 하나는 기업계입니다. 어떤 의미에서 기업계는 광적일 정도로 계급을 의식합니다. 기업계에서 발표하는 글을 읽어보면 알겠지만, 노동자 계급의 본질적 위험과 노동자 계급이 세력을 결집할 경우의 위험을 경고하고 이들을 분쇄하는 방법을 소개하는 글로 가득합니다. 한마디로 천박하게 전도된 마르크스주의라 할 수 있습니다.

또 하나의 집단은 정부에서 정책을 입안하는 고위층입니다. 이들도 기업계와 똑같은 식으로 말합니다. 삶의 질을 개선하려는 보통 사람들과 가난한 대중의 욕구 분출이 기업계의 분위기를 해친다고 우려하면서 대응책을 고심하니까요.

따라서 그들은 계급을 의식하고 거론할 수 있습니다. 하지만 다른 사람들, 즉 그들을 제외한 모든 국민에게는 계급의 차이 같은 것은 없다고 믿게 만들어야 합니다. 그들에게는 무엇보다 중요한 과제입니다. 우리는 모두 평등하다! 우리는 모두 똑같은 미국인이다! 우리는 조화롭게 살고 있으며 함께 땀 흘려 일한다! 미국의 모든 것이 위대하다! 이렇게 믿게 만들어야 합니다.

클린턴 행정부의 두뇌 집단인 진보정책연구소가 출간한《변화를 위한 명령*Mandate for Change*》을 예로 들어보겠습니다. 공항의 신문 가판대에서 얼마든지 살 수 있는 책입니다. 클린턴 행정부의 개혁 정책을 서술한 홍보용 책이기도 합니다. 이 책에서 "기업가 중심의 경제^{entrepreneurial economics}"라는 항목이 특히 눈에 띕니다. 여기에서 클린턴 행정부는 좌파와 우파, 어느 쪽에도 치우치지 않는 경제정책을 시행하겠다고 주장합니다.

이 말은 어린 자식을 배고프지 않게 먹일 권리가 있는 어머니의, 쉽게 말해서 가난한 어머니의 생활 보조금을 지원하는 과거의 복지 정책을 포기하겠다는 뜻입니다. 시대에 뒤떨어진 정책이라면서 말입니다. 이제 우리는 복지를 기대할 수 없게 되었습니다. 바야흐로 투자와 성장을 우선시하는 '기업 중심의 경제^{enterprise economics}' 시대가 막을 올렸습니다. 따라서 우리가 도와야 할 사람은 노동자들이며, 그들이 몸담고 일하는 공장과 기업입니다.

이 정책에 따르면 우리 모두가 노동자입니다. 그리고 우리가 일하는 공장과 기업이 있습니다. 우리가 부엌을 리모델링하고 새로운 냉장고를 들여놓고 싶듯이, 우리는 공장과 기업을 개선하는 데 온 힘을 쏟아야 합니다.

그런데 이 정책에서 빠진 사람들이 있습니다. 경영자, 기업가, 투자자는 없습니다. 이들은 존재하지 않습니다. 그저 노동자와 공장이 있을 뿐입니다. 게다가 행정부의 관계자들은 우리가 그런 목표를 성취할 수 있도록 발 벗고 나서서 돕습니다.

내 기억이 옳다면 '기업가'라는 단어는 단 한 번 언급됩니다. 그는 노동자를 지원하고 노동자가 일하는 공장을 돕는 사람입니다. '이익^{profits}'이라는 단어도 한 번밖에 사용되지 않습니다. 이 단어가 어떻게 끼어들었는지 모르겠습니다. '계급'이란 단어만큼이나 비열한 단어입니다.

'일자리^{job}'란 단어는 뜻이 변질되었습니다. 요즘 들어서는 '이익'을 뜻하는 단어처럼 쓰입니다. 그래서 조지 부시가 리 아이어코카와 자동차 기업 대표들을 이끌고 일본으로 날아가면서 "일자리, 일자리, 일자리!"라고 외쳤던 것입니다. 부시가 무엇하러 일본에 갔겠습니까!

조지 부시가 일자리에 그토록 연연했던 이유를 우리는 분명히 알고 있습니다. 그가 대통령으로 재임하던 시기에 어떤 일이 벌어졌나를 생각해보십시오. 실업자와 불완전취업자의 수가 거의 1,700만 명에 달했습니다. 공식적으로 발표된 수치가 그랬습니다. 그가 재임한 동안에 실업자와 불완전취업자의 수가 800여만 명이나 는 것입니다.

부시는 일자리를 해외로 이전할 수 있는 조건을 완화시켰습니다. 그 결과 노동조합의 결속력을 훼손시키고 실질임금을 떨어뜨리는 데 일조했습니다. 그가 언론을 등에 업고 "일자리! 일자리! 일자리!"라고 외쳤을 때 진의가 무엇이었을까? 자명합니다. "이익! 이익! 이익!"이었습니다. 기업의 이익을 증대시킬 방법을 찾아 나섰던 것입니다.

우리 모두가 행복하게 살아가는 한 가족이라는 생각을 미국인에게 심어줄 필요가 있었습니다. "우리는 미국인이다. 우리에게는 성취해야 할 국가 이익이 있다. 따라서 우리는 다함께 땀 흘려 일해야 한다. 우리는 교양 있는 노동자이다. 우리에게는 일할 공장이 있고, 우리를 위해 일하는 정부가 있다. 우리가 정부를 선택했다. 그들은 우리의 하인이다"라는 생각을 심어주려고 합니다.

"세상은 원래 그런 것이다. 갈등은 불필요한 것이다. 인간을 그 이상으로 구분할 필요도 없다. 현재의 체제보다 나은 구조는 없다. 물론 계급 차별 같은 것은 있을 수 없다"라고 우리를 세뇌시킵니다. 당신이 지배계급의 일원이 아니라면 계급 차별을 생각해서는 안 됩니다. 계급의 인식은 지배계급에만 인정된 특권입니다.

— 그럼 계급 차별이나 계급투쟁과 같은 낭만적 쟁점은 지하 서적에나 있다는 뜻이겠군요? 아니면 화성처럼 먼 나라의 이야기라든지.

— 기업 관련 언론이나 논문에도 시시때때로 그런 단어가 언급됩니다. 하지만 그만큼 그들이 우려한다는 뜻이겠지요.

— 선생님은 '엘리트'라는 단어를 자주 사용하십니다. 정치경제학자이고 경제사가인 사미르 아민은 엘리트란 단어가 그들에게 쓸데없는 권위를 부여한다고 주장하면서 '지배계급$^{ruling\ class}$' 이란 단어를 주로 사용합니다. 게다가 최근 들어서는 '지배하는 철면피$^{ruling\ crass}$' 라는 신조어까지 생겼습니다.

— 내가 '계급'이란 단어를 사용하지 않는 이유는 정치적 용어를 마땅찮게 생각하기 때문입니다. 사실 정치 용어는 지나치게 남용되고 변질되어 내 생각을 표현하기에 적절치 못합니다. 어쩌면 이런 혼돈도 그들의 목표 중 하나일 수 있습니다. 말 자체를 불가능하게 만들고 있으니까요. 무엇보다 '계급'이란 단어는 다양한 개념을 연상시킵니다. 예컨대 당신이 '계급'이란 단어를 사용하면 모두가 일제히 입을 다물면서 "마르크스 광신도가 다시 나타났구만"이라고 생각할지도 모릅니다.

하지만 계급이란 개념을 진지하게 분석한다면 지배계급이란 단어를 신중하게 사용할 수밖에 없을 것입니다. 하버드의 교수가 지배세급에 속할까요? 《뉴욕타임스》의 편집자가 지배계급에 속할까요? 국무부 관리인이 지배계급이라고 생각할까요? 이들은 각기 다른 범주에 속한 사람들입니다. 따라서 '기득권층'이나 '엘리트', 혹은 '우월적 지위에 있는 사람들'이라고 애매하게 표현하는 것입니다.

하지만 이들이 궁극적으로 경제 제도에 근거한 권력 집단에 속한 탓에 이들을 뚜렷이 구분할 수 없다는 생각에는 나도 동의합니다. 그래서 '주인 master'이라는 단어가 괜찮을 듯합니다. 애덤 스미스의 용어입니다. 애덤 스미스가 지금도 유효한 셈입니다. 엘리트는 주인입니다. 그가 '비열한 처세 vile maxim'라고 칭했던 짓을 요즘의 엘리트가 해대고 있습니다. 즉 "우리가 모든 것을 독식한다. 다른 사람에게는 한 톨도 넘겨주지 않는다!"라는 비열하기 짝이 없는 작태를 보이고 있습니다.

— 기본적으로 계급이 인종을 초월한다는 뜻으로 이해해도 되겠습니까?

— 그렇습니다. 예를 들어 미국은 언제라도 백인 중심의 사회가 될 수 있습니다. 충분히 가능한 일입니다. 물론 그런 비극이 실제로 닥치리라고는 생각하지 않지만 가능한 일이기는 합니다. 그렇다고 정치경제 상황에서 변화를 기대하기는 어려울 것입니다. 여성이 '유리천장 glass ceiling'(여성의 승진을 막는 조직 내의 보이지 않는 장벽)을 뚫고 승진하기도 하지만 그렇다고 정치경제 상황이 변했습니까? 조금도 변하지 않았습니다.

바로 이런 이유에서, 우리는 인종차별과 성차별을 극복하려는 노력을 기업계가 합리적인 시각에서 기꺼이 지원해주길 바랍니다. 그런데 이들에게 차별 해소라는 문제는 그다지 중요하지 않습니다. 경영진에서 백인 남성의 몫을 조금 빼앗기더라도, 권력과 지배의 기본 구조가 변하지 않는다면 그 정도의 상실은 이들에게 그리 중요한 것이 아닙니다.

— 여성에게는 임금을 적게 줄 수 있습니다.

— 여성에게 똑같은 임금을 줄 수도 있습니다. 어쨌든 영국을 보십시오. 그들은 '철의 여인' 덕분에 '행복한 10년'을 보내야 했습니다. 레이거니즘 Reaganism 보다 훨씬 큰 피해를 남겼습니다.

— 지배와 통제의 피라미드 구조가 있고 계급 차별과 인종차별과 성차별이 있는데도, 자유민주주의라는 멋진 이름의 비호를 받는 강압 정치가 행해지고 있는 셈입니다.

— 객관적인 권력이 집중되어 있기 때문입니다. 객관적인 권력은 가부장 사회, 혈연집단 등 다양한 곳에 존재합니다. 소유권에도 존재합니다.

우리 사회가 운영되는 방식을 곰곰이 생각해보십시오. 그럼 미국 건국의 아버지들이 말한 것과 크게 다르지 않다는 사실을 깨닫게 될 것입니다. 존 제이의 주장에 따르면, "국가를 소유한 사람들이 국가를 다스려야" 하고 그 주인들은 애덤 스미스가 말했던 비열한 처세에 따라야 합니다. 미국 사회가 운영되는 방식의 저변에는 이런 생각이 깔려 있습니다. 앞으로 많은 것이 변하더라도 이 기본적인 생각은 그대로 유지될 수 있습니다.

한편 다른 형태로 자행되는 억압을 극복해야 합니다. 인간의 삶에서 계급 차별보다 인종차별이나 성차별이 더 나쁠 수 있습니다. 가난한 나라에서 아동을 저임금으로 노동시키는 것보다 아동을 때리고 학대하는 것이 더 나쁩니다. 따라서 억압 구조의 근원에 대해 이야기할 때 단순히 고통의 크기로 설명해서는 안 됩니다. 고통은 그 자체로 독립적인 문제입니다. 누구나 고통을 극복하고 싶어 합니다.

인간의 본성과 은총의 패러독스

— 민족적 우월감은 배우는 것일까요, 선천적으로 타고나는 것일까요?

— 둘 모두 적절치 않다고 생각합니다. 물론 인간의 본성을 한마디로 정의하기란 힘듭니다. 아주 복합적인 것이니까요. 우리는 바위가 아닙니다. 분별 있는 사람이라면 인간의 본성이 유전적으로 결정된 것이란 사실을 부인하지 않습니다. 행동이나 마음가짐도 마찬가지입니다. 따라서 분별 있는 사람들에게 인간의 본성이란 문제는 왈가왈부 따질 것이 아닙니다.

그런데 이런 차원을 넘어서 인간의 본성이 무엇이냐는 문제에 들어간다면 무지의 세계에서 헤매게 됩니다. 물론 일정한 연령이 되면 사춘기를 겪고 완력을 키우고 싶은 욕망이 생기는 것이 인간의 본성과 관계있다는 정도는 알고 있습니다. 또한 언어 습득, 시각 능력의 성장 등도 기본적인 면에서 인간의 본성과 관계있다는 것을 알고 있습니다.

문화적인 면도 크게 다르지 않습니다. 믿음이나 신앙, 버스 정류장에서 만난 옆 사람에 대한 추측은 과학자의 추론과 크게 다를 바가 없습니다. 하지만 아는 것은 없습니다. 물론 가끔 호언장담하는 사람들도 있지만, 그렇다고 그들이 안다는 것을 객관적으로 증명할 수는 없습니다.

인간의 본성이라는 문제에서 우리가 할 수 있는 최선의 길은 합리적인 추론입니다. 내가 지금까지 말한 것도 합리적인 추론일 뿐입니다. 민족적 우월감이 유전자에 있다는 것은 그다지 합리적이지 않습니다. 우리 유전자에 있는 것은 본연의 자아상을 지키려는 욕구일 것입니다. 우리가 본연의 자아상을 지킬 수 있도록 주변 세계를 바꿔가는 길을 찾으려는 욕구가 우리 본성일 수 있습니다.

사회적 차원에서도 마찬가지입니다. 사회에는 다양한 제도가 있고, 억압과 지배 구조가 있게 마련입니다. 지배력을 지닌 사람들, 다른 사람들을 딛고 일어선 사람들은 자신들의 입장을 합리화시켜야 합니다. 쉽게 눈치 채지 못하도록 세련된 방식으로 할 수도 있겠지만 야만적인 방법을 동원할 수도 있습니다. 어쨌든 그들은 자신들의 행동을 합리화시키고 정당화시키려고 합니다. 이런 현상도 인간의 본성이라고 할 수 있습니다. 그 결과가 인종차별이나 민족적 우월감으로 나타날 수 있습니다. 물론 다른 형태로도 나타날 수 있습니다.

세련된 방식을 예로 들어볼까요? 라인홀드 니부어는 미국을 대표하는 지성인이자 정신적 지도자로 손꼽혀왔습니다. 그는 '기득권층의 신학자'로 불리기도 했습니다. 케네디와 같은 자유주의자들, 그리고 조지 케넌과 같은 사람들에게 존경을 받았습니다. 한마디로 니부어는 당시 세대에게 도덕적 스승으로 여겨졌습니다.

그런데 니부어가 존경받은 이유가 무엇일까요? 아주 흥미로운 주제라고 생각하여 나는 그를 연구하기 시작했습니다. 그리고 그 결과를 내 책의 한 장에 포함시키려고 했습니다. 하지만 출판사가 난색을 표명하더군요. 독자가 이해하기 어려울 거라고 하면서요. 그래서 포기하고 말았습니다. 어쨌든 니부어는 지적인 수준이 실망스러울 정도로 낮았습니다. 낄낄대고 웃지 않을 수 없었습니다.

하지만 사람의 마음을 유혹하는 무엇인가가 있었습니다. 바로 '은총의 패러독스paradox of grace'라는 개념이었습니다. 대략 이렇게 정리됩니다. '당신이 선한 일을 하려고 애쓰더라도 언제나 남에게 피해를 줄 수 있다!' 물론 니부어는 지식인이기에 은총의 패러독스를 대단히 미화시켜 표현했습니다. 하지만 핵심은 내가 정리한 수준을 벗어나지 않습니다.

어쨌든 은총의 패러독스라는 개념은 반도덕적 행위를 계획하는 사람에게 아주 매력 있는 핑계거리였습니다. "내가 국민을 위해 좋은 일을 하려 무진 애를 쓰고 있지만 본의 아니게 국민에게 피해를 줄 수도 있다. 내 힘으로 어떻게 할 수 없는 일이다"라는 신학적 핑계는 범죄자에게 천군만마나 마찬가지였을 것입니다. 이런 핑계를 무기로 그들은 제멋대로 할 수 있습니다. 국민에게 피해를 안겨주고도 "저런, 은총의 패러독스야!"라고 말하면 그만이니까요.

이제, 니부어가 제2차 세계대전 이후의 미국 지식인에게 그토록 존경받은 이유가 충분히 설명되었으리라 믿습니다. 그들은 엄청난 범죄를 계획하고 있었습니다. 세계 정복을 꿈꾸고 그 타당성을 변증하며 세계의 관리자가 되려고 했으니까요.

세계를 운영하겠다는 생각 자체가 엄청난 범죄를 뜻합니다. 그래서 그들은 "이런 야심을 노골적으로 드러낼 수는 없겠지? 물론 우리는 인정 많고 인도적인 나라야. 그런데 은총의 패러독스 때문에……"라고 생각합니다.

지식인은 그런 야심을 노골적으로 드러내지 않습니다. 멋지게 미화시키고 난해한 논문을 씁니다. 하지만 기본적인 메커니즘은 아주 단순합니다.

나는 이 모든 것이 우리 본성의 일부라고 생각합니다. 하지만 너무 뻔하기 때문에 이론이라 부르기도 어렵습니다. 우리가 잠깐이라도 일을 멈추고 인간의 본성에 대해 생각해본다면 인간에 관계된 모든 것을 알아낼 수 있습니다. 인간이 어떻게 행동하고 왜 그렇게 행동하는지에 대해 어렵지 않게 알 수 있습니다. 경험을 통해서 말입니다. 인간의 본성은 양자물리학처럼 난해한 것이 아닙니다.

— '경쟁 윤리competitive ethic'라는 개념은 어떻게 생각하십니까? 인간이 선천적으로 경쟁적인 동물이라는 증거가 있습니까? 자유 시장 이론과 시장 자본주의를 옹호하는 사람들은 경쟁력을 키워야 한다고 말합니다. 인간은 선천적으로 경쟁적인 동물이라는 논리로 말입니다.

— 인간이 경쟁할 수밖에 없는 조건도 있겠지만 서로 화합하며 협조할 수밖에 없는 조건도 있습니다. 가족을 예로 들어볼까요? 가족을 위해 돈을 버는 사람이 갑자기 직장을 잃었다고 해봅시다. 그럼 풍족하게 먹을 수가 없습니다.

가족 중에 아버지가 가장 힘이 셉니다. 그렇다고 아버지가 모든 음식을 독차지하고 아이들을 굶겨도 될까요? 물론 그런 짓을 하는 못된 아버지가 없지는 않을 것입니다. 어디에나 그런 무뢰한은 있는 법이니까요. 어쨌든 이런 경우 최선의 길은 적은 음식이라도 모든 식구가 나눠 먹는 것입니다.

그렇다고 이들을 비경쟁적인 사람들이라 말할 수 있을까요? 누구도 "그렇다!"라고 대답하지 않을 것입니다. 이 상황에서 가족은 무엇이든 공유합니다. 이런 인식은 크게 확대될 수 있습니다. 예컨대 노동계급 전체로 확대시킬 수 있습니다. 노동계급이 연대하던 시기에는 그랬습니다. 모두가 합심해서 노동조합을 결성하고 쾌적한 노동 조건을 쟁취하려고 투쟁한다면 얼마든지 할 수 있습니다.

또한, 이는 미국 전체로 확대될 수도 있습니다. 1세기 전에 있었던 홈스테드 동맹 파업을 생각해보십시오(그때 앤드루 카네기는 펜실베니아의 홈스테드에 있던 철강 공장에서 파업 노동자들을 몰아내고 공장을 폐쇄했다). 민족 간의 경쟁심과 차별이 극심했던 시기였습니다. 특히 동유럽 이민자에 대한 반감이 대단했던 시기였습니다. 하지만 그때 그들은 단결했습니다. 함께 투쟁했습니다. 이민족이 단결할 수 있다는 가능성을 보여준 좋은 선례였습니다. 동유럽 이민자, 앵글로색슨계 미국인, 독일계 미국인 등 모든 노동자가 합심해서 함께 투쟁했습니다.

내 경험을 말해볼까요? 나는 그다지 폭력적인 사람이 아닙니다. 하지만 대학 시절 우리는 권투를 필수과목처럼 배웠습니다. 그래서 친구와 스파링을 하고, 수업이 끝날 때까지 다른 친구들이 스파링하는 것을 지켜보아야 했습니다. 한동안 권투를 하고 나자 우리는 정말로 다른 사람을 해치고 싶었습니다. 가장 친한 친구와의 시합에서도 무조건 이기고 싶었습니다. 그런 욕구가 몸속에서 꿈틀대는 것을 느꼈을 때 우리는 놀라지 않을 수 없었습니다. 우리는 분명히 느낄 수 있었습니다. 내 길을 방해하는 사람은 누구라도 죽이고 싶었다고나 할까요?

그렇다고 사람을 죽이고 싶은 욕망이 선천적인 것이라고 말할 수 있을까요? 특정한 상황에서 그런 욕구가 폭발하는 것입니다. 가장 친한 친구라도 예외가 아닙니다. 이처럼 우리 본성에서 폭력적인 면이 지배하게 되는 상황이 있게 마련입니다. 하지만 다른 상황이라면 다른 욕구가 우위를 차지할 수 있습니다. 결국 우리가 인도적인 세상을 만들고자 한다면 현재의 상황을 바꿔야 합니다.

— 그렇게 하자면 사회적 환경이 무척 중요합니다. 그럼 소말리아의 어린이는 어떻게 해야 합니까?

— 소말리아의 어린이도 걱정스럽지만, 여기 케임브리지에서 두 블록 떨어진 곳에서 살아가는 아이들은 안전하다고 생각하십니까? 지난여름 MIT 학생 하나가 십 대 고등학생 둘에게 살해되었습니다. 칼에 찔려 죽었습니다. 그 지역 고등학생들이 어떤 놀이를 즐기고 있는 줄 아십니까? 주변을 어슬렁대면서 혼자 걷는 '먹이'를 찾습니다. 그리고 자신들 가운데 한 명을 뽑아, 그 '먹이'를 한 방에 날려버리라고 합니다. 실패하면 안 됩니다. 실패한 아이는 친구들에게 뭇매를 맞게 될 테니까요.

두 아이는 길거리를 어슬렁대다가 MIT 학생을 보았습니다. 공격자로 뽑힌 아이는 그 학생을 한 방에 쓰러뜨렸습니다. 그리고 알 수 없는 이유로 그 대학생을 칼로 찔러 죽였습니다. 하지만 아이들은 특별한 죄책감도 느끼지 않았습니다. 아무 일도 없었다는 듯이 그 자리를 벗어나 술집에 들어갔습니다. 그런데 목격자가 있어 경찰이 나중에 그들을 체포했습니다. 놀라운 것은 두 아이가 달아나려고도 하지 않았다는 점입니다.

이런 아이들이 지금 케임브리지에서 자라고 있습니다. 두 아이가 사는 동네는 부자 동네가 아닐뿐더러 십중팔구 빈민가일 것입니다. 그래도 소말리아의 빈민가보다는 훨씬 나은 환경입니다. 도체스터의 빈민가보다노 나을 것입니다. 하지만 더 풍족하고 쾌적한 교외 지역에서 사는 아이들이라면 그런 짓을 하지 않을 것입니다.

그렇다고 그 아이들이 유전적으로 다르다는 뜻일까요? 아닙니다. 아이들이 성장하는 사회적 환경이 문제입니다. 많은 아이들이 폭력 행위를 묵인해주는 환경, 심지어 당연하게 받아들이는 환경에서 살고 있습니다. 도시의 빈민가에서 성장한 사람이라면 누구나 이 사실을 뼈저리게 인식하고 있습니다.

어린 시절의 기억이 있습니다. 그 집 경계를 넘어가면 무작정 때리던 이웃이 있었습니다. 허락 없이는 아무도 그 사람 집에 들어갈 수 없었습니다. 그 사람은 그렇게 하는 것이 정당하다고 생각했을 것입니다. 자기의 영역을 지키겠다는 뜻이었습니다. 그런 사람이 다른 무엇을 지켜주겠습니까? 그런 짓을 보고 배우며 자란 아이들에게 무엇을 기대할 수 있겠습니까?

미국의 종교 근본주의

— 언젠가 휴이 롱(1930년대 초에 루이지애나 주지사와 상원 의원을 지냈다)이 "이 땅에 파시즘이 들어오면 성조기의 이름으로 보호받을 것이다"라고 말했습니다. 선생님은 미국에서 준동하는 파시즘적 경향을 줄곧 경계해왔습니다. 심지어 가족과 여성의 역할에서 히틀러를 인용하기도 했습니다.

— 다행히 나는 텔레비전으로 공화당 전당대회를 보아야 하는 고역에서 해방되어, 신문으로 그 기사를 읽고 있습니다. 공화당 사람들이 입만 열면 그렇게 외쳐대서 나는 1930년대부터 파시즘에 대한 글을 읽기 시작했습니

다. 히틀러가 여성 단체나 군중 앞에서 한 연설문도 읽었습니다. 수사법이 공화당 전당대회 첫날 밤에 열리는 "하느님과 조국 집회"의 수사법과 아주 비슷했습니다.

하지만 나는 이를 그다지 심각하게 생각하지 않습니다. 기업계가 권력의 지렛대를 힘껏 움켜쥐고 있기 때문입니다. 과격한 근본주의자들이 하느님과 조국과 가족에 대해 아우성을 치더라도 신경을 곤두세울 필요가 없습니다. 목이 터져라 큰 소리로 외치더라도 결정권을 지닌 집단에게 아무런 영향을 미치지 못하니까요.

선거운동이 전개되는 방향을 분석해보면 내 말에 동의하지 않을 수 없을 것입니다. 첫날 밤에는 고함을 질러댔습니다. 18세기 전으로 돌아간 듯한 정강도 발표되었습니다. 하지만 정작 선거 유세가 시작되자 우리는 평소처럼 각자의 일상으로 돌아갔습니다.

하지만 이런 전통을 바꿀 수 있습니다. 사람은 점점 소외되고 고립되어갈 때 비합리적이고 자기 파괴적인 생각을 발전시키기 시작합니다. 이 세상에 사는 동안 뭔가를 해내고 싶어 합니다. 어떤 식으로든 자신의 정체성을 확인하고 싶어 합니다. 텔레비전 앞에만 붙어 있기를 거부합니다. 건설적 방향으로 나아갈 길이 대부분 차단되면 다른 길을 모색합니다.

여론조사에서도 이런 현상을 확인할 수 있습니다. 미국의 한 사회학자가 여러 국가의 종교성을 비교 연구하여 영국에서 발표한 논문을 읽은 적이 있습니다. 충격적인 내용이었습니다. 미국인의 4분의 3이 문자 그대로 종교의 기적을 믿고 있습니다. 악마, 부활, 하느님의 기적을 믿는 사람의 수가 그렇게 많다는 뜻입니다. 놀랍지 않습니까?

다른 산업국가에서는 전혀 그렇지 않았습니다. 이런 비율은 이란의 모스

나는 1930년대부터 파시즘에 대한 글을 읽기 시작했습니다.
히틀러가 여성 단체나 군중 앞에서 한 연설문도 읽었습니다.
수사법이 공화당 전당대회 첫날 밤에 열리는 "하느님과 조국 집회"의
수사법과 아주 비슷했습니다.

크에서나 또는 시칠리아 섬의 노파를 대상으로 여론조사를 할 때에나 가능한 수치일 것입니다. 하지만 미국인이 그렇습니다.

정확히 2년 전입니다. 진화론에 대한 생각을 묻는 여론조사가 있었습니다. 다윈의 진화론을 믿는 사람이 9퍼센트에 불과했습니다. 조사의 오차를 감안한다면 무의미한 수치입니다. 하지만 미국인의 절반 정도가 신의 뜻에 따른 진화, 결국 가톨릭교회의 교리를 믿고 있었습니다. 또한 40퍼센트가 이 땅이 수천 년 전에야 창조된 것이라 생각하고 있었습니다.

이런 수치를 얻으려면 산업사회 이전 시대로 돌아가야 할 것입니다. 문명의 혜택이라곤 받지 못한 농경 사회에서나 가능할 것입니다. '하느님과 조국'의 이름으로 진행되는 전당대회에서 주장되는 것들이 이런 믿음을 조장합니다.

종교의 근본주의는 아주 파괴적인 현상으로 발전할 수 있습니다. 극단적으로 위험한 민중운동의 근거가 될 수 있기 때문입니다. 이런 근본주의자들의 지도층은 어리석지 않습니다. 이들에게는 엄청난 자금이 있습니다. 그래서 이들이 원하는 방향대로 추종자들을 조직해서 끌어갈 수 있습니다. 예컨대 아무도 관심을 갖지 않는 지방부터 공략을 시작하는 것입니다.

지난 선거에서 실제로 그런 일이 벌어졌습니다. 전국 신문들의 1면을 장식했을 정도였습니다. 미국의 많은 지역에서 극우 근본주의 과격주의자들이 정확한 신분을 밝히지 않은 채 후보자들을 내세웠습니다. 학교 운영위원으로 누군가를 당선시키는 것은 그들에게 그다지 어려운 일이 아닙니다. 그런데도 이런 현상에 관심을 갖는 사람이 별로 없습니다. 당신의 정체를 밝힐 필요조차 없습니다. 그저 친구처럼 미소를 띤 상냥한 얼굴로 나타나서 "아이들을 돕고 싶습니다"라고 말하면 그만입니다. 그럼 모두가 당신에게 표를 던질 테니까요.

이렇게 조직화된 운동으로 많은 극우 근본주의자들이 당선되어 지방 조직을 점령하기 위한 교두보를 마련했습니다. 이런 상황에 카리스마를 지닌 인물이 나타나 "내가 여러분의 리더입니다. 나를 따르십시오!"라고 말한다면 그 결과는 불을 보듯 뻔하지 않겠습니까? 그럼 우리는 계몽주의 이전의 시대로 되돌아가고 말 것입니다.

— 근본주의적 색채를 띤 미디어도 폭발적으로 증가하고 있습니다. 특히 전자 미디어가 위협적입니다. 미국 어딜 가더라도 전자 미디어의 망에서 벗어날 수 없습니다.

— 옛날에도 그랬습니다. 언젠가 자동차를 몰고 미국을 횡단한 적이 있었습니다. 운전의 지루함을 털어내려고 내 딴에는 라디오를 켜보았습니다. 어느 방송국에서나 열정적으로 설교를 늘어놓는 지식인이 있었습니다. 지금은 더 심해졌습니다. 물론 텔레비전까지 더해졌습니다.

흄의 패러독스와 죄수의 딜레마

— 선생님의 말씀에 따르면, 1776년 이후 인류의 비극은 "불안한 다수^{the restless many}의 권리에 대한 부유한 소수^{the prosperous few}의 끊임없는 공격"입니다. "불안한 다수"가 정확히 무엇을 뜻하는지 묻고 싶습니다. 이들에게도 승리할 가능성이 있을까요?

― 물론입니다. 그들은 많은 승리를 거두었습니다. 현재의 미국은 200년 전보다 훨씬 자유로운 나라가 되었습니다. 무엇보다 이 땅에 노예가 사라지지 않았습니까! 엄청난 변화라고 할 수 있습니다. 좌파 자유주의자였던 토머스 제퍼슨조차 '얼굴과 혼합blot and mixture'이 없는 나라를 건설하는 것이 목표였습니다. 즉, 붉은 얼굴의 원주민도 없고 검은 피부의 흑인도 없는 나라, 오직 선량한 백인 앵글로색슨 인만이 사는 나라를 꿈꾸었습니다. 자유주의자들은 그런 나라를 꿈꾸었습니다.

그러나 그들은 성공하지 못했습니다. 대신 수많은 원주민을 학살했습니다. 원주민을 '멸종'시키는 데는 거의 성공했지만 흑인을 없애지는 못했습니다. 시간이 지나면서 그들은 어떤 형식으로든 흑인을 사회에 편입시켜야만 했습니다.

언론의 자유가 크게 확대되었습니다. 혁명이 있고 150년이 지난 후 여성도 마침내 참정권을 획득했습니다. 유럽보다 50년이나 늦었지만, 엄청난 투쟁이 있은 후 노동자도 1930년대에 일정한 권리를 확보했습니다. 물론 그 이후에 노동자는 적잖은 권리를 상실했지만 말입니다.

대다수 국민이 상대적인 풍요와 자유를 누리며 살고 있습니다. 거의 모두가 민중 투쟁으로 얻은 결실입니다. 따라서 민중은 여전히 많은 카드를 쥐고 있습니다.

데이비드 흄이 2세기 전에 지적했던 현상과도 같습니다. 정치론에 대한 글에서, 흄은 "힘은 언제나 피지배자인 민중에게 있지만 민중은 지배자에게 종속된다"라는 패러독스를 말했습니다.

궁극적으로 지배자는 여론을 통제할 수 있을 때에만 군림할 수 있습니다. 아무리 많은 총이 있어도 여론을 통제할 수 없다면 어느 누구도 군림할 수 없습니다. 흄의 주장에 따르면 가장 독재적인 사회에서나 가장 자유로운 사회에서나 마찬가지입니다. 일반 대중이 인정하지 않으면 지배자의 생명은 끝난 것입니다.

그런데 흄의 주장은 폭력이란 수단을 과소평가하고 있지만, 그래도 아주 중요한 진리를 담고 있습니다. 지배받기를 거부하고 정의롭지 못한 행위를 비난하는 민중과 이들을 부당하게 지배하려는 세력 간의 갈등이 인류의 역사입니다.

— 세뇌와 프로파간다 구조에서 어떻게 벗어날 수 있을까요? 선생님은 개인의 힘으로는 어떤 일도 해낼 수 없고, 집단으로 행동하는 것이 더 쉽고 더 효율적이라고 말해왔습니다. 그런데 무엇이 민중의 연대를 방해하고 있는 것일까요?

— 엄청난 투자가 개입되어 있습니다. 우리는 일정한 가치관에 따라 일정한 기회가 보장된 사회·문화적 틀 안에서 살고 있습니다. 따라서 우리 사회는 어떤 행위에는 대가를 요구하고 어떤 행위에는 혜택을 줍니다. 아무도 이 틀을 벗어나 살 수 없습니다.

구체적으로 말하면 우리는 개인의 성공과 이익을 성취하려는 노력에 혜택을 주는 사회에서 살고 있습니다. 내가 한 가족의 가장이라면 내게 주어진 시간 동안 무엇을 해야 할까요? 내게는 하루에 24시간밖에 주어지지 않았습니다. 내게 돌볼 아이들이 있다면, 미래를 걱정하고 살아야 한다면, 내가 무엇을 할 수 있을까요?

이런 상황에서 내가 할 수 있는 일은 상관에게 아부하는 것입니다. 그렇게 해야 시간당 1달러라도 더 벌 수 있을 테니까요. 아니면 경쟁자를 물리쳐야 합니다. 능력이 부족하면 암수라도 써야 합니다. 이런 것이 자본주의 사회의 메커니즘입니다.

하지만 다른 방법이 있습니다. 내 저녁 시간을 희생시키더라도 다른 사람들을 끌어모아 세력을 조직화하는 것입니다. 그들에게도 저녁 시간을 할애해서 모임에 나오라고 설득하는 것입니다. 함께 시위에 참여해서 끈질긴 투쟁을 벌이자고 설득하는 것입니다. 설령 경찰에게 두들겨 맞고 일자리를 잃더라도 말입니다. 그렇게 된다면 그들도 뜻을 함께하는 동지를 끌어모으려고 애쓸 것입니다. 그리고 결국에는 승리를 거둘 것입니다. 그 승리는 개인적인 이익을 추구하려고 상관에게 아부하고 경쟁자들을 물리치며 얻은 승리보다 훨씬 클 것입니다. 최소한 작지는 않을 것입니다.

게임이론에서는 이런 상황을 '죄수의 딜레마'라고 합니다. 이런 게임 상황, 즉 서로에게 영향을 미치는 상황을 설정하기란 어렵지 않습니다. 예컨대 게임에 참여한 사람들이 협조하면 모두가 더 큰 이익을 얻지만, 누군가 당신에게 협조하면 당신만 이익을 얻는 상황입니다. 반대로 그 사람이 자신의 이익만 도모한다면 당신은 얻는 것이 없습니다.

좀 더 구체적인 예를 들어보겠습니다. 출근할 때 자가용보다 지하철을 타면 시간이 더 걸린다고 해봅시다. 그런데 모두가 지하철을 탄다는 조건에서 도로 건설에 돈을 쓰지 않고 지하철 건설에 돈을 쓴다면 자동차보다 지하철로 훨씬 빨리 출근할 수 있을 것입니다. 하지만 우리 모두가 지하철을 탄다는 조건이 필요합니다. 한편 다른 사람들은 자가용을 타고 나는 지하철을 탄다면, 개인 차량이 지금보다 더 쾌적하고 안락하게 변해갈 것입니다.

이처럼 우리 모두가 무엇인가를 서로 다른 식으로 할 때에만 우리는 더 큰 혜택을 누립니다. 어떤 일에 다함께 동참할 수 있는 가능성을 만들어내기 위해 당신, 즉 개인이 치러야 하는 비용은 혼자 감당하기 힘든 것일 수 있습니다. 많은 사람이 진지한 자세로 동참할 때 당신은 실질적인 이익을 얻을 수 있습니다.

역사적으로 지금까지 존재한 모든 민중운동도 똑같았습니다. 가령 당신이 1960년 애틀랜타 스펠먼 대학에 다니는 스무 살의 흑인 청년이라고 해봅시다. 당신에게는 두 가지 선택 방향이 있습니다. 하나는 "기업체에 취직하겠어. 흑인이라도 기꺼이 채용하는 기업이 있을 거야. 비굴하게 보이더라도 굽실대며 살겠어. 그런 식으로라도 중산층으로 올라갈 수 있을 테니까"라는 처세법입니다.

다른 하나는 SNCC(학생비폭력조정위원회의 약어로 1960년대에 활동한 흑인 시민권 단체)에 가입하는 것입니다. 물론 살해당할 수도 있다는 위험을 감수해야 합니다. 린치당하거나 모욕당할 가능성은 더 큽니다. 오랫동안 빈털터리로 힘겹게 살겠다는 각오도 필요합니다. 하지만 민중의 사랑을 받고 지지를 끌어내는 단계에 이른다면 당신 가족은 안정된 삶을 누릴 수 있습니다.

물론 이런 양자택일의 상황에서 두 번째 방향을 선택하기란 어렵습니다. 당신에게 개인의 이익을 추구하는 방향을 선택하도록 우리 사회가 은근히 강요합니다. 우리 사회는 그런 식으로 구조화되어 있습니다. 그런데도 당시 많은 젊은이가 두 번째 길을 선택했습니다. 그 때문에 고통받으면서도 더 나은 세상을 만드는 데 동참했습니다.

— 선생님의 지적처럼, 한 여론조사에 따르면 83퍼센트의 국민이 현 경제 체제를 '내재적으로 불공정'한 것으로 생각합니다. 그런데 이런 불만이 구

체적인 행동으로 발전하지 못하는 이유가 무엇일까요?

― 민중이 무엇인가를 이루겠다고 움직일 때 불만은 구체적인 행동으로 옮겨집니다. 혁명적 변화가 필요한 경제체제처럼 포괄적인 사안만 그런 것이 아닙니다. 아주 조그만 변화에도 민중의 결집된 힘이 필요합니다.

건강보험을 예로 들어보겠습니다. 캐나다 방식을 요구하는 목소리는 거의 들리지 않습니다. 그렇다고 캐나다 방식이 특별한 것도 아닙니다. 세계 어디에서나 시행되고 있는 방식입니다. 전 국민 건강보험을 효율적으로 운영하며 국민 모두에게 혜택을 주고 있습니다. 캐나다 방식에서 한 걸음 더 나아가 예방적 차원에서 건강보험을 운영하는 나라도 있습니다.

여론조사에 따르면, 미국인은 캐나다 방식을 주장하는 전문가의 목소리를 거의 듣지 못했음에도 불구하고 대다수가 캐나다 방식을 원하고 있습니다. 미국 정부가 이런 여론조사를 정책에 반영할까요? 천만의 말씀입니다. 보험회사를 중심으로 운영되는 건강보험 제도가 만들어질 것입니다. 즉, 보험회사 그리고 이들이 운영하는 건강 관련 기업이 떼돈을 벌어들이는 방식으로 말입니다.

대다수 국민이 원하는 건강보험 방식을 쟁취하려면 두 가지 방법밖에 없습니다. 첫째는 대규모 민중운동입니다. 진정한 민주주의를 쟁취하겠다는 의지의 표명입니다. 물론 권력 집단은 민중운동을 원치 않겠지만 말입니다. 둘째는 기업계의 각성입니다. 전 국민의 건강을 지켜주는 것이 궁극적으로 기업계에도 이익이라는 사실을 깨닫는 것입니다. 기업계가 이런 방향을 택할 가능성이 없지는 않습니다.

기업계의 한 분야에 혜택을 주는 구조, 즉 고도로 관료화되고 비효율적인 구조는 다른 분야에 피해를 안길 수 있기 때문입니다. 예컨대, 자동차 회사는 건강 혜택을 받기 위해서 해외에서보다 미국에서 더 많은 비용을 지불해야 합니다. 자동차 회사가 이런 사실을 모를 리 없습니다. 따라서 자본주의에 기반을 둔 구조의 극단적인 비효율성과 불합리성을 탈피한 더 효율적인 제도를 요구할 것입니다.

유별난 말썽꾼, 촘스키

— 캐나다의 언론인 데이비드 프럼은 선생님에게 '미국의 유별난 말썽꾼great American crackpot'이란 별명을 붙여주었습니다. 제 생각이지만,《뉴리퍼블릭 *The New Republic*》의 마틴 페레츠가 선생님을 "지적 책임의 한계를 넘어선 사람"이라 평가한 것이나 크게 다르지 않습니다. 게다가 프럼은 《뉴욕타임스》의 특집란이 선생님의 놀이터였던 때가 있었다"라고도 덧붙였습니다.

— 틀린 지적은 아닙니다. 나도 한때 고정란이 있었으니까요. 아마 1971년이었을 것입니다. 정확히 말하면 기업계, 나중에는《뉴욕타임스》까지 너무 대가가 크다면서 베트남에서 철수하는 편이 낫다고 주장하던 때였습니다.

그때 나는 상원 외교관계위원회에 증인으로 출석했습니다. 풀브라이트 상원 의원은 베트남전쟁과 미국의 외교정책에 상당한 불만을 품고 있었습니다. 그래서 나를 증인으로 출석시킨 것입니다. 어찌 보면 대단히 결단력 있는 결정이었습니다.《뉴욕타임스》는 내 발언의 부분들…….

전 국민의 건강을 지켜주는 것이 궁극적으로
기업계에도 이익이라는 사실을 깨닫는 것입니다.
기업계가 이런 방향을 택할 가능성이 없지는 않습니다.
기업계의 한 분야에 혜택을 주는 구조, 즉 고도로
관료화되고 비효율적인 구조는 다른 분야에
피해를 안길 수 있기 때문입니다.

— 선생님의 발언을 발췌해서 인용했습니다. 그러니까 선생님이 《뉴욕타임스》에 보낸 원문이 아니었습니다.

— 물론 약간 편집된 것은 사실입니다. 하지만 그 위원회에서 내가 한 증언과 본질에서 크게 다르지 않았습니다. 요컨대 사실대로 보도한 것이라고 할 수 있습니다. 《뉴욕타임스》는 외교관계위원회에서의 내 증언을 충실하게 보도했습니다.

— 그래서 선생님의 '놀이터'라고 빈정댔군요. 그런데 편지는 어땠습니까? 선생님의 편지를 얼마나 게재했습니까?

— 가끔요. 특히 나를 거짓말로 중상모략하는 기사가 실리면 반박하는 편지를 썼습니다. 하지만 《뉴욕타임스》가 언제나 내 편지를 실어준 것은 아닙니다. 언젠가 한 번, 어쩌면 그 이상이었을 것입니다. 내가 화를 참기 힘들 정도로 악의적 기사가 실린 때가 있었습니다. 나는 내부의 친구에게 도움을 청했습니다. 그 친구 덕분에 내 편지가 게재될 수 있었습니다.
　하지만 그들이 거절하는 때도 많았습니다. 서평란이 나와 크메르루즈(캄보디아의 급진적인 좌익 무장 단체)를 비방하는 악의적인 거짓말로 도배된 때가 있었습니다. 나는 그런 악의적인 거짓말에 반박하는 짤막한 편지를 썼습니다. 하지만 그들은 그 편지의 게재를 거부했습니다. 나는 대단히 불쾌했습니다. 그래서 다시 편지를 보냈습니다. 이번에는 반응이 있더군요. 하지만 다른 편지를 싣겠다고 말했습니다. 그들 생각에 더 나은 편지로 말입니다.

2

비밀, 거짓말 그리고 민주주의

미국의 진실

미국처럼 부유한 나라에서 영양실조는 큰 문제가 아니라고 생각하는 사람이 많습니다. 하지만 의외로 상당수의 사람이 영양실조로 고통받고 있습니다. 세계에서 가장 권위 있는 영국의 의학전문지《란세트》가 최근에 지적한 바에 따르면, 뉴욕 어린이의 40퍼센트가 빈곤선 이하에서 살고 있습니다. 그렇게 많은 아이가 영양실조와 빈곤으로 고통받고 있습니다. 물론 사망률도 타지역에 비해 월등히 높습니다. 설령 어린 시절을 어렵게 넘기더라도 그들은 평생 동안 건강 문제에 시달리며 살아야 합니다.

불완전한 민주주의

— 클린턴의 안보 보좌관 앤서니 레이크는 전 세계로 민주주의를 확대하겠다고 주장합니다. 이 원칙이 미국에도 적용될까요?

— 앤서니 레이크의 진의가 무엇인지 말씀드릴 입장은 아닙니다. 하지만 요즘 주장되는 것은 아주 특별한 형태의 민주주의입니다. 우파이지만 정직한 사람들이 진실을 다소 솔직하게 털어놓고 있습니다. 예컨대 레이건 정부에서 '민주주의 지원 프로젝트'에 관계한 토머스 캐러더스는 최근에 발표한 책에서 이 문제를 본격적으로 다루었습니다.

그의 주장에 따르면 미국은 상의하달식 민주주의를 만들려고 합니다. 다시 말해, 전통적인 권력 구조 —기본적으로 기업과 그 관련 조직들 —가 실질적인 통제력을 지닌 민주주의를 뜻합니다. 이 권력 구조가 도전받지 않는다면 어떤 형태의 민주주의라도 용인됩니다. 하지만 이에 도전하는 형태의 민주주의는 예전과 마찬가지로 용납되지 않습니다.

— 사전적 정의의 민주주의와 현실 세계의 민주주의가 다르다는 뜻이군요?

— 현실 세계의 민주주의는 캐러더스가 정의한 민주주의에 가깝습니다. 사전적으로 민주주의는 아주 다양하게 정의될 수 있지만, 개략적으로 정의한다면 국민이 공공 정책 결정에 의미 있게 참여할 수 있는 기회를 갖는 사회가 민주국가입니다. 물론 다른 형식으로도 얼마든지 정의할 수 있겠지만, 이런 기회가 진정으로 보장된 사회가 민주 사회인 것은 누구도 부인할 수 없을 것입니다.

민주주의에 필요한 형식적인 조건들을 갖추고 있지만 민주적이지 못한 사회가 있습니다. 예를 들자면 소련에도 선거가 있었습니다.

— 미국도 대통령 예비 선거, 의원의 선거, 국민투표, 국민소환 등 민주주의에 필요한 형식적인 조건을 거의 완벽하게 갖추고 있습니다. 하지만 민중의 참여라는 관점에 볼 때 미국 민주주의의 실질적인 내용은 어떤 수준입니까?

— 오랫동안 공공 정책의 계획이나 시행에서 국민의 참여는 주변적인 수준을 벗어나지 못했습니다. 우리 사회는 기업 중심의 사회입니다. 정당은 오래전부터 기업의 이익을 대변하고 있습니다.

정치학자인 토머스 퍼거슨이 '정치의 투자 이론investment theory of politics'이라 칭했던 것도 내 생각과 크게 다르지 않습니다. 그의 주장에 따르면, 공동의 이익을 위해 똘똘 뭉친 투자자들이 국가를 좌지우지합니다. 따라서 정치의 장에 참여하려면 투자자들과 손잡을 수 있을 정도의 개인적인 힘을 갖거나 넉넉한 재력을 지녀야만 합니다.

퍼거슨의 주장에 따르면, 19세기 초부터 이런 투자자 그룹 간에 권력 투쟁이 있었습니다. 이들 사이에 뚜렷한 갈등이 보이지 않았던 시대가 오랫동안 계속된 이유는 자명합니다. 공공 정책이 나아갈 방향에 대한 생각이 핵심적인 투자자 그룹들 간에 일치했기 때문입니다. 하지만 투자자 그룹들이 서로 다른 견해를 갖게 될 때 갈등이 폭발하게 마련입니다.

예를 들어, 뉴딜 정책을 시행하는 동안 민간 자본 그룹들이 많은 쟁점에서 서로 충돌했습니다. 퍼거슨에 따르면, 첨단 기술을 사용하는 자본 집약적이고 수출 지향적인 분야의 그룹이 뉴딜 정책과 개혁을 지지했습니다. 이들에게는 얌전한 노동력과 무역 개방이 필요했기 때문입니다.

한편 전국제조업연합을 중심으로 한 노동 집약적이고 내수 위주 분야의 그룹은 뉴딜 정책을 강력하게 반대했습니다. 이들은 그런 개혁 정책을 원하지 않았습니다. 물론 이들만이 뉴딜 정책을 반대한 것은 아닙니다. 뉴딜 정책을 반대하는 노동운동이 있었고 대중 시위도 끊이지 않았습니다.

— 선생님의 관점대로라면 기업과 민주주의는 양립 불가능하다고 보이는데요. 게다가 선생님은 정치 이론 용어로 표현하면 기업은 파시스트라고 주장하셨습니다. 논란을 불러일으키기에 충분한 주장입니다. 어떤 의미로 하신 말씀입니까?

— 전통적인 의미에서의 파시즘을 말한 것입니다. 케인스의 전기를 쓴 로버트 스키델스키처럼 주류에 속한 학자도 제2차 세계대전 직후의 체제는 파시즘을 모델로 한 것이라고 정의합니다. 즉, 국가가 기업계의 통제 아래 노동과 자본을 통합시키는 체제를 뜻합니다.

실제로 파시스트 체제는 전통적으로 그런 형태를 띠었습니다. 물론 운용되는 방식은 다를 수 있지만 파시스트 체제가 목표로 하는 이상향은 전제주의 국가입니다. 즉 상의하달식으로 명령을 전달하고 국민이 그 명령에 충실히 따르도록 조절하는 것입니다.

파시즘은 원래 정치 용어이기 때문에, 엄격하게 말해서 기업에 적용하기에는 적절치 않습니다. 하지만 기업의 행태를 꼼꼼히 분석해보면 모든 권력이 위에서 아래로 전해지는 구조입니다. 이사회의 결정이 경영진에 전해지고, 다시 하급 관리자에게 전해지며, 끝으로 매장이나 사무실에서 근무하는 말단 직원들에게 전해지지 않습니까! 권력의 흐름이나 기획안이 밑에서 위로 올라가는 경우는 거의 없습니다. 궁극적인 힘은 투자자, 소유자, 은행에 있습니다.

우리는 이런 구조에 반발할 수 있고 변화를 제안할 수 있습니다. 하지만 노예사회와 하등 다를 바가 없습니다. 소유자도 아니고 투자자도 아닌 사람들에게는 발언권이 없습니다. 이들은 기업에 노동력을 제공하고 기업이 제공하는 재화나 서비스를 구매하기 때문에, 어느 정도 기업에 대한 통제력을 지닌다고 생각할 수도 있습니다. 또한 운이 좋으면 지휘 계통의 일원이 될 수도 있지만 그것으로 끝입니다. 우리가 기업을 통제할 수 있는 수단은 불행하게도 이것이 전부입니다.

물론 법의 규제가 있고, 제한적이지만 기업이 무시할 수 없는 여론도 있기 때문에 내 이야기가 과장된 것은 사실입니다. 아참, 세금 같은 것도 있군요. 하지만 우리가 정치의 장에서 전체주의적이라고 비난하는 어떤 제도보다도 더 기업은 전체주의적 성격을 띠고 있습니다.

— 그래도 대기업이 긍정적인 역할을 하는 부분도 있지 않을까요?

— 대기업의 행위가 국민에게 긍정적인 효과를 안겨주는 경우도 없지 않겠지만 단지 우연일 뿐입니다. 정부도 마찬가지입니다. 기업의 목표가 무엇이라고 생각하십니까? 노동자에게 더 나은 삶을 보장해주는 것이요? 노동자에게 더 쾌적한 노동 환경을 제공해주는 것이요? 천만의 말씀입니다. 그들은 이익 창출과 시장점유율만 생각할 뿐입니다.

대단한 비밀도 아닙니다. 초등학교 3학년 때 배우는 것입니다. 기업은 이익과 힘과 시장점유율을 극대화시키고 국가에 대한 지배력을 높이는 데 전력을 다합니다. 때때로 기업이 국민을 돕지만 그것은 우연에 불과합니다.

— 케네디가 암살당한 이후로 기업과 엘리트 권력 집단이 민주주의를 유린한다는 주장이 설득력을 얻고 있습니다. 클린턴 행정부에서는 변화가 있겠습니까?

— 무엇보다 케네디는 친기업적인 대통령이었습니다. 근본적으로 그는 기업계가 내세운 후보였습니다. 그가 암살당한 후에도 정책에 큰 변화는 없었습니다. 그 이후로도 누구나 정책 방향을 예측할 수 있었으니까요. 1970년대 닉슨 행정부 시기에 정책 변화가 있었지만 이는 국제경제 상황의 변화에 부응한 것일 뿐입니다.

본인의 입으로 말했듯이 클린턴도 기업계가 내세운 후보입니다. NAFTA가 상원을 통과한 직후, 《월스트리트저널》은 1면을 할애해서 클린턴의 치적을 열정적으로 찬양하지 않았습니까! 이들의 평가에 따르면, 공화당은 규모와 상관없이 모든 기업을 위한 당인 반면 민주당은 소기업보다 대기업을 위한 당입니다. 또한 클린턴은 민주당의 성향을 완벽하게 보여주는 대통령입니다. 포드자동차와 철강 기업의 경영자들이 "우리가 지금까지 겪어 본 행정부 중 이번이 최고다!"라고 말하고 있지 않습니까!

NAFTA에 대한 하원의 투표가 있은 다음 날,《뉴욕타임스》는 워싱턴 특파인 R. W. 애플이 이름으로 클린턴을 칭찬하는 아주 감동적인 기사를 1면에 실었습니다. 기사의 내용은 대략 이랬습니다. "미국인은 그동안 클린턴을 원칙 없는 대통령이라고 비난해왔다. 클린턴은 보스니아와 소말리아에서 물러섰고 경제 부양책을 포기했으며, 아이티에서도 양보했고 건강보험 계획도 철회했다. 대체 어디까지 물러설지 모를 사람이다."

그런데 그가 진정으로 원칙주의자라는 것을 증명했다는 것입니다. 기골이 있다는 것을 보여준 것이죠. 기업의 편에서 NAFTA를 관철시켰다고 말입니다. 그래서 클린턴이 원칙주의자라는 것입니다. 돈 많은 사람들의 말에 귀를 기울였다고 말입니다. 케네디도 똑같았습니다.

<u>라디오 청취자</u> 돈이 있기 때문에 권력을 갖는다는 주장이 가끔은 이상하게 들립니다. 권력을 쥔 사람들에게 논리적으로 접근할 수는 없을까요?

─ 그들은 이익을 위해 매우 논리적이고 합리적으로 처신합니다. 매년 연봉만 2,300만 달러를 받는 애트나생명보험의 최고경영자를 보십시오. 클린턴의 계획안이 통과된다면 미국인의 건강을 좌우할 건강보험 제도를 운영할 책임자 중 한 명이기도 합니다.

클린턴의 제안대로 보험회사가 건강보험 제도를 운영한다면 일반 국민에게 해가 될 것이 뻔합니다. 그런데 그자에게 클린턴의 계획안을 반대하는 로비 활동을 하라고 설득할 수 있겠습니까? 그 막대한 연봉을 포기하고 하찮은 노동자가 되라고 그에게 설득할 수 있겠습니까?

만약 당신의 간곡한 요구에 그가 설득당하면 어떻게 될까요? 그는 당장에 애트나생명보험에서 쫓겨날 것입니다. 대신 다른 사람이 그 회사의 최고경영자 자리를 채울 것입니다. 바로 제도적인 문제입니다.

— 일반 국민에게 관행을 지키게 하는 것이 왜 중요합니까?

— 어떤 형태든 권력을 움켜쥔 집단은 대중민주주의에 종속되기를 원치 않습니다. 물론 시장 질서에 종속되는 것도 원치 않습니다. 따라서 기업계를 비롯한 권력 집단은 기능적인 민주주의를 반대하게 마련입니다. 기능적인 시장을 반대하듯이 말입니다… 적어도 그들에게는 이익이니까요.

그들은 마음대로 결정을 내리고 행동하는 데 외적인 제약을 받는 것을 원치 않습니다.

— 사실입니까?

— 물론입니다. 물론 현실을 전달하는 방식에 따라 해석이 약간씩 달라질 수 있습니다. 일반 민중이 '오합지중'이라 불렸던 과거에 비해 현대 '민주주의 이론'이 단편적이고 복잡해졌기 때문입니다. 월터 리프먼은 민중을 "무지하면서 지겹게 참견하는 국외자"라고 불렀습니다. 따라서 '책임 있는 사람'이 결정을 내리고 '방향을 상실한 무리'를 단속해야만 한다고 생각했던 것입니다.

리프먼의 표현을 빌면, 방향을 상실한 무리에 불과한 민중은 참여자가 아닌 구경꾼이 되어야 한다는 것이 현대 민주주의 이론의 핵심입니다. 따라서 민중은 2년마다 '선거'라는 제도를 통해서, 다른 곳에서 내린 결정을 비준하거나 자신들을 대표할 지배 계급을 선택하면 충분합니다. 이런 제도 저 장치는 지배 집단의 행위를 정당화하기 때문에 필요한 것입니다.

우익 재단의 호화로운 홍보물에서 이런 생각이 어떻게 조장되고 있는가를 분석해보는 것도 무척 흥미롭습니다. 이데올로기의 세계에서 가장 영향력 있는 재단 중 하나가 브래들리재단Bradley Foundation입니다. 그곳 소장인 마이클 조이스가 최근에 이에 대한 글을 발표했습니다. 정말로 그가 썼는지 홍보직원이 썼는지 알 수는 없지만, 하여간 나는 무척 재미있게 읽었습니다.

다분히 의도적이었겠지만 좌파의 주장에서 끌어온 멋진 인용글로 시작합니다. 좌익 자유주의자들이나 급진적 행동주의자들이 이 글을 읽는다면 공감하지 않을 수 없을 정도로 잘 써진 글입니다. 내 생각이지만 십중팔구 좌파와 젊은층을 겨냥해서 쓴 글로 여겨집니다. 어쨌든 이 글은 정치체제가 우리와 얼마나 동떨어져 있는지에 대해, 그리고 이따금씩 우리에게 투표소에서 투표하고 갈 것을 요구하는 정치체제에 대해 이야기하는 것으로 시작됩니다.

그의 주장에 따르면, 투표는 무의미한 행동일 뿐입니다. 진정한 참여가 아니라는 것입니다. 우리에게 필요한 것은 능동적으로 기능하는 시민사회라는 것입니다. 즉, 시민들이 가끔 버튼을 누르는 것으로 만족할 것이 아니라 진정으로 중요한 일을 해야 한다는 것입니다.

이렇게 주장한 후 그는 "이런 부적절한 현상을 우리는 어떻게 극복할 수 있을까요?"라고 묻습니다. 그 대답이 놀랍습니다. 정치의 장에 더 적극적으로 참여한다고 그런 문제가 해결되는 것은 아니라는 것입니다. 오히려 정치의 장을 포기하라고 주장합니다. 대신 PTA(사친회)에 가입하고, 교회에 열심히 다니며, 일자리를 구하고, 상점에서 물건을 구매할 때 문제를 해결할 수 있다는 것입니다. 민주 사회에서 진정한 시민이 되는 길이 바로 그런 것이라고 주장합니다.

물론 PTA에 가입한다고 나쁠 것은 없습니다. 하지만 이 글에는 치명적인 결함이 있습니다. 시민이 정치의 장에 참여한다고 안 될 것이 무엇입니까? 앞부분에 정치 참여가 무의미한 행동이라고 몇 마디 언급한 것 말고는 논의 자체가 되지 않았습니다.

당신이 정치의 장을 포기한다면 다른 사람이 그 자리를 대신할 것입니다. 기업은 결코 집으로 돌아가지 않을 것입니다. PTA에도 가입하지 않을 것입니다. 기업은 모든 것을 운영하게 될 것입니다. 하지만 우리는 이에 대해 아무 말도 하지 않습니다.

조이스의 글은 여기에서 끝나지 않습니다. 자유주의자 관료들, 즉 가난한 사람들을 위해 무엇인가를 해야 한다며 우리를 설득시키려는 사회보장 프로그램 계획자들이 우리를 어떻게 억압하는지에 대해서도 그럴 듯하게 써내려 갑니다.

그들이 미국을 실질적으로 운영하는 사람들이지만, 우리가 PTA나 사무실에서 시민으로서의 의무를 충실히 이행하려면, 우리 등에서 기필코 끌어내려야 할 비인간적이고 냉혹하며 책임감 없는 권력 집단이라고 주장합니다.

내가 그 글을 제대로 설명했는지 모르겠습니다. 하여간 무척이나 체계적으로 쓰여 있습니다. 아주 영리한 프로파간다입니다. 분명한 생각을 뒤에 감추고 정교하게 포장한 글입니다. 그 글의 목적이 무엇이냐고요? 민중을 가능한 한 어리석고 무지하며 수동적이고 순종적인 존재로 만들면서도, 한

민중을 가능한 한 어리석고 무지하며
수동적이고 순종적인 존재로 만들면서도,
한층 고결한 형태로 우리 사회에 참여하고 있다는 착각을
민중에게 심어주는 것입니다.

층 고결한 형태로 우리 사회에 참여하고 있다는 착각을 민중에게 심어주는 것입니다.

— 선생님은 민주주의에 대해 말씀하시면서 토머스 제퍼슨을 두 번씩이나 언급하셨습니다.

— 제퍼슨은 1826년 7월 4일에 세상을 떠났습니다. 독립선언서에 서명한 날로부터 50년을 더 산 셈입니다. 죽음을 앞두고 제퍼슨은 우려와 희망이 섞인 어조로 그가 이룩했던 일에 대해 말하며, 미국인에게 민주주의의 승리를 유지하기 위해 투쟁하라고 충고했습니다.

그는 두 집단, 즉 귀족 집단과 민주 집단을 구분했습니다. 귀족 집단은 민중을 두려워하고 불신하기 때문에 민중에게서 모든 권력을 빼앗아 엘리트 계급에 넘겨주려고 합니다. 실제로 오늘날 많은 사회에서 존경받는 지식인들이 이런 관점을 지지하고 있습니다. 하지만 급진적 지식인으로 이루어진 전위대가 권력을 잡고 우매한 민중을 밝은 미래로 인도해야 한다는 레닌주의자의 주장과 크게 다르지 않은 관점입니다. 대부분의 자유주의자가 제퍼슨이 의미한 귀족 집단입니다. 예를 들면, 헨리 키신저가 귀족 집단에 속하는 전형적인 인물입니다.

한편 제퍼슨의 정의에 따르면, 민주주의자는 민중과 일체감을 갖고, 민중을 신뢰하며, 민중이 가장 현명하지는 않더라도 다수의 이익을 보장하는 데 가장 정직하고 안전한 집단이라고 생각하며, 민중을 소중히 아끼는 사람입니다. 다시 말해, 민중이 항상 올바른 결정을 내리지는 못하더라도 민중에게 힘이 있어야만 한다고 생각하는 사람이야말로 진정한 민주주의자입니다. 오늘날에도 이런 민주주의자들이 존재하기는 하지만 점점 주변부로 밀려나고 있는 실정입니다.

특히 제퍼슨은 '금융기관과 돈을 추구하는 법인'(오늘날 우리가 기업이라 칭하는 집단)을 경계하라고 가르치며, 그런 집단의 힘이 커질 경우 귀족 집단이 결국 승리해서 미국 혁명의 열매가 물거품처럼 사라질 것이라고 말했습니다. 제퍼슨이 가장 두려워했던 현상이 우리 눈앞에 펼쳐지고 있습니다. 물론 그가 예언한 방식대로는 아니지만 말입니다.

그 후 러시아의 아나키스트 미하일 바쿠닌도 지식인 계급이 두 집단으로 나누어질 것이라고 예언했습니다. 그런데 그 두 집단은 모두 제퍼슨의 개념에서 귀족 집단에 속합니다. 어쨌든 한 집단은 '붉은 관료$^{Red\ bureaucracy}$'로 권력을 움켜쥐고 인류의 역사에서 가장 악랄하고 패덕한 전제정치를 휘둘렀습니다.

다른 한 집단은 권력이 민간 분야에 있다고 믿으며, 국가자본주의 사회에서 정부와 민간 기업에 협조하는 집단입니다. 그들은 "민중의 지팡이로 민중을 다스립니다." 즉, 입으로는 민주주의를 내세우면서도 국민에게 일사분란하게 행동하도록 종용하는 자들입니다.

— 선생님은 미국의 철학자이며 교육자인 존 듀이도 자주 언급하십니다. 존 듀이는 오늘날의 사회를 어떻게 평가했을까요?

— 듀이는 제퍼슨의 관점에서 민주주의를 역설한 최후의 철학자라고 말해도 과언이 아닙니다. 금세기 초에 듀이는 이렇게 말했습니다. "민주주의는 그 자체로 목적이 아니다. 진정한 민주주의는 국민이 기본적인 인성과 인

권을 찾아내어 확대시키고 발현시키기 위한 수단이다!" 따라서 민주주의는 자유, 연대 의식, 노동의 선택 그리고 사회질서에 참여하는 역량에 뿌리를 두어야 합니다. 그래야 민주주의가 진정한 국민을 만들어낼 수 있습니다. 그렇습니다! 민주 사회의 주된 결과물은 바로 진정한 국민입니다.

듀이는 이런 의미에서의 민주주의가 사라졌다는 사실을 분명히 인식했습니다. 물론 제퍼슨이 두렵게 생각한 '금융기관과 돈을 추구하는 법인'이 당시에도 엄청난 세력을 떨쳤던 것이 사실입니다. 듀이는 '대기업이 사회에 던지는 그림자'가 개혁을 더욱 어렵게 만든다고 생각했지만 이 때문에 개혁 자체가 불가능하다고는 생각하지 않았습니다. 듀이는 개혁을 유용한 것이라고 믿었습니다. 하지만 노동 현장에 민주주의가 없는 한 개혁만으로 민주주의와 자유를 얻을 수는 없다고 믿었습니다.

제퍼슨을 비롯한 고전 자유주의자들과 마찬가지로 듀이도 힘을 지닌 민간 기업을 전제적이고 무책임한 집단, 기본적으로 내적 구조가 독재적인 집단이라고 생각했습니다. 실제로 오늘날 민간 기업은 듀이가 상상했던 수준을 훨씬 뛰어넘는 권력을 휘두르고 있습니다.

듀이의 이런 주장이 담긴 책은 쉽게 구해 볼 수 있습니다. 미국의 역사에서 토머스 제퍼슨이나 존 듀이처럼 앞날을 내다본 뛰어난 인물은 별로 없습니다. 그들이야말로 진정한 미국인이었습니다. 하지만 오늘날 그들의 책을 읽으면 마치 광적인 마르크스주의자의 책을 읽는 듯한 기분이 들지도 모릅니다. 그만큼 우리의 지적인 삶이 왜곡되었다는 뜻이기도 합니다.

여러 면에서 제퍼슨과 듀이의 생각은, 18세기 말 고전적 자유주의 전통을 세우고 영국의 존 스튜어트 밀과 같은 철학자에게 영향을 미친 빌헬름 폰 훔볼트와 같은 지식인의 사상을 뚜렷이 반영하고 있습니다. 또한 애덤 스미스와 마찬가지로 홈볼트도 누구의 지배도 받지 않으면서 자유롭고 창의적으로 일하고 싶은 욕구가 인간의 본성이라고 생각했습니다. 요컨대 진정한 민주 사회라면 이런 욕구를 충족시켜줄 수 있어야 합니다.

존 듀이까지 거침없이 전해진 이런 사상들은 분명히 반자본주의적 성격을 띠고 있습니다. 물론 애덤 스미스가 반자본주의자라고 자처하지는 않았습니다. 스미스는 18세기의 인물이기 때문에 자본주의가 확립되기 이전의 인물이기도 하지만, 자본주의 이데올로기와 현상에 상당한 회의를 품었던 인물이었습니다. 그가 '공동출자회사 joint stock company'(오늘날의 기업에 해당되지만 그의 시대에는 상당히 다른 형태로 존재한 기업)라 칭했던 것에도 우려를 떨쳐내지 못했습니다. 요컨대 스미스는 직접 참여와 경영권의 분리를 걱정했을 뿐 아니라, 이런 공동출자회사들이 '불멸의 인격체 immortal person'로 변할 수도 있다고 우려했습니다.

애덤 스미스가 세상을 떠난 후, 즉 19세기에 들면서 이런 우려가 현실로 나타났습니다. 의회에서 그렇게 결정한 것이 아닙니다. 미국은 물론이고 세계 모든 나라에서 사법부가 그렇게 결정했습니다. 판사들과 기업 변호사들이 기업이 막강한 권력을 갖는 새로운 사회를 만들어냈습니다.

오늘날, 세계 200대 기업이 세계 자산의 4분 1 이상을 지배하고 있으며 그 몫이 점점 증가하고 있는 실정입니다. 《포춘 Fortune》이 매년 발표하는 미국 최상위 기업 목록을 보면 이익이 꾸준히 증가하며 점유율도 증가하고 있지만 이상하게도 피고용인의 수는 줄어들고 있습니다. 지난 몇 해 동안에 이런 현상이 더욱 뚜렷해졌습니다.

홈볼트와 스미스의 사상은 사회주의 아나키스트의 전통, 요컨대 자본주의를 반대하는 좌익 자유주의자들에게 정신적 자양분이 되었습니다. 이런 비판은 듀이처럼 노동자 중심의 민주적 사회주의, 안톤 판네쾨크(네덜란드의 천문학자이자 정치이론가)와 로자 룩셈부르크(폴란드 태생의 독일 혁명가)와 같은 좌익 마르크스주의자, 유명한 아나키스트인 루돌프 로커의 무정부주의적 노동조합 운동^{anarcho-syndicalism}에서도 찾아집니다.

그런데 이런 사상들은 현대 지식인의 삶에서 한결같이 왜곡되거나 잊힌 상태입니다. 하지만 내 생각에는 18세기의 고전적 자유주의를 올바로 이어받은 사상들입니다. 물론 그 뿌리는 17세기 합리주의에서 찾을 수 있지만 말입니다.

부자를 위한 경제 시스템

— 《필라델피아인콰이어러 *The Philadelphia Inguirer*》의 두 기자가 쓴《미국: 누가 진정 세금을 내는가? *America: Who Really Pays the Taxes?*》라는 책을 보면, 미국에서 기업의 세금액이 급속히 줄어들고 있음을 확인할 수 있습니다.

— 그렇습니다. 15년 전부터 그런 현상이 더욱 뚜렷해지고 있습니다. 몇 년 전 조지프 페츠먼이란 조세 전문가가 지적했듯이, 소득이 높을수록 세율이 높아지는 누진 세제에도 불구하고 온갖 종류의 역진적 요소들 때문에 모두가 거의 동일한 세율을 적용받는 사회로 변해버렸습니다.

— 사실, 독일의 유명한 자동차 기업인 다임러벤츠가 연루된 아주 흥미로운 사건이 앨라배마 주에서 있었습니다.

— 레이건 정부 시절에 미국은 영국을 제외한 다른 경쟁국들의 노동비용 labor cost 을 수준 이하로 절감하려고 애썼습니다. 이 일은 멕시코와 미국은 물론이고 세계의 모든 산업국에 엄청난 영향을 미쳤습니다.

예를 들어, 캐나다와 맺은 자유무역협정으로 일자리가 캐나다에서 미국의 남동부로 대거 이동했습니다. 단지 노동조합이 없는 지역이라는 이유로 말입니다. 물론 임금도 더 낮았습니다. 따라서 이익에 대해선 걱정할 필요도 없습니다. 노동자들이 결속력도 보여주지 않습니다. 한마디로 캐나다 노동자에게는 더할 나위 없는 악몽이었습니다.

독일에서 가장 큰 복합 기업인 다임러벤츠는 기본적으로 제3세계의 조건을 찾고 있었습니다. 그들은 미국 동남부 주들을 기웃대면서 서로 경쟁하게 만들었습니다. 가장 좋은 조건을 제시하는 주에 공장을 세우겠다면서 말입니다. 결국 앨라배마 주가 승리를 거두었습니다. 수십억 달러의 세금 혜택을 제시했을 뿐 아니라 공장을 건설할 땅도 거의 공짜로 주겠다고 약속하고, 공장 운영에 필요한 온갖 인프라 건설까지 약속하며 얻어낸 승리였습니다.

하지만 이익은 일부 사람에게만 돌아갈 것입니다. 예컨대 그 공장에 취직한 소수의 노동자와 부근에 햄버거 가게를 차린 사람에게도 작은 이익이 돌아가겠지만, 대부분의 이익은 은행가들, 기업 변호사들, 투자와 금융 서비스에 관계된 사람들에게 주로 돌아갈 것입니다. 이들의 주머니는 더 두둑해지겠지만, 이 때문에 앨라배마 주의 주민 대부분이 치러야 할 비용은 막대할 것입니다.

기업 활동을 거의 비판하지 않는《월스트리트저널》조차 이 문제를 지적하고 나섰을 정도였습니다. 부유한 기업이 제3세계에 진출할 때에나 목격되는 현상이라면서, 그 거래가 종합적인 측면에서 앨라배마 주에 이익이 될지 의문스럽다고 지적했습니다. 어쨌든 다임러벤츠는 이런 상황을 악용해서 독일 노동자의 생활 방식에 타격을 주었습니다.

독일 기업들은 독일 노동자 임금의 10퍼센트만으로 노동자를 구할 수 있는 체코에도 공장을 세우고 있습니다. 당신도 알겠지만 체코는 독일과 국경선을 맞대고 있지 않습니까! 교육 수준도 높고 푸른 눈동자와 하얀 피부를 가진 서구화된 사회로 그야말로 안성맞춤인 곳입니다. 다른 기업들과 마찬가지로 독일 기업도 자유 시장을 그다지 신뢰하지 않습니다. 그래서 사회적 비용, 오염, 빚 등을 체코에 떠넘기면서 독일 기업은 이익을 챙기는 것입니다.

30퍼센트의 관세를 고집하고 있는 폴란드에 GM이 건설하는 공장도 똑같습니다. 요컨대 자유 시장은 가난한 사람에게나 적용되는 것입니다. 따라서 우리는 이중적 체제, 즉 부자들을 보호하면서 다른 사람들에게는 시장 원리를 엄격하게 적용하는 체제 속에 살고 있습니다.

— 《뉴욕타임스》에서 "미국, 플루토늄을 처분할 수단을 고려 중"이란 기사를 읽고 놀란 적이 있습니다. 기본적으로 민간 자본이 만들어낸 부산물을 왜 국가가 처분해야 하는 것일까요?

— 그다지 놀라운 일도 아닙니다. 이익은 민간 기업에 돌아가고 그에 따른 비용은 사회화한다는 원칙은 이미 도식화된 공식입니다. 그렇습니다! 비용은 국가의 몫, 즉 국민의 몫인 반면에 이익은 국민의 것이 아닙니다. 국민은 애당초 플루토늄에 관계된 결정에 참여하지도 않았을뿐더러 플루토늄

을 처분할 방법에 대한 결정에도 참여할 수 없습니다. 물론 합리적인 에너지 정책을 결정하는 데도 관여할 여지가 없습니다.

— 제가 선생님에게 배운 것 중 하나는 《비즈니스위크 *Business Week*》, 《포춘》, 《월 스트리트저널》을 심도 있게 읽어야 한다는 것입니다. 그런데 최근에 《뉴욕 타임스》의 경제란에서 저는 하버드 비즈니스 스쿨에서 공부하고 있는 일본 통상산업성의 한 관료가 기고한 글을 아주 흥미롭게 읽었습니다. 그가 속한 그룹은 파산한 항공 회사를 연구했습니다. 그 회사 사장과 인터뷰한 테이프가 수업 시간에 소개되었습니다. 사장은 전반적인 금융 위기에 항공 회사가 결국 파산했지만 정부에 눈곱만큼도 도움을 청하지 않았다고 자랑스레 말했고, 모든 학생이 박수갈채를 보냈다는 것입니다. 일본 관리로서는 그런 반응에 놀라하지 않을 수 없었을 것입니다. 일본 관리는 "미국에는 정부의 개입을 달갑게 생각지 않는 저항감이 팽배해 있다. 나는 그렇게 이해하고 있다. 하지만 그때 나는 놀라지 않을 수 없었다. 내 그룹에는 여러 기업의 주주들도 적지 않았다. 정부의 도움을 외면한 채 파산의 길을 택한 그 항공 회사의 피고용인들은 대체 어떻게 되었을까?"라고 물었습니다. 그리고 자유 시장 이데올로기에 대한 미국의 맹목적인 신봉을 여러 각도에서 분석한 후, 그는 "종교와 비슷하다고 말할 수 있다. 대부분의 사람에게 자유 시장 이데올로기는 논쟁거리가 아니다. 무조건 믿거나 아니면 불신하는 것이다"라고 결론지었습니다. 무척 흥미로운 결론이었습니다.

— 그렇습니다. 그가 속한 비즈니스 스쿨의 학생들이 실제로 공유하고 있는 생각, 즉 미국에서 실제로 벌어지고 있는 현상을 완전히 이해하지 못했

기 때문에 그 일본인에게는 그런 반응이 흥미롭게 보였을 것입니다. 그들이 주제로 삼은 항공 회사, 이스턴에어라인의 프랭크 로렌조는 파산의 길을 택했습니다. 하지만 그 과정에서 로렌조는 개인적으로 엄청난 이익을 챙겼습니다.

그는 동종의 다른 기업들을 지원하기 위해 노동조합을 분쇄시키려고 했습니다. 이스턴에어라인의 노선을 그들에게 나눠주고 자신의 이익을 챙길 수 있었으니까요. 한마디로, 그는 항공사를 노동조합의 그늘에서 벗어난 중앙집권적 구조로 만들고 싶어 했습니다. 개인적으로는 더 부자가 될 수 있으니까요. 모든 것이 그의 소망대로 되었습니다. 그런데 정부에 도와달라고 도움을 청했겠습니까? 정부가 개입하지 않아야 그의 소망대로 일이 풀려갈 텐데요.

하지만 기업이 정부의 도움을 청하지 않는다고 생각하면 착각입니다. 그들은 정부로부터 엄청난 도움을 받고 있습니다. 소위 펜타곤 시스템 전체가 기업을 돕기 위한 제도적 장치라고 말해도 과언이 아닙니다.

항공 산업도 정부의 개입으로 시작되었습니다. 1940년대 말 펜타곤의 예산이 급증한 실질적 이유는 민간 시장에서 살아남지 못하고 붕괴해가던 항공 산업을 수렁에서 구해내기 위한 것이었습니다. 효과가 있었던지, 항공산업은 이제 미국에서 첫 손가락에 꼽히는 수출 산업이 되었습니다. 보잉은 미국에서 최고의 수출 기업이지 않습니까!

프랭크 콥스키가 쓴 아주 흥미로운 책이 최근에 출간되었습니다. 상당히 중요한 책입니다. 1947년과 1948년에 항공 산업을 구하기 위한 지출 법안을 의회에서 통과시키려고 조작한 전쟁의 상흔을 자세히 다루고 있는 책이기 때문입니다.

정부의 엄청난 지원에 의해 거대 산업들이 태동되었고 지금까지 유지되고 있습니다. 정부의 막대한 지원이 없었다면 많은 기업이 지금까지 살아남지 못했을 것입니다. 지금은 정부 지원이 이들에게 큰 이익을 안겨줄 수 없더라도 충격을 완화시키는 역할은 충분히 해내고 있습니다. 게다가 공공 보조금 제도를 통해 공공 분야도 기본적인 기술, 예컨대 야금학, 항공전자공학 등을 이들에게 제공하고 있습니다.

항공 산업만이 아니라 산업계 전반이 마찬가지입니다. 이런 식으로 정부 지원을 받지 않고 제대로 굴러가며 유지되는 제조업이나 서비스 산업을 미국에서 찾아내기란 힘듭니다.

클린턴 행정부는 국립표준기술연구소에 새로운 기금을 쏟아붓고 있습니다. 이 연구소는 과거에도 그랬지만, 앞으로도 민간 자본의 욕구를 채워주는 데 더 적극적으로 활약하리라 여겨집니다. 실제로 수많은 기업이 보조금을 신청하려고 그곳의 문을 두드리고 있습니다.

그럴듯한 핑계거리를 상실한 펜타곤 시스템을 대체하기 위한 수단으로 만들어진 연구소라 할 수 있습니다. 냉전 시대가 종결되면서 펜타곤 시스템을 유지하기가 점점 어려워지고 있기 때문입니다. 하지만 대기업에 보조금의 지원을 중단할 수는 없는 노릇입니다. 따라서 공공 분야가 연구 개발 비용을 떠맡는 수밖에 없습니다.

일본의 관리라는 자가 이런 속내 사정을 꿰뚫어볼 수 없었다니 정말 놀라운 일이 아닐 수 없습니다. 이런 정책은 일본에서도 널리 알려진 것인데도 말입니다.

건강보험과 관리 경쟁 모델

— 렉싱턴의 선생님 댁에서는 보스턴의 스카이라인이 보이지 않습니다. 만약 보인다면 어떤 빌딩이 가장 먼저 보일까요?

— 존 핸콕 빌딩과 푸르덴셜 빌딩입니다.

— 어떤 기업의 건물인가요?

— 우연이겠지만, 클린턴의 뜻대로 된다면 둘 모두 우리 건강 관련 제도를 시행하기로 되어 있는 기업의 건물입니다.

— 미국의 건강보험 제도는 개혁할 필요가 있다는 합의가 있습니다. 이런 합의가 그동안 어떻게 진행되어왔을까요?

— 아주 간단했습니다. 미국의 건강보험 제도는 상대적으로 민간에 맡겨져 있습니다. 따라서 공공의 건강과 예방보다 첨단 장비의 사용에 초점에 맞춰진 실정입니다. 게다가 절망적일 정도로 비효율적이고 관료적이어서 쓸 데없이 지출되는 관리 비용이 막대합니다.

비용이 눈덩이처럼 불어나 이제 기업이 감당하기 어려울 지경에 이르렀습니다. 실제로 유수한 비즈니스 저널인 《비즈니스위크》까지 발 벗고 나서서, 캐나다식의 단일 보험료 지급 방식을 옹호하는 기사를 내보내는 실정입니다. 쉽게 말하면, 국민 모두에게 건강보험 혜택을 주면서 정부가 보험

회사 역할을 맡는 제도입니다. 실제로 미국을 제외한 모든 산업국가가 이와 비슷한 제도를 도입하고 있습니다.

— 그런데 클린턴의 계획은 '관리 경쟁managed competition' 모델이라 불리고 있습니다. 대체 그 뜻이 무엇입니까? 왜 거대한 보험회사들이 이 프로젝트에 끼어드는 것일까요?

— "관리 경쟁" 모델은 큰 보험회사들이 거대한 복합 기업을 만들어 건강관리 기관, 병원, 진료소, 연구소 등을 종합관리한다는 뜻입니다. 따라서 이런 복합 기업 중 어떤 기업과 거래할 것인지 결정하기 위해서 다양한 조건을 고려해야 합니다.

하지만 복합기업의 수는 소수에 불과하고 그들끼리는 큰 경쟁을 벌이지 않을 것이 뻔합니다. 한마디로 소수의 거대 보험회사에 우리 건강을 맡기는 것이나 다를 바 없습니다. 게다가 클린턴의 계획이 원안대로 시행될 경우 소규모 보험회사는 시장에서 자연스레 퇴출될 것이기 때문에 이를 반대하는 것입니다.

거대 보험회사는 우리 건강을 위해 존재하는 기업이 아닙니다. 이윤을 추구하는 기업이기 때문에 국민의 건강에 그다지 관심이 없습니다. 최소한의 수준만을 보장하려고 할 것이고 또한 예방적 차원에서 국민의 건강을 보호하는 데에는 큰 관심이 없을 것입니다. 요컨대 국민의 건강은 이들의 관심사가 아닙니다. 엄청난 이윤 추구, 광고비, 대기업의 높은 급료와 쾌적한 편의 시설, 의사와 간호사의 일을 세세한 것까지 따지려는 관료의식 등으로 비효율성은 극에 달할 것입니다. 이런 모든 비용을 우리가 부담해야 합니다.

간과해서는 안 될 또 하나의 중요한 점이 있습니다. 캐나다식으로 정부가 건강보험을 관리할 경우, 비용은 세금처럼 공평하게 분배됩니다. 대부분의 부유국에서 시행하고 있듯이 높은 소득에 높은 세율을 적용하는 누진세가 건강보험에도 적용된다면 부자가 건강보험료를 당연히 더 많이 지불해야 합니다.

하지만 클린턴의 계획은 미국의 다른 제도와 마찬가지로 역진적인 성격이 강합니다. 예컨대 수위와 최고경영자가 똑같은 보험료를 내게 되어 있습니다. 소득에서 엄청난 차이가 있는 두 사람에게 똑같은 액수의 세금이 부여되는 것이나 마찬가지입니다. 어떤 문명국가에서도 찾아볼 수 없는 전대미문의 제도인 셈입니다.

그런데 꼼꼼히 따져보면 더욱 나쁜 것이 수위가 최고경영자보다 더 많은 보험료를 낼 수도 있습니다. 수위는 십중팔구 가난한 이웃들과 살 것이고, 최고경영자는 쾌적한 교외나 도심의 고층 아파트에서 살 것입니다. 따라서 이웃들의 건강 상태가 다르게 마련입니다. 그런데 수위가 속한 보험 집단에는 가난하고 위험한 직종에 근무하는 사람들이 많기 때문에, 상대적으로 풍요롭고 위험하지 않은 직종에 근무하는 사람들과 어울려 사는 최고경영자보다 수위에게 보험회사는 더 높은 보험요율을 요구할 것입니다.

— 해리스여론조사소에 따르면, 미국인 다수가 캐나다식의 건강보험 제도를 압도적으로 선호합니다. 정부가 건강보험을 관리하는 제도를 언론이 최소한으로 다루는데도 미국인이 이런 내답을 했다는 사실에 수복할 필요가 있지 않을까요?

— 내가 알기에 공공 위생 문제를 다룬 최고의 연구는 존스홉킨스 대학의 비센테 나바로 교수의 논문입니다. 나바로 교수의 연구에 따르면, 40년 전 이 문제에 대한 여론조사를 시작한 이래로 미국인은 캐나다식의 건강보험 제도를 꾸준히 지지해왔습니다.

1940년대에 트루먼 대통령은 이를 시행하려고 노력했습니다. 성공했더라면 미국인도 다른 선진 산업국의 국민과 같은 건강보험의 혜택을 누렸을 것입니다. 하지만 트루먼의 노력은 기업계의 거센 반대로 무산되고 말았습니다. 우리 사회가 타락한 볼셰비키 사회로 전락할 수 없다는 기업계의 분노에 찬 반대로 말입니다.

그 후 이 문제가 거론될 때마다 기업계는 거세게 반대했습니다. 로널드 레이건이 남긴 위대한 업적 중 하나는 1960년대 말로 우리 사회를 되돌려 놓은 것입니다. 65세 이상을 대상으로 한 노인 의료보험 제도의 법안이 통과된다면 우리 모두가 몇십 년 후 자녀와 손자 세대에게 우리 시대의 자유에 대해 변명하기에 급급할 것이라는 연설로 우리를 우울하게 만들지 않았습니까!

— 하버드 의과대학의 스테피 울핸들러와 데이비드 힘멜슈타인은 다른 여론조사 결과로 캐나다식 건강보험 제도에 대한 선호성을 증명했습니다. 캐나다인에게 미국식 건강보험 제도를 원하느냐고 물었을 때 겨우 5퍼센트만이 "그렇다"라고 대답했다는 것입니다.

— 사실 대다수의 기업도 현재의 미국식 건강보험 제도를 바람직하다고 생각지 않습니다. 너무 비효율적이고 지나치게 관료적으로 운영되어 기업이

부담해야 할 비용이 터무니없이 크기 때문입니다. 예컨대 자동차 회사들은 2년 전에 차 한 대당 500달러를 추가로 부담해야 했습니다. 캐나다식에 비할 때 미국식 건강보험 제도가 비효율적이라는 이유만으로 부담해야 하는 추가 비용이었습니다.

이렇게 기업계에 손해를 미치기 시작하자 건강보험 문제가 국가적 차원에서 논의되기 시작했습니다. 국민은 오래전부터 건강보험 제도의 대대적인 변화를 요구해왔지만, 국민의 생각은 그다지 중요하지 않았던 것입니다.

런던에서 발행되는 유수한 비즈니스 저널인《이코노미스트 *The Economist*》가 남긴 유명한 구절이 있습니다. "폴란드는 민주적 선거제도를 보유한 체제로 타락했다!"라는 말입니다. 이 구절에는 민주적 선거제도가 귀찮고 성가신 것이란 뜻이 감춰져 있습니다.

동유럽 국가의 국민은 강요된 경제적 변화에 어찌할 바를 모르고 있습니다. 물론 그 변화라는 것이 모두 '개혁'이란 이름으로 미화되어 거부할 수도 없는 입장입니다. 지난 선거에서 폴란드인은 '반개혁' 정권에 표를 던졌습니다. 하지만《이코노미스트》는 '정책은 정치와 별개'이기 때문에 이런 투표 결과가 큰 문제는 아니라고 지적했습니다. 그들 생각에 이런 현상이 크게 문제되는 것은 아닙니다.

미국에서도 정책은 정치와 별개인 듯합니다. 국민은 나름대로 의견을 갖고 자신의 생각대로 투표에 참여합니다. 하지만 정책은 다른 힘에 의해 결정된 방식대로 운영됩니다.

국민이 원하는 것은 "정치적으로 실현될 수 없는 것"이라는 말이 있습니다. 쉽게 밀하면, 권력과 특권을 움겨쥔 집단이 원하는 것과 국민이 원하는 것이 대립된다는 뜻입니다. 미국의 건강보험 제도가 변하기 시작한 이유는 자명합니다. 현재의 건강보험 제도가 기업계에 피해를 주기 때문입니다.

— 비센테 나바로 교수의 주장에 따르면, 보편적이고 포괄적인 건강보험 제도는 "노동자 계급의 결속력과 정치·경제적인 수단"과 밀접한 관계가 있습니다.

— 캐나다와 유럽에서는 그랬습니다. 1960년대 중반까지 캐나다는 미국과 비슷한 건강보험 제도를 운영했습니다. 그런데 NDP(신민주당으로 노동조합의 지지를 받는다)가 집권한 서스캐처원 주에서 처음 변화가 시작되었습니다.

NDP는 보험회사에 건강 관련 상품의 판매를 금지시킴으로써 주민 보험 계획을 실천에 옮길 수 있었고, 상당한 성공을 거두었습니다. 주민에게 좋은 의료 서비스를 제공하고 비용을 절감했으며 누진적 지불 방식을 확대했습니다. 노동조합의 압력에 다른 주들도 NDP의 방식을 모델로 삼아 주민 보험 제도를 도입하지 않을 수 없었습니다. 그 결과로 캐나다 전체에서 이 건강보험 제도가 채택되었습니다.

유럽의 역사도 크게 다르지 않습니다. 노동자들의 조직이 유일한 수단은 아니었지만 주된 역할을 해냈습니다. 아주 제한된 힘과 자원밖에 없는 국민이 조직을 근거로 결집해 공공의 장에 참여할 수 있었으니까요. 노동조합이 기업계와 엘리트 계급에게 미움을 받는 이유도 바로 이 때문일 것입니다. 노동조합은 성격상 민주적일 수밖에 없지 않습니까!

따라서 나바로의 주장에 나는 전적으로 동의합니다. 노동자들이 조직적으로 결속해서 공공의 장에 참여할 수 있는 힘과 건강에 관련된 사회보장 제도의 시행은 분명히 관계가 있습니다. 어쩌면 절대적인 조건일 수도 있습니다.

— 캘리포니아 주에서도 비슷한 움직임이 있었던 것으로 알고 있습니다. 한 곳에서 건강보험을 관리하자는 법안이 제출되지 않았습니까?

— 나바로가 설명한 방식과 미국의 상황은 약간 다릅니다. 미국에서는 건강보험 제도의 운영 방식을 결정할 때 기업계가 여전히 주도적인 역할을 맡고 있으니까요. 미국에서 의미 있는 변화가 일어나지 못하는 이유는 논의의 모든 결과가 기업의 이익에 맞춰 다시 재조정되기 때문입니다. 결국 노동조합을 포함한 사회조직과 여론의 압력이 없는 한 미국에서 의미 있는 변화를 기대하기란 어렵습니다.

— 요즘 들어 언론의 관심이 에이즈에 집중되어 유방암은 소홀히 다루어지는 듯합니다. 하지만 1990년대에 미국에서만 50만 명 이상의 여성이 유방암으로 사망할 것이란 추정이 있습니다. 게다가 많은 남성이 전립선암으로 사망하고 있습니다. 이런 문제들도 정치적으로 고려되어야 하지 않을까요?

— 그런 문제들을 투표로 결정할 수는 없습니다. 하지만 관련 정책에 문제가 있지 않느냐고 묻는다면, 당연히 문제가 없지 않습니다. 암으로 죽어가는 사람들만이 아니라, 극단적인 빈곤으로 영아기와 유아기에 고통받거나 죽어가는 어린아이들도 고려되어야 할 것입니다.
　영양실조를 예로 들어볼까요? 영양실조는 수명을 대폭 감소시킵니다. 실제로 사망 원인을 분석해보면 영양실조가 다른 어떤 원인보다 높다는 것을 알 수 있습니다. 따라서 국민에게 적절한 영양을 공급해주고 깨끗한 물과 효율적인 하수처리 등 안전하고 위생적인 삶의 조건을 보장해주는 간단한 공공 위생 조치로도 국민의 건강을 개선시켜 사망률을 낮추고 삶의 질을 높일 수 있습니다. 공공 위생 문제를 다루어본 사람이라면 이런 제안에 누구도 이의를 제기하지 않으리라 생각합니다.

미국처럼 부유한 나라에서 영양실조는 큰 문제가 아니라고 생각하는 사람이 많습니다. 하지만 의외로 상당수의 사람이 영양실조로 고통받고 있습니다. 세계에서 가장 권위 있는 영국의 의학전문지 《란세트》가 최근에 지적한 바에 따르면, 뉴욕 어린이의 40퍼센트가 빈곤선 이하에서 살고 있습니다. 그렇게 많은 아이가 영양실조와 빈곤으로 고통받고 있습니다. 물론 사망률도 타지역에 비해 월등히 높습니다. 설령 어린 시절을 어렵게 넘기더라도 그들은 평생 동안 건강 문제에 시달리며 살아야 합니다.

2년 전에 《뉴잉글랜드저널 오브 메디신 _The New England Journal of Medicine_》은 할렘의 흑인 남성이 방글라데시와 비슷한 사망률을 보인다고 지적했습니다. 원인은 가장 기본적인 공공 위생과 사회적 조건을 갖추지 못한 곳에서 이들이 힘들게 살고 있기 때문입니다.

— 일부의 학자들은 유방암과 전립선암의 증가를 환경오염과 섭생, 첨가제와 방부제의 사용 증가에 연결시키고 있습니다. 이런 주장에 대해 선생님은 어떻게 생각하십니까?

— 틀림없이 어떤 요인이 있을 것입니다. 하지만 그 요인이 얼마나 심각한 것인지에 대해서는 자신 있게 말할 수 없습니다.

— 자연식품이나 유기농산물 운동에는 관심 있으세요?

— 물론입니다. 식품의 질에 대한 관심은 반드시 있어야 한다고 생각합니다. 국민 전체의 건강과도 밀접한 관계가 있는 문제이니까요. 좋은 물을 마시고 하수를 적절히 처리하며, 국민 모두에게 넉넉한 음식을 공급하는 문제와 크게 다르지 않습니다.

크게 보면 이런 모든 문제가 같은 맥락에 있습니다. 첨단 의학이 필요한 것이 아닙니다. 그저 삶의 기본적인 조건입니다. 여기에 오염되지 않은 음식의 섭취가 포함되는 것은 당연한 논리입니다. 이처럼 국민 전체의 건강에 관련된 문제가 삶의 질과 사망률을 좌우하는 결정적인 요인입니다.

분배의 불평등과 범죄

— 지역 텔레비전 뉴스를 분석해보면 몇 년 전부터 범죄, 강간, 납치 등 폭력적인 사건을 집중적으로 보도하는 경향을 띠고 있습니다. 그런데 이런 현상이 전국망을 지닌 텔레비전 방송사의 뉴스에까지 확대되는 듯합니다.

— 사실입니다. 하지만 그것은 표면적인 현상일 뿐입니다. 그런데 폭력적인 범죄에 그렇게 관심을 쏟는 이유가 무엇일까요? 대다수 국민의 수입이 적잖게 감소하고 건설적인 일에 참여할 기회가 줄어든 것과 관계가 있지 않을까요?

하지만 사회 붕괴 현상이 눈에 띄게 늘어난 이유와 대부분의 자원이 국민 전체에게 골고루 분배되지 않고 소수의 부자와 특권층에 집중되는 이유를 심각하게 생각할 때에야 비로소 범죄가 급증한 원인이나 그런 현상을 해결할 방법을 모색할 수 있습니다.

지난 20~30년 동안 불평등이 심화되었습니다. 레이건 시절에 이런 불평등 현상이 더욱 가속화되었습니다. 미국이 제3세계처럼 변해갑니다.

그 결과로 범죄율이 급증했습니다. 사회 붕괴를 뜻하는 다른 징조들도 나타났습니다. 대부분의 범죄가 가난한 사람들끼리의 다툼입니다. 하지만 이런 다툼이 특권층에게도 번지고 있습니다. 사회가 극도로 위험한 공간으로 변하면서 모두가 전전긍긍하며 살아갑니다. 당연한 결과입니다.

이 문제에 건설적으로 접근하려면 근본 원인부터 파헤쳐야 합니다. 하지만 부자를 위한 복지국가를 지향하는 사회정책이 계속되고 있어 해결책을 기대하기가 어렵습니다.

현재의 조건에서 정부가 기댈 수 있는 유일한 대응책은 시민의 자유를 침해하고 가난한 사람들을 힘으로 억압하여 범죄에 대한 공포심을 조장하는 것입니다.

— '스매시 앤드 그랩smash and grab'이란 말을 들어보셨습니까? 예컨대 선생님의 자동차가 교통 정체로 또는 신호등 앞에 서 있을 때 강도가 순간적으로 달려들어 자동차 유리를 깨고 손가방이나 지갑을 훔쳐 달아나는 강도질을 뜻하는데요.

— 보스턴 인근에서도 똑같은 강도질이 벌어지고 있습니다. 요즘 들어 '착한 사마리아인 강도질good Samaritan robbery'이라고 불리는 새로운 수법도 등장했

현재의 조건에서 정부가 기댈 수 있는 유일한 대응책은
시민의 자유를 침해하고 가난한 사람들을 힘으로 억압하여
범죄에 대한 공포심을 조장하는 것입니다.

습니다. 예컨대 고속도로에서 타이어가 펑크난 것처럼 꾸밉니다. 누군가가 도와주려고 자동차를 멈추면 곧바로 강도질을 하는 방식입니다. 자동차를 빼앗기고 두들겨 맞는 것으로 끝나면 운이 좋은 편입니다. 운이 나쁘면 목숨까지 잃어야 하니까요.

원인은 지난 25년 동안 지속된 사회의 양극화에 있습니다. 이로 인해 많은 사람이 소외되고 말았습니다. 소외 계층은 부의 생산, 즉 이익 창출에 아무런 도움을 주지 못합니다. 게다가 시장 체제에서는 스스로의 힘으로 얻어낼 수 있는 정도에 따라 인권이 좌우된다는 이데올로기가 팽배해지면서, 이들은 인간다운 대우조차 받지 못합니다.

점점 많은 사람이 조직에서 밀려납니다. 하지만 건설적이고 긍정적인 방향으로 대응할 수단이 이들에게는 없습니다. 따라서 다른 대응책을 찾게 되고, 그 대응책이란 것은 거의 언제나 폭력적 성향을 띱니다. 게다가 대중문화가 폭력을 미화하고 조장하는 경향을 띠니 더욱 걱정스러울 뿐입니다.

— 사회정의에 대해 하고 싶은 말이 많으시리라 생각합니다. 클린턴 정부가 제출한 범죄 법안에 대해 어떻게 생각하십니까? 경찰을 10만여 명 정도 증원하고, 청소년 범죄자를 위한 수용소를 건설하며, 교도소 신설에 많은 돈을 투자할 것이라고 합니다. 게다가 50여 개의 범죄에 사형선고를 허용할 뿐 아니라 폭력 조직을 연방 차원의 범죄로 다스릴 예정입니다. 특히 수정헌법에 기록된 결사의 자유를 감안할 때 폭력 조직을 연방 차원에서 다룬다는 것은 문제가 있다는 의견이 있습니다.

— 하지만 클린턴의 범죄 법안을 극우에서는 최고의 대對범죄 법안이라며

환영했습니다. 역사상 유래가 없는 이례적인 것임에는 틀림없습니다. 이로 인해 범죄를 억제하는 데 필요한 연방 지출이 대여섯 배 정도 증가하리라 예측됩니다.

하지만 이 법안에서 건설적인 억제책은 찾을 수 없습니다. 교도소를 늘리고 경찰을 증강하며, 범죄에 더 무거운 형을 내리고 사형선고를 허용하면서 새로운 형태의 범죄에 대응하겠다는 계획이 전부입니다. 게다가 삼진 아웃제로 범죄를 3회 이상 저지르면 사회에서 퇴출시키겠다는 전대미문의 법안입니다.

사람들이 억압과 사회적 불평등을 어느 정도까지 용인할지는 아무도 모릅니다. 따라서 이들을 도심의 빈민굴에 몰아넣어 서로 싸우게 만드는 것도 한 방법일 수 있습니다. 빈민굴이요? 강제수용소와 다를 바 없지 않습니까! 하지만 빈민굴을 빠져나와 부자와 특권층의 이익에 치명타를 가할 방법이 없는 것은 아닙니다. 그 때문에 교도소를 세우는 것입니다. 게다가 교도소 신설은 경제를 활성화시키는 자극제가 될 수도 있으니까요.

클린턴이 이번 범죄 법안을 중요한 사회적 안건으로 채택한 이유가 있습니다. 범죄에 대한 히스테리적 반응을 불러일으키려는 추악한 정치적 이유도 있지만, 클린턴이 소속된 민주당의 새로운 정책 방향, 즉 기업계에 경도된 신민주당원들의 철학을 그대로 반영하기 때문입니다.

— 사형 제도를 찬성하십니까?

— 사형은 범죄입니다. 이 점에서 나는 국제사면위원회의 주장에 전적으로 동의합니다. 게다가 대부분의 사람들이 사형을 반대하지 않습니까! 국민의

생명을 빼앗을 권리까지 국가에 부여된 것은 절대 아닙니다.

그럼 국가가 마약 거래를 단속할 권리가 있다고 생각하십니까?

— 아주 복잡한 문제입니다. 여기에서 간단히 대답할 성격의 문제가 아닙니다. 하지만 마리화나와 코카인을 같은 차원에서 다루어서는 안 됩니다. 마리화나는 코카인처럼 치명적인 마약이 아니기 때문입니다. 물론 마리화나가 좋은지 나쁜지에 대해서는 충분히 토론할 수 있겠지만, 약 6,000만 명이 마리화나를 상용한다는 통계 수치를 감안한다면 알려진 만큼 과도한 남용은 거의 없다고 생각합니다. 결국 마리화나를 범죄시하는 것은 마약에 대한 우려 말고 다른 이유가 있다고 생각합니다.

물론 중독성이 강한 마약은 매우 유해합니다. 이런 이유로 마리화나처럼 중독성이 없는 마약까지 금지시키는 것입니다. 하지만 사회 전반에 미치는 영향으로 볼 때, 인간을 죽음으로 몰아가는 담배와 술의 유해성에 비한다면 중독성이 강한 마약의 유해성은 사실 아무것도 아닙니다.

그런데 중독성이 강한 마약의 거래에서 이익을 챙기는 사람들이 있습니다. 이들을 위해 돈세탁을 해주는 은행들, 마약을 생산하는 데 필요한 화학약품을 만들어내는 대기업들입니다. 결국 이런 은행과 대기업이 도심의 빈민굴에서 살아가는 사람들의 돈을 갈취하는 셈입니다. 한마디로 모든 것이 이해관계로 얽혀 있습니다.

총기 자유화와 프로파간다

— 총기 휴대의 자유화를 주장하는 사람들은 "잘 규율된 민병대는 자유로운 주의 안보에 필요하므로 무기를 소장하고 휴대하는 인민의 권리는 침해될 수 없다"는 수정헌법 2조를 근거로 내세웁니다. 수정헌법 2조가 총기의 자유로운 휴대까지 허용한다고 생각하십니까?

— 문자 그대로 해석한다면 수정헌법 2조는 누구에게도 총기의 휴대를 허용하지 않습니다. 하지만 법은 결코 문자 그대로 해석되지 않습니다. 헌법이나 인권법도 예외일 수 없습니다. 법은 시대 흐름에 따라 해석이 얼마든지 달라질 수 있습니다.

하지만 총기에 대한 논쟁에는 심각한 문제가 도사리고 있습니다. 미국인은 누군가에게 공격받을지도 모른다는 두려움을 안고 살아갑니다. 공격자가 누군인지도 모른 채 그저 공격받는다는 막연한 느낌에 사로잡혀 있습니다.

불공평하더라도 정부는 국민의 안위를 책임지고 있는 유일한 권력 구조입니다. 따라서 기업계는 정부를 국민의 적으로 만들고 싶어 합니다. 기업계는 국민에게 아무런 책임도 지지 않으면서도 결코 국민의 적이 아니라고 선전합니다. 실제로 수십 년 동안 기업계의 집중적인 프로파간다 탓에 미국인은 정부를 일종의 적이라 생각하며 정부의 횡포에서 스스로를 보호해야만 한다고 착각하기에 이르렀습니다.

물론 기업계의 프로파간다가 전적으로 불합리한 것만은 아닙니다. 사실 정부는 권위적이며 대다수 국민에게 불편을 안겨주고 있습니다. 하지만 정부는 국민 여론에 부분적으로나마 영향을 받습니다. 어떤 의미에서는 크게 영향을 받습니다.

총기 휴대를 찬성하는 사람들 대다수가 마음 한구석에 정부에 대한 두려움을 떨쳐내지 못하고 있습니다. 하지만 이런 생각은 실질적인 문제를 파악하기 못한 어리석은 대응책일 뿐입니다.

— 그런데 언론이 미국인에게 공격의 위험을 과장되게 조장하는 것은 아닐까요?

— 심도 있게 분석해보면 언론은 정부가 적이라는 선입견을 조장하는 데 일익을 담당합니다. 또한 권위적이고 독재적인 제도적 장치에 몸을 감춘 실질적인 권력자들, 즉 국제적인 규모로 성장한 기업들이 우리 경제를 주무르고 우리의 사회적 삶까지 좌우한다는 사실을 언론이 교묘하게 은폐시키고 있습니다. 엄격하게 따지고 보면 기업계가 설정한 범위 내에서 정부가 운영되고 있습니다. 한마디로 기업계가 정부를 지배한다고 말해도 과언이 아닙니다.

언론이 제시하는 그림은 언제나 똑같습니다. 따라서 국민은 자신에게 고통을 주는 실질적인 권력자가 누구인지 모릅니다. 이 때문에 기업계가 의도한대로 국민은 정부에 화살을 돌리는 것입니다.

국민이 총기 휴대를 반대할 명분은 얼마든지 있습니다. 하지만 연방준비제도이사회에서 외교관계협의회까지, 또한 이름만 대면 알 만한 정부 기관에 이르기까지, 막강한 힘을 지닌 세력에게 위협받고 있다고 생각하는 집단이 적지 않습니다. 국민은 스스로를 보호하겠다는 이유로 총기를 요구하는 것입니다.

총기 규제에 대해 한 말씀드리겠습니다. 저는 미국이 점점 제3세계처럼 변하고 있기 때문에 총기 휴대를 금지시킬 명분이 없다고 생각합니다. 주변을 둘러보면 안타까운 제3세계 국가들이 많습니다. 그런 나라들의 국민들이 무기를 가졌다면 지금처럼 패덕한 정부가 가능할 수 있겠습니까? 따라서 총기 규제를 찬성하는 것은 근시안적인 생각입니다. 정부는 결코 인자하지 않다는 사실을 깨달아야 한다고 생각합니다.

— 대부분의 국민이 착각하는 점을 정확히 지적해주셨습니다. 맞습니다! 정부는 결코 인자하지 않습니다. 사실입니다. 정부는 부분적으로만 책임을 질 뿐입니다. 우리가 어떻게 행동하느냐에 따라서 정부의 인자함이 달라집니다.

그런데 정말로 인자하지 않은 것, 어찌 보면 우리에게 엄청난 피해를 안겨주는 것은 따로 있습니다. 바로 기업의 힘입니다. 기업은 다국적기업으로 변해가지만 모든 힘은 중앙에 집중되어 있습니다. 기업은 눈꼽만큼도 인자하지 않습니다. 게다가 아무런 책임도 지지 않습니다. 우리 삶에 엄청난 영향을 미치는 독재 체제로 운영됩니다. 정부가 국민에게 인자할 수 없는 이유도 바로 기업계의 횡포 때문입니다.

총기 휴대가 이런 상황에 대처할 수 있는 방법이라 생각한다면 착각입니다. 무엇보다 미국은 허약한 제3세계 국가가 아닙니다. 국민이 권총을 가지면 정부는 탱크를 가질 것입니다. 국민이 탱크를 가지면 정부는 원자폭탄을 가질 것입니다. 정당방위에 의한 폭력이 도덕적으로 인정되더라도 이런 문제를 폭력으로 해결하려고 해서는 안 됩니다.

국민의 손에 총을 쥐어준다고 미국이 더 살기 좋은 나라가 되는 것은 아닙니다. 오히려 더 야만적이고 더 무자비하며 더 파괴적인 나라로 전락하고 말 것입니다. 총기 규제를 반대하는 사람들의 이유를 들어보면, 안타깝게도 이들이 큰 착각을 하고 있다는 생각을 떨칠 수가 없습니다.

미국의 제3세계화

— 미국통계국이 최근에 발표한 자료에 따르면 노동하는 빈곤층, 즉 직장에 다니지만 빈곤선을 벗어나지 못하는 워킹푸어$^{Working\ poor}$가 50퍼센트 증가했다고 합니다.

— 미국이 제3세계로 전락해가고 있다는 증거 중 하나입니다. 실업률의 증가와 임금 하락이 제3세계의 특징입니다. 실제로 1960년대 말 이후로 실질임금이 하락하고 있습니다. 1987년 이후로는 대학 교육을 받은 사람들의 실질임금까지도 하락하는 실정입니다. 놀라운 변화가 아닐 수 없습니다.

앞으로 경기가 회복되리란 전망이 있었습니다. 경기가 꾸준히 회복되고 있는 것은 사실입니다. 하지만 회복률은 제2차 세계대전 이후 불경기에서 벗어날 때의 절반에 못 미쳤고, 일자리 창출률은 그 3분의 1에도 못 미쳤습니다. 더구나 과거의 회복기와는 달리 일자리가 저임금 노동직이었고 그것마저도 대부분 임시직이었습니다.

그런데도 이런 현상은 '노동시장의 유연성 증가'라는 말로 미화되었습니다. 유연성이 곧 개혁, 즉 좋은 것을 뜻하는 단어로 둔갑했습니다. 하지만 유연성은 불안정을 뜻할 뿐입니다. 저녁에 잠자리에 들면 아침에 일자리가 사라졌을지도 모른다는 뜻입니다. 하지만 경제학자들은 이런 것이 경제에 좋은 것이라고 이구동성으로 주장합니다. 결국 그들이 말하는 경제는 이익 창출을 뜻할 뿐입니다. 삶의 질을 뜻하는 것이 아닙니다.

저임금도 일자리의 불안정을 부추기는 한 원인입니다. 저임금은 인플레이션율을 낮추는 효과가 있어 돈을 가진 사람들, 즉 채권 소유자들에게 유리한 조건을 만들어줍니다. 기업의 이익은 급증하지만 대다수 국민에게 미래는 암울한 잿빛입니다. 미래에 대한 희망이 없을 때, 건설적인 사회적 행위가 없을 때, 암울한 현실은 폭력을 유발하기 십상입니다.

— 선생님이 그렇게 말씀하시니 눈이 번쩍 뜨이는 것 같습니다. 실제로 노동 현장에서 무차별 살인 사건이 벌어집니다. 우체국과 패스트푸드 식당에서 종업원이 아무것도 아닌 이유로, 혹은 해고당했다는 이유로 동료와 손님 들에게 무차별적으로 총기를 난사한 사건이 기억납니다.

— 실질임금이 답보 상태이거나 하락할 뿐 아니라 노동조건도 점점 열악해집니다. 노동시간을 예로 들어볼까요? 하버드의 경제학 교수, 줄리 쇼어는 2년 전에 이 문제를 다룬 《과도한 노동에 시달리는 미국인 *The overworked American*》이란 중요한 책을 출간했습니다. 내 기억이 맞다면, 이 책이 써진 1990년경에 미국 노동자가 1970년의 실질임금을 유지하려면 연간 6주 가량을 초과로 일해야 했습니다.

노동시간이 증가하면서 노동조건이 한층 가혹해지고 일자리도 더욱 불안해집니다. 여기에서 노동조합까지 쇠퇴하면서 노동자의 권익을 지켜줄 수단마저 상실한 실정입니다. 레이건 시대에 이익을 극대화한다는 이유로,

노동 현장의 사고에서 노동자들을 최소한으로나마 보호해주던 정부 정책마저 대폭 줄어들었습니다. 노동조합과 같은 건설적인 대안이 마련되지 않는다면 이런 상황이 언제 폭력으로 변할지 모릅니다.

노동조합

― 하버드의 엘레인 버나드 교수와 노동조합 간부인 토니 마조키가 노동자에 기반을 둔 새로운 정당의 창당에 대해 깊은 이야기를 나눈 적이 있습니다. 선생님은 이런 정당의 출현을 어떻게 생각하십니까?

― 상당히 중요한 의미가 있다고 생각합니다. 미국은 심각할 정도로 비정치화되고 있을 뿐 아니라 부정적인 방향으로 흘러가고 있습니다. 거의 절반 정도의 국민이 공화당과 민주당 모두 해체되어야 한다고 생각합니다. 현재의 정치와 사회보장제도가 국민 대다수를 만족시키지 못하기 때문에, 국민의 불만을 실질적으로 대변해줄 새로운 제도적 장치가 필요하다는 뜻입니다.

노동조합은 그동안 사회의 민주화와 발전에 중대한 역할을 해왔습니다. 실제로 사회를 끌어온 중요한 원동력이기도 했습니다. 하지만 노동자에 기반을 둔 정당을 통해 정치 제도와 연계되지 않는다면 노동조합이 할 수 있는 일에 한계가 있게 마련입니다. 예를 들어 건강보험을 생각해볼까요?

과거에 미국의 강력한 노동조합들은 전체 노동자를 대신해서 상당히 합리적인 건강 관련 보장책을 얻어냈습니다. 하지만 노동조합들이 정치권에게 떨어져 나와 독립적으로 활동하기 시작하면서 국민 모두를 위한 건강보험 제도를 만들어내는 데 소홀했습니다. 하지만 캐나다를 보십시오! 캐나다의 노동조합들은 노동자에 근간을 둔 정당들과 연계함으로써 국민 모두를 위한 건강보험 제도를 정착시켰습니다.

미국과는 극명한 차이를 보여주는 것으로 정치적 성향을 띤 민중 운동, 즉 노동운동이 이루어낸 결실이 아닐 수 없습니다. 물론 요즘은 산업 노동자가 노동력의 핵심이고 다수인 시대는 아닙니다. 하지만 똑같은 문제가 여전히 제기되고 있습니다. 따라서 나는 버나드와 마조키가 올바른 길을 선택한 것이라고 생각합니다.

— 어제가 5월 1일, 즉 노동절이었습니다. 노동절에 어떤 역사적 의미가 있는지요?

— 노동절은 전 세계의 노동자가 거의 100년 이상 전부터 휴일로 삼고 있습니다. 노동절은 1880년대 가혹한 노동조건에 시달린 미국 노동자들이 하루 여덟 시간의 노동을 쟁취하기 위해 연대한 것으로 시작되었습니다. 그런데 오늘날 미국은 옛 선배들이 이루어낸 노동자 연대의 날을 거의 잊은 몇 안 되는 나라 중 하나로 전락하고 말았습니다.

오늘 아침 《보스턴글로브 *The Boston Globe*》에서 '보스턴의 노동절 축전'이란 제목의 조그만 기사를 보았습니다. 나는 깜짝 놀랐습니다. 미국에서, 그것도 보스턴에서 이런 기사를 읽을 수 있으리라곤 생각지도 않았기 때문입니다. 실제로 노동절 축전이 있었습니다. 하지만 최근에 이곳으로 이주해온 라틴 아메리카와 중국의 노동자들이 개최한 축전이었습니다.

기업계가 미국의 이데올로기로 내세운 효율성이 보여준 극적인 예였습니다. 또한 기업계의 프로파간다와 세뇌가 우리에게서 얼마나 효율적으로 권리와 역사에 대한 인식을 빼앗아 갔는가를 보여준 극적인 사례이기도 했습니다 미국 노동자들의 연대로 시작돼 전 세계 노동자들의 축전을 이곳에서 재현시키는 데 라틴아메리카와 중국의 가난한 노동자들이 오기만을 기다려야 했던 것입니다.

— 《뉴욕타임스》의 칼럼을 통해 앤서니 루이스는 "유감스럽게도 미국의 노동조합은 점점 영국의 노동조합을 닮아가는 듯하다 … 현실을 인식하지 못한 채 역사의 수레바퀴를 뒤로 돌리려는 듯하다 … 노동조합들이 민주당의 하원의원들에게 NAFTA에 반대하라고 압력을 가하며 사용한 노골적이고 위협적인 전술들이 대표적인 증거이다"라고 썼습니다.

— 루이스의 칼럼을 잘 정리해주었습니다. 그런데 그의 표현대로 "노골적이고 위협적인 전술들"이 무엇인지 아십니까? 노동조합들이 자신들의 이익을 대변해줄 대표단을 국회에 보내려고 한 것뿐입니다. 그런데 엘리트들의 기준에 따르면 이런 행위마저도 민주주의에 대한 공격인 것입니다. 정치는 부자와 권력자가 주물럭거려야 하는 것이기 때문입니다.

기업계의 로비에 비하면 노동조합의 로비는 아무것도 아닙니다. 이 둘을 동일한 기준에서 평가해서는 안 됩니다. 노동조합의 로비를 반민주적인 행위로 여겨서는 안됩니다. 그런데 루이스가 NAFTA를 통과시키려는 기업계의 로비를 비난하는 칼럼을 본 적이 있습니까?

— 하기사 그런 칼럼은 읽지 못했습니다.

— 나도 읽지 못했습니다.

투표 전날 팽팽한 긴장감이 흘렀습니다. 《뉴욕타임스》는 루이스의 칼럼 내용을 그대로 복사한 듯한 사설을 내놓았습니다. 게다가 NAFTA를 반대할 것으로 예상되는 뉴욕 지역의 의원 명단까지 나열하며 이들이 노동계에서 받은 기부금까지 공개했습니다. 또한 노동계가 정치에 미치는 영향에 대한 문제점을 부정적인 측면에서 부각시키면서 이 의원들이 과연 정직한 정치인이라 할 수 있느냐고 물었습니다.

나중에 그 의원들이 지적했듯이 《뉴욕타임스》는 기업계가 자신들이나 다른 의원들에게 기부한 헌금에 대해서는 함구했습니다. 물론 《뉴욕타임스》의 광고주들과 이들의 NAFTA에 대한 입장을 설명한 기사는 한 줄도 없었습니다.

NAFTA의 투표일이 임박했을 때 《뉴욕타임스》의 해설가들과 논설위원들이 보여준 히스테리는 그야말로 가관이었습니다. 이들은 '계급 노선class line'이란 표현까지도 서슴지 않고 사용했습니다. 적어도 내가 알기에 《뉴욕타임스》는 예전에 그런 표현을 사용한 적이 없습니다. 미국에 계급 노선이 있다고 믿으십니까? 하지만 그때는 이 문제가 정말로 심각하게 다루어졌습니다. 목적을 관철하기 위해서는 어떤 방법이라도 동원하는 세상이 되었습니다.

결과가 아주 흥미롭습니다. 최근의 여론조사에 따르면 응답자의 70퍼센트가 NAFTA에 반대한 노동운동을 잘못된 것이라 대답했습니다. 하지만 응답자들은 노동조합과 똑같은 입장을 취했던 것으로 드러났습니다. 그런데 이들이 NAFTA에 반대한 노동운동을 잘못된 것이라 응답한 이유가 무엇일까요?

그 이유를 설명하기란 그다지 어렵지 않습니다. 언론이 노동조합의 주장을 제대로 보도하지 않았기 때문입니다. 노동조합의 전술에 대한 히스테리적 반응들로 언론의 지면을 꽉 채웠기 때문입니다.

민주주의 파괴의 첨병, CIA

— 민주 사회에서 CIA의 역할을 어떻게 정립해야 하겠습니까? 민주 사회에 CIA가 존재한다는 자체가 모순이라고 생각지는 않으십니까?

— 순순히 첩보를 수집하는 역할에 그치는 조직이라면 민주 사회에서도 충분히 용납될 수 있습니다. 하지만 첩보 수집은 CIA의 역할에서 극히 미미한 부분일 뿐입니다. CIA의 주된 목표는 행정부를 위해 비밀스런 작전, 게다가 대부분의 경우 불법적인 작전을 수행하는 것입니다. 국민이 그런 행동이나 작전을 용납하지 않을 것이기 때문에 행정부는 이를 감추고 싶어 하는 것입니다. 심지어 미국 내에서도 CIA는 극히 비민주적입니다.

CIA가 수행하는 작전은 대체로 민주주의를 파괴하는 활동입니다. 1960년대부터 1970년대 초까지 칠레에서 벌인 작전이 대표적인 예입니다. 결코 유일한 예는 아닙니다. 대부분의 국민이 닉슨과 키신저가 CIA의 작전에 깊숙이 개입한 것으로 알고 있지만 케네디와 존슨도 예외가 아니었습니다.

— CIA는 국가정책 기구입니까, 아니면 자체로 독립된 정책을 세우는 기구입니까?

— 단정 지어 말하기는 힘듭니다. 하지만 내 생각에 CIA는 행정부의 통제 하에 있습니다. 나는 지금까지 상당히 많은 사례를 폭넓게 연구했습니다만, CIA가 단독으로 작전을 수행한 경우는 거의 찾을 수 없었습니다.

CIA가 비밀스런 조직으로 독립된 정책을 지닌 기구처럼 보이는 것은 사실입니다. 하지만 그것은 행정부가 관련 사실을 집요하게 부인하기 때문입니다. 행정부는 CIA에게 "루뭄바를 살해하라, 브라질 정부를 전복시켜라, 카스트로를 암살하라"라고 명령했다는 자료가 세상에 돌아다니는 것을 원치 않습니다.

따라서 행정부는 '관련 사실 부인 정책'을 충실하게 지킵니다. 즉 CIA에게 뭔가를 하라는 지시를 내리지만 그에 관련된 문서나 기록을 전혀 남기지 않는 수법입니다. 따라서 나중에 사실이 드러나더라도 모든 것을 CIA가 단독으로 수행한 것처럼 보입니다. 하지만 어떤 사건이라도 철저하게 추적해보면 CIA가 단독으로 수행한 작전은 하나도 없으리라 생각합니다.

언론과 경제 권력

— 언론과 민주주의의 관계에 대해 이야기를 나눠보겠습니다. 선생님은 민주 사회에 반드시 필요한 의사소통의 조건을 무엇이라고 생각하십니까?

― 이 점에서 나는 애덤 스미스와 생각이 같습니다. 평등을 향한 노력이 있어야 한다고 생각합니다. 기회의 평등만이 아니라 실질적인 평등이 보장되어야 합니다. 즉 모든 인간이 정보에 평등하게 접근할 수 있고, 그렇게 수집한 정보를 바탕으로 의사결정을 내릴 수 있어야 합니다. 따라서 민주적인 의사소통 구조는 대중의 폭넓은 참여를 보장하고 공공의 이익을 반영하는 것이어야 합니다. 또한 진실과 성실과 발견이라는 실질적 가치를 반영할 수 있어야 합니다.

― 밥 맥체스니는 최근에 발표한 책《텔레커뮤니케이션, 매스미디어 그리고 민주주의*Telecommunications, Mass Media and Democracy*》에서 1928년부터 1935년까지 미국에서 벌어진 라디오 통제에 대한 논쟁을 자세히 다루었습니다. 대체 그 '전쟁'은 어떻게 벌어진 것입니까?

― 아주 흥미로운 주제를 다루었다는 점에서 맥체스니는 중요한 일을 해냈습니다. 오늘날에도 우리는 '정보 고속도로'라고 일컬어지는 것과 유사한 전쟁을 벌이고 있기 때문에 무척이나 시의 적절한 연구물이라 할 수 있습니다.

1920년대에, 인쇄기의 발명 이후로 매스커뮤니케이션을 가능하게 해준 주된 수단이 등장했습니다. 바로 라디오였습니다. 라디오는 고정된 청취권을 갖기 때문에 제한된 수단인 것은 부인할 수 없는 사실입니다. 그래도 정부가 라디오를 통제할 것이란 생각은 누구나 쉽게 할 수 있었습니다. 다만 문제는 '정부가 어떤 형태로 규제할 것이냐?'라는 것이었습니다.

정부는 대중의 참여가 보장된 공영 라디오를 선택할 수 있었습니다. 이런 방식을 택한다면 사회가 민주화된 만큼 민주화된 공영 라디오를 가질 수 있으니까요. 따라서 소련의 공영 라디오는 전체주의적 색깔을 띠었고 캐나다나 영국의 공영 라디오는 부분적이나마 사회가 민주화된 만큼의 민주적인 모습을 보여줍니다.

하여간 전 세계에서 비슷한 논쟁이 벌어졌습니다. 적어도 라디오를 마음 놓고 선택할 수 있는 부유한 나라들에서는 이런 논쟁이 있었습니다. 그리고 거의 모든 나라에서 공영 라디오 방송을 선택했습니다. 내가 알기로는 예외가 없었습니다. 하지만 미국은 민영 라디오 방송을 선택했습니다. 물론 100퍼센트는 아니었습니다. 누구나 소규모 라디오 방송국을 차릴 수 있었기 때문입니다. 예컨대 대학 구내를 청취권으로 한 대학 라디오 방송국도 가능했습니다. 하지만 실질적으로 미국의 모든 라디오 방송국은 힘 있는 민간 기업의 손에 넘어가고 말았습니다.

맥체스니의 지적처럼 이런 흐름에 거센 저항이 있었습니다. 종교 단체와 노동조합 그리고 시민 단체가 미국도 다른 나라들과 같은 선택을 해야 한다고 주장했습니다. 그러나 미국은 기업이 지배하는 나라입니다. 결국 이들의 저항은 실패로 돌아가고 말았습니다.

더욱 놀라운 사실은 기업이 이데올로기 전쟁에서도 승리를 거두었다는 사실입니다. 라디오를 민간 기업에 넘긴다는 것은 시장 논리에 따라 국민에게 선택권을 주는 것이기 때문에 그것이 민주주의의 실현이라는 주장이었습니다. 민주주의의 개념을 왜곡한 해석입니다. 왜냐고요? 당신의 힘은 당신이 소유한 달러에 의해 결정되기 때문입니다. 또한 국민에게 선택권을 준다고 하지만, 선택의 대상들이 권력자들에 의해 결정되기 때문입니다. 하지만 기업계의 주장은 폭넓은 호응을 얻었습니다. 자유주의자들마저도 기업계의 주장을 민주적인 해결책으로 인정했습니다. 그 결과로 1930년대 중반쯤 '게임'은 실질적으로 끝나고 말았습니다.

그로부터 10년 후 텔레비전이 등장하면서 똑같은 싸움이 재현되었습니다. 적어도 미국을 제외한 세계의 다른 국가들에서는 치열한 논쟁이 있었습니다. 하지만 미국에서는 전투다운 전투가 없었습니다. 어떤 갈등도 없이 텔레비전은 완전히 민영화되었습니다. 거듭 말하지만 대부분의 다른 나라, 아마도 미국을 제외한 모든 나라에서 텔레비전은 공공방송으로 시작했습니다.

1960년대에 들자 다른 나라에서도 텔레비전과 라디오가 부분적으로 민영화되었습니다. 미국처럼 중앙집권적 구조를 지닌 민간 기업이 라디오와 텔레비전의 공공성을 조금씩 무너뜨리기 시작했습니다. 반면에 미국에서는 공영 라디오와 텔레비전이 희미하게나마 태동하기 시작했습니다.

적어도 내가 알기에, 이에 대한 이유는 심도 있게 연구된 적이 없었습니다. 하지만 민영 방송국들이 프로그램의 일부를 공공의 목적에 할애해야 한다는 연방통신위원회의 요구를 귀찮게 생각한 까닭에 공영 방송국이 탄생한 것이라 여겨집니다. 실제로 CBS는 이런 법적 조건을 어떻게 만족시켜야 할 것인가에 대한 자료를 수집하는 데 상당히 많은 직원을 고용해야 했습니다. 한마디로 연방통신위원회의 요구는 목에 걸린 가시와도 같은 것이었습니다.

마침내 민영 방송국들은 이런 짐을 덜어낼 묘안을 생각해냈습니다. 자금력이 부족한 소규모 공영 방송국의 설립을 인정해주자는 것이었습니다. 이런 제안과 더불어 연방통신위원회의 족쇄에서 자신들을 풀어달라고 요구했습니다. 이렇게 해서 국립공영라디오[NPR]와 미국공영방송[PBS]이 탄생한 것입니다. 지금은 이런 공영 방송국들마저도 기업 자금에 손을 벌리고 있지만 말입니다.

— 점입가경입니다. 요즘 들어서는 PBS가 '석유 방송국'이란 비아냥까지 듣고 있지 않습니까!

— 계급의식이 강한 기업계의 이해관계와 힘이 반영된 결과입니다. 기업계는 언제나 치열한 계급 전쟁을 벌이니까요. 이런 문제가 인터넷을 비롯한 새로운 쌍방향 커뮤니케이션 기술에서도 일어나고 있습니다. 우리는 다시 한 번 똑같은 갈등을 겪게 될 것입니다. 어쩌면 벌써 싸움이 시작되었을지도 모릅니다.

솔직히 말해서, 장기적으로 볼 때 우리에게는 어떤 희망도 없습니다. 상업적으로 운영되는 라디오는 분명한 목적을 띠고 있습니다. 즉 그 방송국을 소유하고 관리하는 사람들이 결정한 목표입니다.

앞에서도 언급했듯이 그들은 의사 결정자나 참여자를 원치 않습니다. 다만, 소극적이고 순종적인 소비자를 원할 뿐입니다. 정치적 방관자를 원할 뿐입니다. 파편화되고 소외되어 제한된 자원들마저도 결집시키지 못하는 사람들, 권력자에게 독설을 퍼부으며 도전할 정도로 독립적이고 강력한 힘을 갖지 못할 사람들을 원할 뿐입니다.

— 그렇다고 소유자가 항상 내용을 결정하는 것일까요?

— 장기적인 관점에서는 그렇습니다. 내용이 소유자가 용납할 수 있는 수

투자자들은 텔레비전 스튜디오까지 내려가지 않고도,
그들이 원하는 대로 토크쇼의 사회자를 움직일 수 있습니다.
훨씬 교묘하고 복잡한 메커니즘을 이용해서 방송 관계자들을
소유자와 투자자가 원하는 방향으로 확실하게
끌어갈 수 있습니다.

준을 넘어선다면 틀림없이 이를 제한하려고 나설 테니까요. 하지만 어느 정도 융통성은 있을 것입니다.

투자자들은 텔레비전 스튜디오까지 내려가지 않고도, 그들이 원하는 대로 토크쇼의 사회자를 움직일 수 있습니다. 훨씬 교묘하고 복잡한 메커니즘을 이용해서 방송 관계자들을 소유자와 투자자가 원하는 방향으로 확실하게 끌어갈 수 있습니다. 예컨대 소유자의 가치관에 따라 움직여주는 사람만을 관리자, 편집자 등으로 승진시키는 방법입니다.

그런데도 그들은 상당히 자유로운 존재라고 생각할 수 있습니다. 예컨대 톰 위커처럼 자유롭고 독립적인 존재라고 떠들어대는 사람을 생각해보십시오. 그는 "누구도 내게 뭘 하라고 말하지 못해. 나는 내 생각대로 말할 뿐이야. 우리 회사는 완전한 자유가 보장된 곳이야!"라고 주장합니다.

물론 그에게는 그렇게 보일 수도 있습니다. 그의 상관들이 흡족해할 정도로 그들의 가치관에 동조한다는 것을 증명해보였기 때문에 그는 원하는 것을 무엇이나 자유롭게 써댈 수 있는 것입니다.

— 그런데 PBS와 NPR은 걸핏하면 좌익 방송이라고 공격받고 있는데요?

— 그래서 아주 흥미로운 비판이라 할 수 있습니다. 사실 PBS와 NPR은 기업계와 매우 가깝고 부유한 전문가들의 관점과 이해관계를 전반적으로 대변해주는 엘리트 기관입니다. 하지만 어떤 기준에서는 때때로 개혁적이고 자유주의적인 성향을 보여줍니다.

예를 들어 설명해보겠습니다. 예컨대 낙태의 권리와 같은 문제에 대해 기업 경영자들의 생각을 조사해보면 이들은 상당히 개방적인 성향을 보여줄 것입니다. 하지만 평등권이나 언론의 자유와 같은 사회적 쟁점들에 대해서도 개방성을 보여줄지는 의문입니다. 이들이 근본주의자, 예컨대 거듭 태어난 기독교인이 될 가능성은 없습니다. 하지만 일반 국민보다 사형을 더 반대하는 성향을 띨 수는 있습니다 또한 미국시민자유연맹을 지원하는 부자와 기업도 적지 않습니다.

요컨대 사회적 질서에서 자신들에게 이익이 되는 것이라면 이들은 아낌없이 지원합니다. 이런 기준에서 볼 때 미국을 지배하는 사람들은 개방적이고 자유주의자입니다. 이런 특징이 PBS와 같은 제도적 기관에 반영되어 나타나는 것입니다.

— 선생님은 23년 동안 NPR에 딱 두 번밖에 출연하지 않았습니다. 그리고 맥닐 레러 뉴스아워에는 거의 20년 동안 단 한 번만 출연했습니다. 만약 선생님이 맥닐 레러 뉴스 시간에 열 번 정도 출연했으면 어떻게 되었을까요? 뭔가 차이가 있었겠습니까?

— 별다른 차이는 없었을 것입니다. 게다가 그 수도 확실치가 않습니다. 내 기억력이 그다지 정확치 않거든요. PBS 지역 방송국에는 여러 번 출연한 것으로 기억합니다.

— 저는 전국 방송국을 말하는 것입니다.

— 그렇다면 당신이 말한 수가 맞을 것입니다. 하지만 그런 것은 크게 중요하지 않습니다.

내 생각이지만, 프로파간다의 운영자들이 영리하다면 나와 같은 반대자들과 비판가들에게 더 많은 시간을 할애할 것입니다. 그럼 폭넓은 토론을 하고 있다는 느낌을 국민에게 안겨주면서 자신들의 입장을 한층 합리화시킬 수 있을 테니까요. 하지만 프로파간다가 지나치게 한쪽으로 기울어지면 반대자들에게 시간을 할애해도 별 효과가 없습니다. 그래서 프로파간다는 쟁점을 새로운 이야기로 조작하고, 오락 프로그램에 살짝 끼워넣는 수법을 사용합니다. 실제로 미디어들은 이런 식으로 국민의 관심을 다른 곳으로 돌리면서 국민을 어리석고 소극적인 방관자로 만듭니다.

　그렇다고 내가 이런 미디어들에 간혹 출연하는 것을 반대하는 것은 아닙니다. 하지만 효과가 별로 없다고 생각합니다. 진정으로 필요한 것은 세상의 다른 모습을 분명하고 이해하기 쉽게 매일 보여주는 것입니다. 보통 사람들의 생각과 관심을 고스란히 보여주는 것입니다. 제퍼슨이나 듀이와 같은 사람들의 글에서 읽을 수 있는 민주주의와 참여에 대한 관점을 진실되게 보여주는 것입니다.

　이렇게 될 때에야 비로소 영향력을 갖습니다. 실제로 현대 사회에서도 이런 일은 가능합니다. 예를 들어, 영국에는 1960년대까지 이런 철학을 유감없이 밀고 나간 주요한 매스미디어가 있었습니다. 그 덕분에 노동자계급의 문화가 유지되고 활성화되면서 영국 사회에 엄청난 영향을 끼쳤습니다.

— 인터넷에 대해서는 어떻게 생각하십니까?

— 인터넷은 많은 장점이 있다고 생각합니다. 하지만 걱정스런 부분도 적지 않습니다. 물론 객관적으로 증명할 수 없기 때문에 내 직관적인 생각으

로 대답해보겠습니다. 우리는 화성인도 아니고 로봇도 아닙니다. 인간의 삶에서 얼굴을 직접 맞대고 대화를 나누는 것보다 중요한 부분은 없을 것입니다. 그래야 우리가 서로에 대한 이해를 돈독히 하며 건전한 인격체로 성장할 수 있으리라 믿습니다

키보드를 두들기며 상징적 기호와 대화할 때와 얼굴을 맞대고 대화할 때 상대에게 같은 느낌을 가질 수 있겠습니까? 십중팔구 다른 느낌일 것입니다. 이처럼 대면하여 개인적으로 접촉하지 않고 원격으로 조작되는 추상적 관계가 늘어날 때 우리가 기대한 것에 바람직하지 않은 영향을 미칠 것입니다. 인간애가 줄어들 것이라고 생각합니다.

스포츠와 두 얼굴의 구경꾼들

— 1990년에 우리는 미국 사회에서 스포츠가 갖는 역할과 기능에 대해 잠깐 이야기한 적이 있습니다. 그 후 인터뷰 내용이 《하퍼스*Harper's*》에 발췌되어 실렸습니다. 제가 선생님과 인터뷰한 어떤 글보다 그 인터뷰가 많은 논란이 되었습니다. 물론 그 발단은 선생님의 발언 내용이었습니다.

— 내게도 많은 사람이 흥미로운 글을 보냈습니다. 마치 내가 그들에게서 재미를 빼앗아가기라도 한 것처럼 대부분이 반박하는 글이었습니다. 나는 절대 스포츠를 반대하지 않습니다. 나도 야구 경기를 즐겨 관람합니다. 하지만 많은 구경꾼을 끌어모으는 인기 스포츠에 대한 대중 히스테리가 중대한 역할을 한다는 사실까지 부정할 수는 없습니다.

첫째, 인기 스포츠는 대중을 더 소극적으로 만듭니다. 당신이 직접 그 스포츠를 즐기지 않고 누군가가 하는 것을 보는 것에 만족하기 때문입니다. 둘째, 스포츠는 광신적이고 맹목적인 승리 욕구를 조장합니다. 때로는 이런 애국심이 극단적 수준까지 치닫기도 합니다.

하루, 아니 이틀 전에도 나는 신문에서 그런 기사를 읽었습니다. 고등학생 팀들이 어떤 희생을 치루더라도 승리해야 한다는 욕심에 사로잡혀 게임의 전후에 예의상 나누는 악수마저 거절했다는 것입니다. 이런 아이들에게 더불어 살아가는 시민 정신을 기대할 수 있겠습니까? 무슨 수를 써서라도 상대를 짓눌러야 한다는 생각에 사로잡힌 아이들에게서 어떤 시민 정신을 기대할 수 있겠습니까?

이런 호전성을 키워주는 것이 바로 많은 관객을 끌어모으는 스포츠입니다. 특히 선수들에게 병적으로 애착심을 갖는 커뮤니티가 형성될 때 위험 수준은 더 높아집니다. 긍정적인 부분도 있겠지만 유해한 부분도 없지 않습니다.

얼마 전 나는 정보 고속도로를 찬양하는 글을 읽었습니다. 정확히 인용할 수는 없지만, 이런 새로운 쌍방향 기술의 경이로움과 힘을 찬양하며 두 가지 기본적인 사례를 제시했더군요.

먼저 여자에게는 쌍방향 기술이 한층 개선된 방식의 홈쇼핑을 가능하게 해준다는 것입니다. 따라서 모니터를 보고 있으면 모델이 상품을 들고 나와 광고를 합니다. 당신에게 '그래, 저걸 사야 돼!'라는 생각을 심어줍니다. 당신은 버튼만 누르면 됩니다. 그럼, 그들이 몇 시간 내에 그 상품을 당신 집까지 배달해줍니다. 쌍방향 기술이 이렇게 여자들을 해방시킬 수 있다는 것입니다.

한편 남자를 위해서는 슈퍼볼을 예로 들었습니다. 씩씩한 미국 남성이라면 슈퍼볼에 미쳐야 한다는 속설까지 있으니까요. 지금은 슈퍼볼을 볼 때 박수를 치면서 맥주를 마시는 것이 고작입니다. 하지만 새로운 쌍방향 기술은 게임에 실제로 참여할 수 있게 해준다는 것입니다. 예컨대 쿼터백이 동료들을 모아두고 다음 플레이를 지시하는 동안, 컴퓨터 앞에 앉은 사람들도 다음 플레이를 결정하는 데 참여할 수 있다는 것입니다.

가령 쿼터백이 패싱, 런닝, 펀팅 등을 선택해야 할 기로에 있을 때, 네티즌들도 나름대로의 판단을 컴퓨터에 입력합니다. 하지만 이런 결정이 쿼터백의 행동에 실질적으로는 어떤 영향도 미치지 못합니다. 다만 플레이가 끝난 후 텔레비전에 투표 결과가 나옵니다. 예컨대 네티즌의 63퍼센트는 패싱을, 24퍼센트는 런닝을 선택했다는 식으로 말입니다.

이런 것이 남자를 위한 쌍방향 기술입니다. 이런 식으로 당신이 세상일에 직접 참여하고 있다고 선전합니다. 건강보험처럼 '사소한' 문제들은 어떻게 결정되든 신경 쓰지 말라고 선전합니다. 정말로 '중요한' 문제에 직접 참여하고 있으니까!

쌍방향 기술의 이런 시나리오는 스포츠의 영향력을 최대한 활용한 것이라 말할 수 있습니다. 즉 인간을 파편화시키고 소극적이고 순종적인 구경꾼으로 만들 수 있는 스포츠의 엄청난 영향력을 이용한 것입니다. 이때 우리는 어떤 문제에도 의문을 제기하지 않는 존재, 쉽게 조작되고 쉽게 세뇌되는 존재로 전락하고 말 것입니다.

— 동시에 선수들은 유명 인사가 됩니다. 때로는 토냐 하딩의 경우처럼 악마의 화신으로 변하기도 하고요.

— 토냐 하딩이든 힐러리 클린턴이든 간에 세상사를 개인화시킬 수 있다면 실제로 중요한 것에서 대중을 멀리 떼어놓을 수 있습니다. 존 F. 케네디 숭배가 대표적인 예입니다. 케네디가 아직도 좌익에 미치는 영향력을 생각해보면 내 말을 쉽게 이해할 수 있을 것입니다.

진화한 미국인의 절대적인 창조론

— 역사학자 폴 보이어는 《시간이 더 이상 존재하지 않을 때 *When Time Shall Be No More*》라는 책에서, "여러 여론조사에 따르면 미국인의 3분의 1 이상, 심지어 절반까지 미래가 성경의 예언대로 진행될 것이라고 믿는다"라고 말했습니다. 정말 놀랍지 않습니까?

— 그런 특정한 수치적 결과는 본 적이 없습니다. 하지만 나는 개인적으로 그런 수치를 뒷받침해줄 만한 현상을 많이 목격했습니다. 2년 전, 나는 사회 전반을 대상으로 믿음의 문제를 비교해서 분석한 연구 논문을 보았습니다. 아마 그 연구 논문은 영국에서 출간되었을 것입니다. 하여간 미국은 특이한 현상을 보였습니다. 다른 산업국가들과 달랐습니다. 그때 나는 미국의 수준이 산업시대 이전의 수준과 비슷하다는 느낌을 받았습니다.

— 왜 그랬을까요?

— 정말 흥미로운 관심거리였습니다. 사실 미국은 근본주의 사회입니다.

종교적 맹신의 정도에서 이란과 크게 다르지 않습니다. 예컨대 미국인의 75퍼센트가 정말로 악마의 존재를 믿는다고 생각합니다.

몇 년 전, 진화에 대한 여론조사가 있었습니다. 생명체의 기원에 대한 여러 학설을 제시하며, 세상의 생명체가 어떻게 시작되었다고 생각하느냐는 설문이 주어졌습니다. 다윈의 진화론을 믿는 사람의 수가 10퍼센트에도 미치지 못했습니다. 응답자의 절반 정도가 기독교의 가르침대로 창조설을 믿는다고 대답했습니다. 그렇게 대답하지 않는 나머지 사람들도 대부분 세상이 2000년 전에야 창조된 것이라고 대답했습니다.

놀랍지 않습니까? 이 때문에 미국이 이 지경까지 전락한 이유에 대한 토론과 논의가 한동안 계속되었습니다.

이 문제를 다룬 정치학자, 월터 딘 버넘의 글을 10~15년 전에 읽은 기억이 있습니다. 버넘은 이런 현상이 비정치화의 반영이라고 말했습니다. 즉, 정치의 장에 의미 있는 방식으로 참여할 수 없는 무력감이 심리 세계에 중대한 영향을 미칠 수 있다는 것입니다.

타당성 있는 주장입니다. 우리는 다른 사람들과 조직을 결성하거나 어딘가에 참여함으로써 정체성을 확보하려고 합니다. 어떤 식으로든 정체성을 갖고 싶어 합니다. 따라서 제대로 기능하는 노동조합이나 정치조직에 참여할 수 없을 때 우리는 다른 길을 찾게 됩니다. 바로 종교의 근본주의가 전통적인 예입니다.

실제로 세상 곳곳에서 이런 현상이 목격되고 있습니다. 특히 이슬람 근본주의의 발흥은 세속 세계의 민족주의적 대안들이 내부적으로 불신받으면서 붕괴된 결과라고 말해도 과언이 아닙니다.

19세기에는 기업계 지도자들이 천벌론을 주장하는 설교자들을 앞세워 국민을 소극적인 존재, 즉 사회에 순응하는 존재로 만들려는 계획적인 음모까지 있었습니다. 영국의 산업혁명 초기에도 똑같은 음모가 획책되었습니다. E. P. 톰슨의 기념비적인 고전,《영국 노동계급의 형성*The Making of the English Working Class*》에 이런 사실이 그대로 쓰여 있습니다.

— 이번 연두교서에서 클린턴은 "우리 모두가 교회에 열심히 참석하지 않는다면 우리나라를 새롭게 탈바꿈시킬 수 없을 것입니다"라고 말했습니다. 선생님은 이런 주장을 어떻게 생각하십니까?

— 클린턴이 무슨 생각으로 그렇게 말했는지 정확히 알 도리는 없습니다. 하지만 그 주장에 담긴 이데올로기는 분명합니다. 국민이 공공의 장에서 멀리 떨어져야, 요컨대 비정치적인 활동을 하느라 다른 곳에 정신을 돌릴 틈이 없어야 권력자들이 자기들의 뜻대로 세상을 운영할 수 있다는 것입니다.

개인주의적 이데올로기

— 질문을 어떤 식으로 해야 좋을지 모르겠습니다. 하여간 "네 것을 하라. 네 혼자 힘으로 해내라. 나를 연루시키지 마라. 개척자 정신을 가져라!"라는 구호들로 요약될 수 있는 미국 사회의 성격과 관련된 질문입니다. 지나치게 개인주의적인 구호들이 아닐 수 없습니다. 이런 구호들이 정말로 미국 사회와 미국 문화를 요약한다고 말할 수 있을까요?

— 미국에는 애초부터 그런 이데올로기가 없습니다. 따라서 기업계의 프로파간다가 완벽히 성공했다는 뜻입니다. 물론 기업계도 그런 이데올로기를 믿지 않습니다. 미국 사회의 기원을 거슬러 올라가 보면 알겠지만 기업계는 국가에 강력한 지원을 꾸준히 요구해왔고, 지금도 계속하고 있습니다. 물론 기업계의 이익을 위해서죠.

적어도 기업계는 당신이 언급한 개인주의적 이데올로기를 주장할 자격이 없습니다. 그들은 본질적으로 전체주의적 성격을 띤 거대한 복합기업입니다. 그 내부에서 일하는 사람은 거대한 기계의 톱니바퀴에 불과합니다. 인간 사회에서 그처럼 엄격한 위계질서에 얽매인 조직은 거의 없을 것입니다. 기업 조직은 엄격한 상의하달식 운영 체제입니다. "나를 연루시키지 마라!"고요? 그들은 톱니바퀴에 불과합니다.

그런데도 이런 이데올로기를 주장하는 이유는 권력 밖에 있는 사람들이 서로 연대해서 정치의 장에 달려들어 의사결정에 참여하는 것을 원천봉쇄하기 위한 수법입니다. 또한 권력 집단은 똘똘 뭉쳐 결속력을 다지는 반면, 국민은 파편화시키려는 수법이기도 합니다.

하지만 미국 문화에서 독립심과 개성을 강조하는 경향은 아주 긍정적인 면이라 생각합니다. "나를 연루시키지 마라!"를 다르게 해석한다면 많은 면에서 건전한 효과가 있습니다. 심지어 다른 사람들과 더불어 일하지 못하게 할 경우까지 말입니다.

요컨대 독립심과 개성을 강조하는 미국 문화는 긍정적인 면과 부정적인 면이 동시에 있습니다. 하지만 프로파간다와 세뇌 교육으로 부정적인 면이 더욱 강조되고 있을 뿐입니다.

2

무너지는 세계

미국은 '민주주의 강화 프로그램'을 내세워 아리스티드의 축출을
시도했습니다. 그전까지 마음에 드는 독재자들이 정권을 잡았던 까닭에
아이티에서 권력의 집중이 있으리라 생각하지도 않았던 미국은 대안을
모색하지 않을 수 없었습니다. "더 큰 민주주의를 위해서"라는 이름으로
아리스티드를 축출하기로 결정했습니다.

1991년 9월 30일, 마침내 쿠데타가 일어나 아리스티드는 망명의 길을
떠나야 했습니다. 그리고 미국의 음모에 협조한 수많은 가짜 인권 단체들과
노동단체들이 하루아침에 지배계급으로 변신했습니다.

불평등의 세계적인 확산

— 《뉴욕타임스》의 칼럼에서 앤서니 루이스는 "제2차 세계대전 이후 세계는 눈부신 성장을 이루었다"라고 썼습니다. 반면에 에콰도르 키토의 한 모임에서, 라틴아메리카인권협회 회장인 후안 데 디아스 파라는 "20년 전과 비교할 때 오늘날 라틴아메리카에는 굶주리는 사람이 700만 명을 넘어섰고, 문맹자가 3,000만 명을 넘는다. 또한 1,000만 명 이상의 가족이 집 없이 떠돌고 있으며 4,000만 명 이상이 실직 상태에 있다. 세상에 발표되는 수치에 따르면 라틴아메리카는 역사상 유래 없는 안정과 풍요를 누린다, 어찌된 일인지 2억 4,000만여 명은 인간다운 삶을 위해 반드시 필요한 것조차 없이 살아가고 있다"라고 말했습니다. 선생님은 이렇게 극단적 차이를 보이는 두 발언을 어떻게 해석하십니까?

— 누구를 대상으로 말하느냐에 따라 그렇게 달라질 수 있습니다. 라틴아메리카에 대한 세계은행의 연구보고서에 따르면, 라틴아메리카가 급속한 성장을 이루었지만 세계 어디에서도 찾아볼 수 없는 불평등의 심화로 무질서 상태에 직면하고 있습니다. 세계은행이 관심을 갖고 투자하는 부분들까지 위협받고 있는 실정입니다.

불평등은 하늘에서 떨어진 것이 아닙니다. 세계 질서가 새롭게 재편되기 시작한 1940년대 중반 이후 라틴아메리카의 발전 과정에서 불평등과의 싸움은 그칠 새가 없었습니다.

이 문제를 다룬 미국 국무부 자료들은 상당히 흥미롭습니다. 그 자료들에 따르면 라틴아메리카는 '새로운 민족주의 철학', 즉 국내의 요구를 충족시키기 위해 생산을 증대하고 불평등을 해소하라는 요구로 커다란 홍역을 치렀다는 것입니다. 그런데 이런 새로운 민족주의의 기본 원칙은 단순했습니다. 자국의 자원은 자국민을 위해 최우선적으로 사용해야 한다는 것이었습니다.

미국은 이런 원칙에 민감하게 반응하며 미국의 입장을 대변한 경제 헌장을 라틴아메리카에 강요했습니다. 경제 민족주의는 어떤 형태로든 인정할 수 없으며, 라틴아메리카의 발전은 미국의 발전과 맞물려 있다는 주장이었습니다. 이는 미국은 첨단산업과 기술에 전념할 테니까, 라틴아메리카의 날품팔이 노동자들은 농산물을 생산해서 수출하는 데 힘을 쏟거나 단순 노동에 열중하라는 것이었습니다. 요컨대 라틴아메리카는 미국적 방식으로는 경제 발전을 기대할 수 없다는 논리였습니다.

힘의 역학 관계 때문에 당연히 미국이 승리했습니다. 브라질과 같은 나라들은 미국에게 완전히 접수당한 셈이죠. 미국의 테크노크라트들이 약 50년 동안 브라질을 거의 완전히 통치하다시피 했으니까요. 그 막대한 자원을 감안한다면 브라질은 세계에서 가장 부유한 나라 중 하나가 되어야 마땅했습니다. 실제로 한때 브라질은 세계에서 가장 높은 성장률을 기록하기도 했습니다. 하지만 미국이 사회·경제 제도를 주무른 덕분에, 브라질은 평균 수명이나 영아 사망률 등에서 알바니아와 파라과이의 수준에 있습니다.

루이스의 지적처럼 세계가 눈부시게 성장한 것은 부인할 수 없는 사실입니다. 그러나 믿기지 않겠지만 빈곤과 가난은 그 이상으로 증가했습니다.

부유층 상위 20퍼센트와 빈곤층 하위 20퍼센트가 전 세계 소득에서 차지하는 비율을 비교해보면, 그 격차가 지난 30년 동안 기하급수적으로 커졌다는 사실을 알 수 있습니다. 부자 나라와 가난한 나라를 비교해보아도 마찬가지입니다. 한 나라의 부자들과 가난한 사람들을 비교해보아도 그 격차가 점점 커지고 있습니다. 이 모든 것이 성장 신화의 결과입니다.

— 이처럼 성장률과 빈곤율의 동반 상승이 앞으로도 계속될 것이라고 생각하십니까?

— 실제로 성장률은 점점 낮아지고 있는 추세입니다. 지난 20년 동안의 성장률은 그 이전 20년의 성장률에 비할 때 절반에 불과합니다. 이런 저성장 추세는 앞으로도 계속될 전망입니다.

규제받지 않는 투기 자본이 엄청나게 증가한 것이 원인 중 하나입니다. 케임브리지 대학의 금융 전문가 존 이트웰 교수의 추정에 따르면, 1970년대에는 국제 자본의 90퍼센트가 무역이나 장기 투자 등 생산적인 면에 사용되었고 투기 자본은 10퍼센트 정도였습니다. 그런데 1990년에 이르러서는 그 수치가 역전되었습니다. 즉 90퍼센트가 투기에 사용되고 10퍼센트만이 무역과 장기 투자에 사용되는 실정입니다.

이처럼 규제받지 않는 금융자본의 성격만 급격히 변한 것이 아닙니다. 그 액수도 어마어마하게 늘었습니다. 세계은행이 최근에 발표한 자료에 따르면 약 14조 달러가 전 세계를 떠돌아다니고 있습니다. 매일 국경을 넘어

이동되는 액수만도 1조 달러에 이른다고 합니다.

대부분이 투기 목적인 이 엄청난 자본 때문에 모든 나라가 통화수축 정책을 수립할 수밖에 없습니다. 투기 자본이 노리는 것이 바로 저성장과 낮은 인플레이션이기 때문입니다. 이로 인해 전 세계가 저성장과 저임금 시대로 빠져들고 있습니다.

경제를 활성화시키려는 정부의 노력에도 투기 자본은 엄청난 위협 요소입니다. 부자 나라도 투기 자본의 공격에서 벗어나기가 무척 어렵습니다. 가난한 나라는 그저 속수무책으로 당할 수밖에 없습니다. 클린턴의 경기 활성화 정책이 어떻게 되었습니까? 그야말로 좋은 예입니다. 190억 달러라는 막대한 금액을 쏟아부었지만 아무런 효과도 거두지 못하고 금세 바닥나고 말지 않았습니까!

— 1993년 가을, 영국의 《파이낸셜타임스》는 "공공 분야가 모든 나라에서 후퇴하고 있다"라고 호들갑을 떨었습니다. 선생님도 이 생각에 동의하십니까?

— 크게 볼 때 사실입니다. 하지만 주요한 공공 분야, 특히 부자들과 권력자들에게 이익을 제공하는 부분들은 여전히 남아서 잘 돌아가고 있습니다. 물론 약간은 침체된 기운을 보이지만 여전히 쌩쌩합니다. 앞으로도 마찬가지일 것입니다.

지난 20년 동안 이런 식의 변화는 끊이지 않았습니다. 이런 변화의 물결은 1970년 초 국제경제에서 어느 정도 구체화된 변화와 깊은 관계가 있습니다.

세계 경제에서 미국의 주도권이 1970년 초쯤에 상당히 줄어들었고, 유럽과 일본이 중요한 경제·정치 세력으로 급부상하기 시작했습니다. 게다가 베트남전쟁의 비용도 미국 경제에 상당한 부담을 안겨주면서 경쟁국들에게 상대적인 혜택을 주었습니다. 바야흐로 세계 경제의 균형추가 요동치기 시작했습니다.

어쨌든 1970년대 초에 미국은 전통적인 역할, 즉 세계의 물주로서의 역할을 유지할 수 없다는 사실을 절감했습니다. 이런 역할은 제2차 세계대전 후에 있었던 브레턴우즈협정에 따른 것이었습니다. 이 협정에 따라 각국의 통화는 국경을 중심으로 규제되었고, 실질적인 국제통화인 미국 달러는 금이나 다름없게 되었습니다.

그런데 닉슨이 1970년 경에 브레턴우즈체제를 와해시켰습니다. 그 여파로 규제받지 않는 금융자본이 눈덩이처럼 불어났습니다. 게다가 원유와 같은 필수품의 가격이 단기적으로 급등하면서 오일달러가 대거 국제시장으로 흘러들어 투기 자본이 기하급수적으로 늘어났습니다. 여기에 텔레커뮤니케이션 혁명이 더해지면서 자본의 이동까지 한결 쉬워졌습니다. 엄격하게 말하면 이제 자본의 이동이 아니라 전자화된 자본의 이동입니다.

물론 생산의 국제화에서도 대단한 성장이 있었습니다. 미국에서 만든 물건을 해외로 번잡스럽게 수출하는 것보다 값싼 노동력이 있는 나라에 공장을 세우면 훨씬 이익이고 물건을 팔기도 훨씬 쉽지 않습니까! 따라서 코네티컷 주의 그리니치에 살면서 본사와 거래 은행은 뉴욕에 두고, 제3세계의 어딘가에서 공장을 운영하는 경영이 가능해졌습니다. 그런데 실제 은행거래는 경치 좋은 해안 지역에서 이루어집니다. 감독의 눈길을 피해서 검은 돈을 세탁할 수 있고, 하고 싶은 짓은 무엇이나 할 수 있는 곳에서 말입니다. 브레턴우즈체제의 와해로 경제가 완전히 달라졌습니다.

게다가 1970년대 초부터 이익을 올리는 데 혈안이 된 기업계의 압력으로, 전 세계의 민중이 한 세기 동안의 투쟁 끝에 일구어낸 사회계약에 대한 대대적인 공세가 시작되었습니다. 제2차 세계대전 직후 뉴딜 정책으로 유럽의 사회주의 복지국가들에서 어느 정도 골격을 갖추고 있던 사회계약에 위기가 닥쳤습니다. 처음에는 미국과 영국이 공격을 주도했지만 이제는 유럽 대륙 전체로 확대되었습니다.

노동조합도 눈에 띄게 약화되었습니다. 노동조합의 힘이 약해지면서 임금이 하락하고, 노동자를 위한 조건들이 악화되었습니다. 사회가 점점 양극화되었습니다. 주로 미국과 영국에서만 목격되던 양극화 현상이 전 세계로 퍼졌습니다.

오늘 아침 학교로 출근하는 길에 나는 BBC 방송을 들었습니다. 한 세기 전 구빈원(救貧院)에 살던 아이들의 영양 기준에도 미치지 못하는 가난한 아이가 오늘날 영국에서만 수백만 명에 이른다는 충격적인 소식을 들었습니다.

전 영국 수상 마거릿 대처의 혁명이 이룬 위대한 성과 중 하나입니다! 대처는 영국 사회를 황폐화시켰습니다. 영국의 제조업을 완전히 파괴했습니다. 이제 영국은 유럽에서 가장 가난한 나라 중 하나가 되었습니다. 에스파냐와 포르투갈보다 나을 것이 없습니다. 이탈리아에 비하면 훨씬 못사는 나라가 되었습니다.

미국이 이룬 업적도 비슷합니다. 영국보다 미국은 훨씬 부자이고 강력한 나라인 덕분에 영국처럼 비참한 지경까지 전락하지는 않았습니다. 하지만 레이건의 추종자들은 미국인의 평균임금을 주요 산업국에서 두 번째로 낮은 수준까지 끌어내렸습니다. 이제 평균임금에서 미국은 영국보다 약간 높

을 뿐입니다. 이탈리아의 노동비용은 미국보다 20퍼센트 가량 높고, 독일
은 무려 60퍼센트나 높습니다.

이와 더불어, 사회 소외 계층을 위한 공공 비용이 대폭 감소되었을 뿐 아
니라 사회계약의 내용도 전반적으로 악화된 실정입니다. 그러나 새삼스레
말하고 싶지도 않지만, 부자들과 특권층에게 혜택을 주는 공공 비용은 여
전히 안정적으로 유지되고 있습니다.

GATT와 NAFTA는 '투자자 권리 협정'

— 제가 살고 있는 콜로라도 주의 지역 신문으로 나이트리더 그룹의 자회
사인《데일리 카메라*Daily Camera*》는 한동안 GATT 협정에 대한 질의·응답란을
운영했습니다. 언젠가 "GATT에서 이익을 보는 사람은 누구인가요?"라는
질문에 그 신문은 "소비자가 최대의 수혜자입니다"라고 대답했습니다. 선
생님은 이 대답에 동의하십니까?

— 부자인 소비자를 뜻했다면 그 대답이 맞습니다. GATT의 최대 수혜자
는 부자이니까요. 하지만 부자 나라에서나 가난한 나라에서나 대다수의 국
민은 임금 하락을 감수해야 할 것입니다. 분석이 이미 끝난 NAFTA에 눈을
돌려볼까요? NAFTA가 체결된 다음 날,《뉴욕타임스》는 NAFTA가 뉴욕 지
역에 미칠 영향을 예상하는 첫 기사를 내보냈습니다(이 기사의 결론은 GATT
에도 그대로 적용됩니다).

상당히 행복한 비명으로 가득한 기사였습니다. NAFTA가 미국에 엄청난

행복을 안겨줄 것처럼 말했습니다. 금융과 서비스가 가장 큰 혜택을 볼 것이라고 말했습니다. 은행을 비롯하여, 투자, 홍보, 기업형 법률 회사가 주요 수혜자들이었습니다. 일부 제조업도 수혜의 대상에 포함되었습니다. 예컨대 많은 노동자를 고용할 필요가 없는 자본 집약적인 출판업과 화학업이었습니다.

물론 손해를 보는 사람들도 있을 것이라고 덧붙였습니다. 여성, 히스패닉을 비롯한 소수 민족, 반숙련 노동자 들이 손해를 볼 것이라고 말했습니다. 그런데 이런 사람들이 전체 노동자의 3분의 2라는 사실은 감추었습니다. 하여간 이들을 제외한 모두에게 NAFTA는 이익이라고 결론지었습니다.

NAFTA의 체결 과정을 관심 있게 지켜본 사람이라면 알겠지만, NAFTA는 투자자, 전문가, 경영자 등 극소수의 특권층을 위해 만들어진 협정입니다. 그런데 미국은 부자 나라라는 것을 명심하십시오. 또한 그 특권층은 소수이지만 결코 무시할 수 없는 존재입니다. 하여간 NAFTA는 이들에게 이익을 주겠지만 일반 국민은 커다란 고통을 감수해야 할 것입니다.

멕시코의 경우도 똑같습니다. NAFTA를 지지한 멕시코의 유력 경제지는 암울한 예측을 내놓았습니다. 처음 몇 해 동안 멕시코는 제조업 생산 역량의 25퍼센트를 상실할 것이고, 제조업 노동력의 15퍼센트를 상실할 것이라 예측했습니다. 게다가 값싼 미국 농산물이 대거 수입되면서 수백만의 농민이 땅을 버리게 될 것이라고 예측했습니다. 그 결과가 무엇이겠습니까? 실업자가 급증할 것이고 임금은 곤두박질칠 것이 뻔합니다.

노동조합을 결성해 이런 파국을 막는다고요? 천만의 말씀입니다. 노동조합의 결성 자체가 불가능합니다. 기업은 국경을 넘어 국제적으로 운영될 수 있지만 노동조합은 그럴 수가 없습니다. 따라서 생산의 국제화 물결에 맞서 싸울 도리가 없습니다. 결론은 뻔합니다. 멕시코와 미국 모두에서 국민 대부분의 수입이 줄어들 것입니다.

NAFTA를 강력 지지한 학자들까지도 군소 언론을 통해 이런 사실을 지적하고 있습니다. MIT의 동료이자 국제무역을 전공한 학자인 폴 크루그먼은 자유무역이 비효율적인 이유를 이론적으로 증명해냈습니다. 그런데 그가 NAFTA를 열렬히 옹호하고 있습니다. 결국 NAFTA가 자유무역협정이 아니라는 뜻으로 해석할 수 있지 않겠습니까!

크루그먼은 전체 노동인구의 70퍼센트를 차지하는 비숙련 노동자가 손해를 볼 것이라는 《뉴욕타임스》의 예측에 동의했습니다. 클린턴 행정부는 노동자들을 재교육시키겠다는 다양한 정책을 제시하고 있지만 백일몽일 뿐입니다. 그런 정책에서 별다른 효과를 기대하기란 어렵습니다. 결국 정부는 아무런 대책도 세우지 않고 있는 셈입니다.

숙련된 화이트칼라 노동자도 안심할 처지는 아닙니다. 교육을 잘 받은 인도의 프로그래머들에게서 훨씬 적은 비용으로 소프트웨어를 만들도록 할 수 있습니다. 나는 이 일에 종사하는 사람의 말을 두 귀로 분명히 들었습니다. 인도 프로그래머들을 아예 미국으로 데려와 강제 노동 수용소 같은 곳에 숙식시키면서 소프트웨어를 개발하도록 만들겠답니다! 물론 임금은 인도 수준을 크게 벗어나지 않으면서 말입니다. 요컨대 화이트칼라의 일도 얼마든지 도급을 줄 수 있다는 뜻입니다.

이처럼 이익의 추구가 공공의 감시에서 벗어나 완전히 자유로워질 때 인간의 삶을 억압하게 된다는 것은 조금만 논리적으로 생각해보면 어렵지 않게 추론할 수 있습니다. 경영자들은 어떤 수를 써서라도 이윤을 높이는 것이 의무일 테니까요.

— NAFTA에는 어떤 식으로 반대했습니까?

— 정부의 첫 목표는 NAFTA를 통과시키는 것이었습니다. NAFTA의 내용에 대해서는 누구도 몰랐습니다. 따라서 비밀리에 서명되었습니다. 게다가 국회에도 신속히 상정되었습니다. 토론 없이 통과시켜달라는 뜻이었습니다. 언론도 이 건에 대해 별다른 언급을 하지 않았습니다. 상황이 이런데이 복잡한 무역협정의 내용을 누가 알 수 있었겠습니까?

그렇지만 정부의 뜻대로 되지 않았습니다. 여기에는 여러 이유가 있습니다. 무엇보다 조직적인 노동운동으로 이 문제가 불거졌습니다. 그리고 골치 아픈 제3 정당의 후보, 로스 페로가 이 문제를 정치 쟁점화시켰습니다. 그 결과 대중이 NAFTA의 실체에 대해 알게 되면서 대대적인 반대 운동을 전개한 것입니다.

나는 언론이 이 문제를 어떻게 다루었는지 추적해보았습니다. 무척이나 흥미진진한 주제였으니까요. 예상대로 언론은 특권층에 대한 충성심을 겉으로 드러내지 않으려고 무진 애를 썼더군요. 자신들이 속한 계급에 대한 충성심이 없는 것처럼 꾸미려고 말입니다. 하지만 사방에서 비난이 쏟아지자 언론은 실체를 드러내기 시작했습니다. 게다가 NAFTA가 부결될 수도 있다는 가능성이 제기되면서 언론은 NAFTA의 필연성을 거의 광적으로 주장해댔습니다.

하지만 언론이란 거대한 장벽과 정부의 집요한 공격, 그리고 기업계의 엄청난 로비에도 불구하고 NAFTA를 반대하는 목소리는 조금도 수그러들지 않았습니다. 여론 주도층의 60퍼센트가 NAFTA를 반대한다는 조사 결과가 꾸준히 발표되었습니다.

언론은 고어 대 페로의 텔레비전 토론에도 영향력을 행사했습니다. 나는 그 토론을 보지 못했지만, 친구들은 한결같이 페로가 고어를 압도했다고 말했습니다. 하지만 언론은 고어가 일방적인 승리를 거두었다고 논평했습니다.

다음 날 토론에 대해 의견을 묻는 여론조사가 있었습니다. 페로가 패했다고 대답한 사람의 비율이 토론을 시청했다고 응답한 사람의 비율보다 훨씬 높았습니다. 대부분의 사람이 뚜렷한 결론을 내리지 못한 채 언론이 유도한 방향으로 대답했다는 뜻입니다.

말이 난 김에 덧붙인다면 NAFTA에서 계획된 것이 GATT에도 그대로 적용되었습니다. 대중은 반대할 틈도 없었습니다. GATT가 체결되는지도 몰랐습니다. 그들의 의도대로 모든 것이 비밀리에 이루어졌습니다.

— 사전에 적절한 대안을 제시하거나 필요한 조치를 취하지 않고 나중에야 반발하고 반대하는 저와 같은 사람들의 입장은 어떻게 생각하십니까?

— NAFTA가 좋은 예입니다. 협정을 무조건 반대하는 사람은 극소수에 불과합니다. 노동조합과 의회기술평가국(그들의 보고서는 완전히 무시되었습니다), 그리고 나를 포함한 비판가들, 즉 대부분의 사람은 NAFTA와 같은 협정이 잘못된 것이라고 말하지는 않습니다. 다만 이번 협정이 잘못된 것이라고 주장할 뿐입니다. 이번 협정은 개정되어야 합니다. 세부적으로 개정되어야 할 부분이 적지 않습니다. 페로까지도 건설적인 제안을 했습니다. 하지만 어떤 제안도 받아들여지지 않았습니다.

앤서니 루이스가《뉴욕타임스》에서 주장했던 목소리, 즉 NAFTA가 국익에 도움이 된다고 외쳐대는 목소리만 들렸습니다. 소위 좌익에 속한다는 사람들도 마찬가지였습니다. 텍사스 대학의 경제학과 교수인 제임스 갈브레이스는 좌익 계열의 저널인《월드폴리시리뷰*World Policy Review*》에 기고한 글에서, 내가 한 입으로 두 말을 한다고 맹렬히 비난했습니다.

갈브레이스는 내가 좌익인 척하면서도 멕시코 노동자의 삶이 개선되는 것을 원치 않는 맹목적 국수주의자라고 비난했습니다. 그리고 멕시코인이 NAFTA의 체결을 열망한다고 주장했습니다. 물론 그가 말한 "멕시코인"이 멕시코의 기업가와 경영자 그리고 기업형 변호사라면 맞는 말입니다. 거듭 말하지만 멕시코 노동자와 농민은 NAFTA를 찬성하지 않았습니다.

우익의 학자들은 물론이고 제임스 갈브레이스와 앤서니 루이스까지 합세하여 NAFTA를 비난하는 사람들을 엉뚱하게 몰아세우며 여론을 조작했습니다. NAFTA의 비판자는 반동적이고 부정적인 사람이며 맹목적인 국수주의자일 뿐 아니라, 진보를 반대하며 과거의 보호주의로 돌아가기를 원하는 복고주의자라고 비난했습니다. 정보망을 완전히 장악하면 조작된 이미지를 국민에게 전달하기가 한결 쉬운 법입니다.

— 앤서니 루이스는 "세계경제 성장의 엔진은 … 국제무역의 확대"라고 말했습니다. 이 주장에는 동의하십니까?

— 앤서니 루이스가 사용한 '무역'이란 개념은 전통적인 뜻에서의 무역과 다른 것입니다. 최근에야 공개된 약 10년 전의 자료에 따르면 소위 '세계무역'의 30~40퍼센트가 실제로는 기업의 내부 거래입니다. 최근에는 이 수치가 더 높아졌을 것입니다. 예컨대 일본이 미국에 수출하는 액수의 70퍼

센트 가량이 기업의 내부 거래인 것으로 알고 있습니다.

좀 더 구체적인 예를 들어보겠습니다. 포드자동차는 미국에서 생산한 부품을 멕시코 공장으로 보내 그곳에서 조립 생산합니다. 멕시코 노동자의 임금이 훨씬 낮기도 하지만, 공해 문제와 노동조합 등 쓸데없는 문제로 골머리를 썩지 않아도 되기 때문입니다. 어쨌든 포드는 멕시코에서 조립한 완성품을 다시 미국으로 들여옵니다.

미국이 멕시코에 수출한 액수의 절반 가량이 이런 식의 내부 거래입니다. 요컨대 미국이 멕시코에 수출한 상품은 멕시코 시장에 전혀 들어가지 않습니다. 따라서 멕시코에 수출되기는 했지만 무의미한 것입니다. 하지만 이런 거래도 '무역'에 포함됩니다.

이런 다국적기업들은 강력한 전체주의적 구조를 띱니다. 시장 원리에 지배받지도 않습니다. 오히려 시장 질서를 왜곡시킵니다. 예컨대 푸에르토리코에 소매점을 운영하는 미국 기업은 세금환급제도를 이용해서 푸에르토리코에서 이익을 취할 수도 있습니다. 소위 '이전가격조작transfer pricing'이란 수법을 이용해 거래 가격을 조작하는 것입니다. 따라서 겉으로는 이익을 전혀 남기지 않는 것처럼 보일 수 있습니다.

이런 무역에 따른 내부 거래액이 정부 예산에 버금간다는 설도 있습니다. 나로서는 추정조차 할 수 없습니다. 하여간 엄청난 규모일 것입니다. 하지만 무역협정으로 인해 앞으로 그 규모는 더욱 커질 것이 틀림없습니다.

GATT와 NAFTA는 결코 '자유무역협정'이 아닙니다. 오히려 '투자자 권리 협정'이라고 불려야 마땅할 것입니다. 이런 협정의 주된 목표는 내부 거래를 통해 시장 질서를 왜곡시킬 수 있는 힘을 기입들에게 허용하사는 것이니까요.

결국 클린턴의 안보보좌관인 앤서니 레이크와 같은 사람들이 시장 민주주의의 확대를 부르짖고 있지만, 정작 그들이 원하는 것은 투자자의 권리 확대입니다. 시장의 확대도 아니고 민주주의의 확산도 아닙니다.

NAFAT에 반대한 멕시코

— NAFTA 문제로 토론이 거듭되는 동안 주류 언론들이 멕시코를 약간 기준 없이 다룬 듯합니다. 예를 들면 《뉴욕타임스》는 멕시코의 공직자들이 부패에 물들었다는 기사를 수차례에 걸쳐 보도했습니다. 또한 사설을 통해서 살리나스가 1988년 대통령 선서를 도둑질한 것이나 마찬가지라는 독설까지 퍼부었습니다. 이런 정보가 어떻게 보도될 수 있었을까요?

— 모든 정보를 차단하기란 불가능하다고 생각합니다. 《뉴욕타임스》는 NAFTA를 반대하는 민중 데모까지 산발적으로 보도하기도 했습니다. 멕시코 특파원인 팀 골든은 투표가 있기 2주일 전, 그러니까 1993년 11월 초에 쓴 기사에서 멕시코의 많은 노동자가 NAFTA 이후에 임금이 떨어질까 우려한다고 썼습니다.

그는 덧붙여서, 이런 일이 NAFTA가 멕시코 노동자에게는 이익이겠지만 미국 노동자에게는 손해라고 생각하는 로스 페로와 같은 사람들의 입장을 난처하게 만든다는 이야기까지 거침없이 썼습니다. 즉, 그들 모두가 난처한 입장에 빠질 것이란 사실이 미국에서 NAFTA를 반대하는 사람들의 비판인 것처럼 소개되었습니다!

어쨌든 멕시코에서는 NAFTA를 반대하는 대규모 민중 집회가 있었고, 멕시코 최대의 비정부 노동조합까지 참여했지만 미국 언론은 이 사실을 거의 보도하지 않았습니다. 멕시코에서 주요 노동조합들은 소비에트의 노동조합만큼 관치적 성격을 띠지만 독립된 조합들이 없는 것은 아닙니다. 비정부 노동조합들은 모두 NAFTA를 반대했습니다.

환경 운동 단체를 비롯해 대부분의 시민 단체도 반대했습니다. 라틴아메리카 주교들은 1992년 12월 도미니카공화국의 산토도밍고에서 모임을 갖고 NAFTA에 반대한다는 입장을 공식적으로 표명했고, 멕시코의 주교위원회는 이 입장을 강력하게 재천명했습니다.

산토도밍고의 모임은 1960년대와 1970년대에 멕시코의 푸에블라 주와 콜롬비아의 메데인에서의 모임 이후 라틴아메리카의 주교들이 처음으로 가진 대대적인 회합이었습니다. 주교들이 자유신학과 가난한 사람들에게 경도된 이념을 천명하지 않도록 바티칸은 이 모임에 영향력을 행사하려고 무진 애를 썼습니다. 그러나 바티칸의 집요한 간섭에도 불구하고 주교들은 신자유주의와 구조 조정을 강력히 반대하며, 가난한 사람들을 위한다는 소위 자유 시장 정책을 거부하는 성명을 발표했습니다. 하지만 내가 알기에 이 또한 미국 언론에 전혀 보도되지 않았습니다.

— 멕시코에서는 노동조합 파괴 공작도 대단했던 것으로 알고 있습니다.

— 포드자동차와 폭스바겐이 대표적인 사례입니다. 몇 년 전, 포드는 멕시코 공장 직원 전부를 해고시켰습니다. 그리고 노동조합에 가입하지 않겠다고 서약한 노동자들을 훨씬 낮은 임금으로 재고용했습니다. 이때 멕시코의

영원한 집권당 PRI(제도혁명당. 1920년대부터 멕시코를 통치한 정당)가 포드의 이런 만행을 지원했습니다.

폭스바겐의 경우도 다를 바가 없습니다. 폭스바겐은 노동조합을 지지하는 노동자들을 해고시켰습니다. 그리고 노동조합을 지지하지 않겠다고 서약한 사람들만을 더 낮은 임금으로 재고용했습니다.

미국에서 NAFTA의 표결이 있은 지 몇 주 후에는 GE와 허니웰의 멕시코 공장 노동자들이 노동조합 활동을 했다는 이유로 해고되었습니다. 앞으로 어떤 결과가 닥칠지는 나도 모르겠습니다. 하지만 NAFTA와 같은 협정의 진짜 목표가 바로 이런 것입니다.

— 1994년 1월 초, 《워싱턴포스트》의 한 편집위원이 선생님에게 치아파스 주에서 새해에 일어난 폭동에 대해 글을 써달라고 부탁한 것으로 알고 있습니다. 《워싱턴포스트》가 선생님에게 글을 부탁한 것이 그때가 처음이었습니까?

— 그렇습니다. 《워싱턴포스트》와 같은 전국지에서 글을 요청받은 적이 없었던 까닭에 나도 깜짝 놀랐습니다. 그래서 글을 썼습니다. '선데이 아웃룩' 섹션에 실리기로 되었지만 빛을 보지 못했습니다.

— 선생님 글을 게재하지 않은 이유에 대한 설명이 있었습니까?

— 없었습니다. 내가 아는 바에 따르면 내 글은 인쇄될 예정이었습니다. 내게 글을 의뢰했던 편집위원이 마감 시간 직후에 내게 전화를 걸어, 그가 보

기에는 아무런 문제도 없었지만 고위층에서 내 글을 삭제시켰다고 전해주었습니다. 그 이상 자세한 내막은 나도 모르겠습니다.

하지만 추측해볼 수는 있습니다. 내 글은 치아파스 주에 대한 글이었지만 NAFTA에 대한 글이기도 했습니다. 지금 생각해보면 《워싱턴포스트》가 《뉴욕타임스》보다 NAFTA 문제에 더 민감하게 반응했던 것 같습니다.

치아파스 주에서 일어난 사건은 그렇게 놀라운 일도 아닙니다. 처음에 멕시코 정부는 힘으로 폭동을 쉽게 진압하려고 했습니다. 하지만 한 걸음 뒤로 물러서서, 한층 교묘한 폭력으로 은밀하게 폭동을 진압하기로 결정을 내렸습니다. 멕시코 정부가 그렇게 한 이유가 있었습니다. 치아파스 주의 농민들에 대한 동정심이 멕시코 전역에 팽배했기 때문입니다. 따라서 만약 정부가 노골적으로 폭동을 진압한다면 오히려 문제가 확대되어 폭동이 전국으로 확산될 수도 있었습니다.

많은 점에서 치아파스 주의 마야족은 멕시코에서 가장 억압받는 민족입니다. 하지만 그들의 문제가 곧 멕시코 대다수 민중의 문제이기도 합니다. 신자유주의 물결이 밀어닥친 10년 동안 멕시코의 경제가 조금은 성장했지만 사회는 첨예하게 양극화되었습니다. 노동 임금은 곤두박질친 반면에 억만장자의 수는 더욱 늘어났습니다.

— 《워싱턴포스트》가 게재를 거부한 글에서, 선생님은 "치아파스 주에서 일어난 농민의 폭동은 언젠가 터질 시한폭탄을 얼핏 본 것에 불과하다. 멕시코만의 문제가 아니다"라고 썼습니다. 이렇게 말씀하신 의도를 좀 더 정확히 설명해주십시오.

— 사우스센트럴 로스엔젤레스의 경우를 예로 들어보겠습니다. 많은 점에서 두 곳은 다른 사회이지만, 두 곳에서 일어난 폭동의 원인은 크게 다르지 않습니다. 사우스센트럴 로스엔젤레스는 한때 대다수 주민이 일자리를 갖고 편안하게 살던 곳입니다. 그런데 ㄱ 평온한 삶이 파괴되고 말았습니다. 우리가 사회·경제 개혁이라 부르는 것에 의해서 말입니다.

예컨대 가구 공장들이 멕시코로 이전해갔습니다. 멕시코에서는 공해 문제로 골머리를 썩일 필요가 없으니까요. 군수산업도 약간 쇠퇴했습니다. 철강 공장도 전에는 일자리를 제공했지만 이제는 그러지 못합니다. 그래서 주민들은 폭동을 일으켰습니다.

하지만 치아파스 주의 폭동은 상당히 달랐습니다. 훨씬 조직화되었고 훨씬 건설적인 폭동이었습니다. 사우스센트럴 로스엔젤레스처럼 완전히 타락한 사회와 고결한 정신과 공동체적 삶을 유지한 사회의 차이라고 할 수 있습니다.

소비 수준을 볼 때, 사우스센트럴 로스엔젤레스의 주민에 비해 치아파스 주의 농민들이 훨씬 가난합니다. 일인당 텔레비전 보유 수도 더 적습니다. 하지만 사회의 응집력과 같은 건설적인 면을 기준으로 한다면 치아파스 주가 월등하게 높습니다. 이것은 미국의 공동체가 양극화되었을 뿐 아니라 공동체의 내적 구조까지 파괴되었기 때문입니다. 미국이 폭력의 천국처럼 변해버린 이유도 바로 여기에 있습니다.

아이티의 무너진 민주주의

— 이번에는 라틴아메리카와 카리브 해 지역에 대해 묻겠습니다. 미국 국방장관과 국무장관을 역임한 헨리 스팀슨은 이 지역을 "누구도 성가시게 군 적이 없는 저기 너머 우리의 작은 땅"이라고 칭했습니다. 그리고 대부분의 학자가 인정하듯이 자유롭고 민주적인 선거를 통해서, 장 베르트랑 아리스티드가 아이티 대통령으로 당선되었습니다. 그 이후 아이티에 어떤 일이 벌어졌는지 설명해주십시오.

— 1990년 12월 아리스티드가 대통령으로 당선된 것은 그야말로 기절초풍할 사건이었습니다. 하여간 아리스티드는 다음 해 2월에 정식으로 대통령에 취임했습니다. 그는 민중으로 구성된 풀뿌리 조직, 즉 외부 사람들은 존재조차 알지 못했던 조직인 '라발라스Lavalas'(홍수라는 뜻)의 도움으로 당선되었습니다. 외부 사람들이 그 존재조차 알지 못했던 이유는 자명합니다. 가난한 사람들에게는 관심조차 갖지 않았기 때문입니다. 하지만 이 조직은 매우 광범위하고 효율적이었습니다. 이 거대한 민중 조직은 맨손으로 자신들의 후보를 대통령에 당선시켰습니다.

　미국은 이 민주적인 선거를 기꺼이 지원했습니다. 자신들이 내세운 후보인 세계은행에서 근무했던 마르크 바쟁이 쉽게 승리할 것이라 예측했기 때문입니다. 미국은 물심양면으로 바쟁을 지원했습니다. 바쟁이 당연히 승리할 것처럼 보였습니다. 하지만 선거 결과는 달랐습니다. 바쟁은 14퍼센트의 지지를 얻는 데 그쳤지만 아리스티드는 67퍼센트 가량의 지지를 입었습니다.

아이티의 이런 역사를 아는 사람이라면 당연히 의문이 생길 것입니다. 미국이 아리스티드를 어떻게 제거했을까요? 아리스티드가 취임한 후 7개월 만에 커다란 재앙이 불어닥쳤습니다. 그러나 그는 짧은 재임 기간 동안 놀라운 성과를 냈습니다.

물론 아이티는 지금도 지독히 가난한 나라입니다. 끔찍한 상황에 처해 있습니다. 하지만 아리스티드는 차근차근 시작했습니다. 부패를 척결하고 오만에 빠진 관료들을 잘라냈습니다. 이런 업적으로 그는 세계적인 찬사를 받았습니다. 심지어 국제적인 대부 기관들까지 그에게 찬사를 보내며 좋은 조건으로 차관을 제시하기도 했습니다. 그만큼 그를 믿었다는 증거가 아닐 수 없습니다.

게다가 아리스티드는 불법 마약 거래를 근절시켰습니다. 미국으로 몰려가던 난민의 행렬도 멈추었습니다. 잔혹 행위도 눈에 띄게 줄어들었습니다. 민중의 참여가 늘었습니다. 하지만 모순과 갈등이 드러나기 시작했습니다. 이런 갈등이 그가 하려는 일에 발목을 잡았습니다.

어쨌든 이런 조치들로 미국은 아리스티드를 달갑게 생각지 않았습니다. 따라서 미국은 '민주주의 강화 프로그램'을 내세워 아리스티드의 축출을 시도했습니다. 그전까지 마음에 드는 독재자들이 정권을 잡았던 까닭에 아이티에서 권력의 집중이 있으리라 생각하지도 않았던 미국은 대안을 모색하지 않을 수 없었습니다. "더 큰 민주주의를 위해서"라는 이름으로 아리스티드를 축출하기로 결정했습니다. 1991년 9월 30일 마침내 쿠데타가 일어나 아리스티드는 망명의 길을 떠나야 했습니다. 그리고 미국의 음모에 협조한 수많은 가짜 인권 단체들과 노동단체들이 하루아침에 지배계급으로 변신했습니다.

물론 언론도 부시에 협조했습니다.
아이티의 수도인 포르토프랭스에서는 무고한 사람들이
학살당하고 있었지만 언론은 아리스티드 정부하에
유린당했다는 인권 상황만을 집중적으로 보도할 뿐이었습니다.
아무런 증거도 없이 말입니다.

쿠데타에 대응해서 미주기구^{OAS}는 아이티에 대한 경제봉쇄를 선언했습니다. 미국도 내키지 않았지만 어쩔 수 없이 미주기구의 조치에 협조할 수밖에 없었습니다. 부시 행정부는 아무런 증거도 없이 아리스티드의 폭정과 비민주적인 행위에 관심을 집중시켰지만, 쿠데타 이후에 자행된 무자비한 잔혹 행위에는 함구했습니다. 물론 언론도 부시에 협조했습니다. 아이티의 수도인 포르토프랭스에서는 무고한 사람들이 학살당하고 있었지만 언론은 아리스티드 정부하에 유린당했다는 인권 상황만을 집중적으로 보도할 뿐이었습니다. 아무런 증거도 없이 말입니다.

상황이 급속히 악화되면서 다시 난민들이 늘어나기 시작했습니다. 부시 정부는 이들을 막고, 지옥과 같은 아이티로 되돌려 보냈습니다. 게다가 2개월이 지나지 않아 미국 기업은 경제봉쇄에 구속받지 않는다는 작은 예외를 인정함으로써 경제봉쇄 조치를 훼손시켰습니다. 이때 《뉴욕타임스》는 민주주의를 회복시키기 위한 경제봉쇄의 '미세조정'이란 멋진 이름을 이런 예외 조치에 붙여주었습니다.

미국은 필요하다고 생각하면 언제라도 압력을 행사할 수 있는 나라로 알려졌지만, 그때에는 인접국인 도미니카공화국을 포함해서 미주기구의 다른 나라들에게 아이티의 경제봉쇄를 준수하라고 영향력을 행사할 여지가 없었습니다. 그야말로 촌극이었습니다. 어쨌든 미국의 의도대로 마르크 바쟁이 수상으로 정권을 잡았고, 군부의 실세 장성들이 그의 뒤를 받쳤습니다. 그해, 즉 1992년에 미국과 아이티의 교역량은 경제봉쇄에도 불구하고 평균치에서 크게 떨어지지 않았습니다. 상무부에서 발표한 객관적 자료였지만 언론은 이런 사실조차 보도하지 않았습니다.

1992년 미국 선거 기간 동안, 클린턴은 아이티의 난민들을 다시 지옥불로 되돌려 보내는 부시 행정부의 비인도적인 정책을 맹렬히 공격했습니다. 미국이 앞장서서 지켜주어야 할 세계인권선언의 위배라고 말입니다. 클린턴은 모든 것을 바꿔놓겠다고 공언했습니다. 하지만 당선된 후 백악관에 입성하기도 전에 내린 첫 조치가 난민들을 지옥불로 되돌려 보내기 위해 피도 눈물도 없는 초강력 대책을 수립한 것입니다.

그 이후로 아이티 국민이 선택한 정부가 재집권하지 못하게 만들기 위한 은밀한 정책이 계속되었습니다. 미국의 입장에서는 그다지 오랜 시간이 필요하지 않았습니다. 1995년 12월의 아이티 대통령 선거에서도 미국의 뜻대로 일이 진행되었습니다. 요컨대 미국이 승리한 셈입니다.

하지만 테러와 잔혹 행위는 더욱 늘어나고 있습니다. 민중 조직은 거의 와해되었습니다. 경제봉쇄는 여전히 유효하지만 미국과의 교역은 계속되고 있습니다. 실제로 클린턴 정부 때 교역량이 50퍼센트 정도 늘었습니다. 한마디로 굶주린 섬나라인 아이티가 미국에 식량을 수출하는 것입니다. 부시 정권보다 클린턴 정부에서 그 양이 35배나 늘었습니다. 아이티 국민은 굶주리고 있는데도 말입니다.

야구공도 아이티에서 만들어집니다. 미국이 소유한 공장에서 아이티 여인들은 할당량을 채울 때만 시간당 10센트를 받습니다. 하지만 할당량을 채우기란 거의 불가능하기 때문에 아이티 여인들은 실제로 시간당 5센트의 저임금으로 학대받고 있습니다.

아이티에서 제작된 소프트볼 공은 미국에서 뛰어난 제품으로 광고가 됩니다. 공의 탄력을 높이고 밀착시키기 위해 특수한 화학약품을 사용하기 때문입니다. 하지만 미국의 광고에서는 다른 사실을 조금도 언급하지 않습니다. 아이티 여인들이 소프트볼 공을 손으로 집어 직접 담궈야 하는 화학

약품에는 독성이 있습니다. 따라서 보통 사람이라면 아무도 이 일을 오랫동안 할 수 없습니다.

— 망명해 있는 동안 아리스티드는 군사정부에 협조하라는 요구를 받기도 했습니다.

— 우익 기업계에 협조하라는 요구도 받았습니다.

— 이해하기 어렵습니다. 희생자, 즉 학대받은 사람이 가해자에게 어떻게 협조할 수 있을까요?

— 그다지 이해하기 어려운 일도 아닙니다. 아리스티드 정부는 지지 기반이 약했습니다. 미국은 아리스티드에게 "민주주의를 완성하기 위해서 정부의 문호를 활짝 개방하라"고 집요하게 요구했습니다. 즉, 그를 지지해준 국민의 3분의 2를 버리고 '온건한' 기업계 인사들, 즉 지역 지주들, 섬유 공장이나 소프트볼 공을 제조하는 기업인들 그리고 미국의 농산물 사업자들과 연계된 업자들과 결탁하라는 요구였습니다. 미국식으로 해석하면, 그런 부자들이 권력을 잡지 못한 나라는 민주국가가 아닙니다.

기업계의 극단적인 인물과 온건한 인물의 차이가 무엇인지 아십니까? 극단적인 기업인은 모두를 죽여야 한다고 생각합니다. 국민을 난도질하고 목을 쳐내거나, 도랑에 처박아야 한다고 생각합니다. 온건한 기업인도 천사의 얼굴을 한 악마일 뿐입니다. 국민을 시간당 14센트의 저임금으로 조립 공장에서 일하게 만들어야 한다고 생각하는 사람들입니다. 노동환경이요? 차마 입에 올리기 민망할 정도로 극악한 환경입니다.

이런 온건한 기업인들을 받아들이고 그들에게 힘을 줄 때에야 진정한 민주주의가 완성된다는 것입니다! 안타깝게도 아리스티드는 미국의 이런 요구를 받아들이지 않았습니다. 머리가 둔했던 것일까요? 파괴적인 성품이었기 때문일까요?

클린턴의 정책이 너무 잔인무도했기에 클린턴은 미국의 지지 기반을 거의 모두 상실하고 말았습니다. 이런 정책에 대해서 미국의 주류 언론까지 클린턴을 비난하고 있는 실정입니다. 앞으로 표면적이나마 어떤 변화가 있을 것으로 보입니다. 하지만 민중의 압력이 없다면 미국의 정책은 큰 변화가 없을 것입니다. 현 상태를 그대로 유지하면서 '온건파'에게 권력을 쥐어줄 것입니다.

— 아리스티드의 재집권설이 간혹 들려옵니다. 민중 조직이 와해되고 시민사회가 철저히 파괴된 상태에서 아리스티드와 아이티의 운명은 어떻게 되겠습니까?

— 아메리카스워치Americas Watch(미국에 기반을 둔 인권 감시 단체)가 그처럼 비관적인 견해를 내놓은 적이 있습니다. 아메리카스워치가 사태를 올바로 직시하고 있다는 생각입니다. 1993년 초, 아메리카스워치는 아이티의 상황이 극단까지 이르러 아리스티드가 재집권하더라도 처음처럼 민중의 지지를 얻지는 못할 것이란 비관적인 견해를 내놓았습니다. 애초에 그에게 권력을 안겨준 풀뿌리 조직에 기반을 둔 시민사회가 거의 완전히 붕괴되었기 때문입니다.

물론 단언할 수는 없습니다. 애초에 아리스티드가 권력을 잡을지 누구도 예측할 수 없었듯이 아이티의 시민사회가 어떻게 변할지 속단할 수 없습니다. 인간은 용기의 집합체입니다. 그 용기가 어떤 식으로 폭발할지 예측할 수 없습니다. 그래서 민중 조직을 와해시켜 민중에게 두려움을 안겨주고 민주적인 선거는 별로 중요한 것이 아니라는 인식을 심으려는 음모가 획책되는 것입니다.

엘살바도르에서 선거 몇 개월 전에 예수회가 주최한 토론회가 있었습니다. 그 최종 보고서가 1994년 1월에 공개되었습니다. 이들은 선거가 조작되었고, 중대한 테러가 자행되었다고 고발했습니다. 이들이 몸으로 체험한 수많은 테러가 국민의 열망까지 길들였고, 국민에게 아무 대안도 없다는 생각을 심어 모든 희망을 버리게 만들었다고 주장했습니다. 그렇습니다! 이런 단계에 이른다면 권력자는 국민의 눈치를 보지 않으면서 선거를 마음대로 치를 수 있습니다.

국민에게 떨쳐내기 힘들 정도의 두려움을 안겨준다면, 민중 조직이 지리멸렬된다면, 국민에게 총을 든 사람의 지배를 감내하며 절망적인 상황에서 살다가 죽는 수밖에 없다는 생각을 심어준다면, 권력자는 모든 것을 뜻대로 끌어갈 수 있습니다. 그것도 모두의 갈채를 받으면서 말입니다.

— 쿠바 난민들은 정치적으로 고려되어 미국 입국이 즉각 허락됩니다. 하지만 아이티 난민들은 경제적으로 고려되어 입국이 거절되고 있습니다. 이런 차이를 어떻게 해석하십니까?

— 기록을 자세히 훑어보면, 미국의 난민 수용소에 있는 대다수 아이티 사

람들은 정치적 난민으로 분류되지 않아 거의 곧바로 본국으로 송환됩니다. 그리고 아이티 길거리에서 난도질당한 시체로 발견됩니다.

이민귀화국에서 새어나온 두 가지 흥미로운 사례가 있습니다. 하나는 포르토프랭스에 있는 미 대사관에서 근무한 적이 있는 이민귀화국 직원이 전해준 사례입니다. KPFA (캘리포니아 주 버클리에 있는 라디오 방송국)의 데니스 번스타인과 가진 익명의 인터뷰에서, 그 직원은 이민귀화국이 정치적 난민을 신청한 사람들의 자격을 심사하기 위한 최소한의 노력조차 하지 않았다고 고발했습니다.

거의 같은 시기, 쿠바의 아바나에서 영사 업무를 대행한 곳들에서 새어나온 서류는 완전히 달랐습니다. 주로 정치적 망명을 다루었다고 하지만 진정한 정치적 망명은 찾아볼 수 없었습니다. 정치적 망명을 신청했다고 하지만 심각한 박해를 받았다는 증거는 어디에도 없었습니다. 신청자들은 이런저런 괴롭힘을 받았다고 주장했지만 정치 망명객으로 분류하기엔 턱없이 부족했습니다.

끝으로, 미국 법무부가 국제법과 세계인권선언에 위배됨에도 불구하고 미국의 법을 살짝 바꾸었다는 사실을 지적하지 않을 수 없습니다. 이제 미국법에 따르면 아이티 난민은 기적적으로 미국 영해까지 가더라도 본국으로 송환될 수 있습니다. 전에도 이런 만행이 결코 허용되지 않았습니다. 다른 나라들까지 미국을 흉내 내어 가여운 난민들을 이렇게 처리할까 염려스러울 뿐입니다.

마약에 물든 니카라과

— 1980년대 산디니스타 민족해방전선(니카라과의 무장 혁명 조직)이 니카라과 대서양 해안 지대의 미스키토 원주민들을 학대한 사실을 기억하실 것입니다. 그때 레이건 대통령은 누구도 흉내 낼 수 없는 독특한 어법으로 그 사건을 '실질적인 제노사이드'라고 규정했고, 미국 대사인 진 커크패트릭은 더 차분한 모습으로 "중앙아메리카에서 일어난 최대의 인권 학대"라고 말했습니다. 현재 미스키토 원주민들은 어떻게 되었습니까?

— 아메리카스워치에 따르면 대항 전쟁 중에 수십 명의 미스키토 원주민이 살해당하고 많은 원주민이 추악한 방법으로 강제로 이주당한 사건을 레이건과 커크패트릭이 그렇게 과장해서 말한 것입니다. 게다가 미국 테러 진압군이 그 지역에 진입한 까닭에 산디니스타가 그런 반응을 보인 것이기도 합니다.

물론 산디니스타의 행위는 잔혹 행위임에 틀림없습니다. 하지만 진 커크패트릭이 미사여구로 찬양한 이웃 나라들의 잔혹 행위에 비한다면 아무것도 아닙니다. 게다가 니카라과에서도 '자유의 투사 freedom fighter'들이 자행하는 잔혹 행위에 비한다면 아무것도 아닙니다.

현재 미스키토 원주민들은 어떻게 되었냐고요? 1993년 10월에 나는 니카라과에 있었습니다. 주로 대서양 해안 지대에서 활동하는 기독교 복음주의교파 선교사들에 따르면, 미국이 니카라과에 강요한 정책 때문에 미스키토 원주민들이 아사 직전에 있다고 하더군요. 하지만 미국 언론은 그런 상황에 대해 한마디도 언급하지 않았습니다. 요즘 들어 간혹 그 비참한 상황이 간단히 언급되기는 하더군요.

제3세계에서 미국이 거둔 승리의 전형적인 특징 중 하나가 무엇인지 아십니까? 미국이 승리를 거둔 지역이 마약 거래의 본산으로 변해간다는 점에서 우려하지 않을 수 없습니다. 이유가 없지는 않습니다. 우리가 그들에게 강요한 시장 논리의 결과이니까요.

니카라과는 마약의 주된 중계항으로 변해버렸습니다. 니카라과 정부의 통제력이 거의 붕괴된 탓에 수많은 마약이 대서양 해안 지대에서 유통되고 있습니다. 마약 중계지역이 마약에서 안전할 수 있겠습니까? 바닷가재와 조개를 잡으려고 다이빙하는 미스키토 원주민들에게 마약이 급속히 확산되는 실정입니다.

니카라과에서나 온두라스에서나 미스키토 원주민들은 먹고 살기 위해서 아무런 보호 장비도 없이 깊은 곳까지 다이빙을 해야 합니다. 이 때문에 뇌가 손상되어 일찍 죽습니다. 배를 채워줄 것을 채취하려고 이들은 코카인을 삼킵니다. 그래야 고통이 조금이라도 줄어드니까요.

니카라과에서 선적된 마약이 미국에 숨어들었습니다. 그제야 미스키토 원주민들의 이야기가 미국 언론에 소개되었습니다. 하지만 이들의 노동 조건에 대해 걱정하는 사람은 없습니다. 그저 미국을 좀먹는 마약을 걱정할 뿐입니다.

자유 시장의 논리란 바로 이런 것입니다. 잉여적인 사람들이 있어야 합니다. 그래야 이들을 극악한 조건에서도 이용할 수 있으니까요. 이들이 죽어도 상관없습니다. 대신할 사람은 얼마든지 있으니까요.

중국, 인권의 사각지대

— 미국의 주된 교역국 중 하나인 중국의 인권 상황에 대해 말씀해주시겠습니까?

— 1993년 11월 시애틀에서 있었던 아시아 태평양 정상회담 중에, 클린턴은 중국에 더 많은 첨단 장비를 제공할 것이라고 천명했습니다. 핵과 미사일 확산에 대한 조약을 중국이 위반했기 때문에 중국에 수출 금지 품목을 수출하겠다는 뜻이었습니다. 한마디로 미국 행정부는 금지 조약을 '재해석'한 것입니다. 그래서 중국에 핵원자로만이 아니라 정밀한 위성과 슈퍼 컴퓨터를 수출할 수 있었던 것입니다.

그 정상회담 중에 아주 얄팍한 보고서가 문서로 제출되었습니다. 이 문서에는 중국 경제 기적의 중심지인 광둥 성에서 81명의 여공이 공장에 갇힌 채 불에 타 숨졌다는 내용이 있었습니다. 2주 후에는 홍콩인 소유의 공장에서 60명의 노동자가 죽었다는 내용도 있었습니다. 중국 노동성의 보고에 따르면, 1993년 1월부터 8월까지 무려 1만 1,000명의 노동자가 산업재해로 숨졌습니다. 전해에 비할 때 두 배에 달하는 수치였습니다.

하지만 이런 인권 상황이 논의조차 되지 않았습니다. 《뉴욕타임스》가 1면 기사로 실었듯이 죄수를 노동자로 이용한다고 고발하며 법석을 피웠을 뿐입니다. 무슨 차이가 있었기에 그랬을까요? 간단합니다. 죄수의 강제 노역은 국가 기업에 투입되기 때문에 개인의 이익과 아무런 상관이 없지만 개인 기업과 경쟁하기 때문에 개인의 이익을 침해합니다. 그래서 언론에 보도가 되는 것입니다. 한편 공장에 갇힌 채 불타 죽은 가엾은 여공은 민간 기업의 이익을 위해 공헌한 까닭에 언론이 함구한 것입니다.

따라서 죄수의 강제 노역은 인권침해가 되지만, 공장에 갇힌 채 불타 죽은 여공들의 인권은 거론될 가치조차 없습니다. 우리는 이익을 극대화시켜야 합니다! 모든 것이 이런 원칙에 따라 운영되니까요.

러시아, 민주주의자 옐친의 제3세계화

라디오 청취자 러시아에서 벌어지고 있는 옐친과 민주 세력 간의 다툼에서 미국은 어느 쪽을 지원하고 있는지 알고 싶습니다.

— 옐친은 소비에트 독재 정권 시절, 스베르들롭스크 주 지부장이었습니다. 그는 정권을 잡은 후, 옛 소비에트 체제하에서 그의 수족처럼 일하던 하수인들을 행정부 곳곳에 심었습니다. 옐친이 무자비하긴 하지만 서방세계의 뜻대로 기꺼이 '개혁'을 시도하기 때문에 서방세계는 그를 좋아합니다.

말이 개혁이지, 러시아의 개혁은 옛 소비에트 체제를 제3세계의 상황으로 전락시키기 위한 전략입니다. 과장해서 말하면 볼셰비키혁명이 일어나기 훨씬 전, 그러니까 500년 전의 상황으로 되돌려놓으려는 전략입니다. 냉전으로 중단되었던 상황을 재현하려는 시도이기도 합니다. 정확히 말하면 세계에서 가장 큰 땅을 옛날처럼 서방세계에게 자원을 제공하고, 서방세계의 물건을 팔 수 있는 시장으로, 또한 값싼 노동력을 제공하는 땅으로 만들려는 음모입니다.

옐친이 무리를 이끌고 '개혁'을 밀어붙이고 있습니다. 그래서 옐친은 '민주주의자'입니다. 세계 어디에서나 미국이 민주주의자라고 추앙하는 사람의 모습입니다. 다시 말하면 서방세계의 기업계가 짜놓은 어젠다에 충실히 동조하는 사람입니다.

성스러운 정치·경제의 원리

— 선생님은 최근에 니카라과를 다녀오신 후, 경제학자들이 점점 나치 의사들을 닮아가는 것 같다고 말씀하셨습니다. 무슨 뜻인지 이해하기 어렵습니다. 좀 더 구체적으로 말씀해주시겠습니까?

— 미국 언론에는 보도되지 않았습니다만, 동유럽을 제3세계로 전락시킨 '개혁'으로 동유럽인이 치른 대가를 추정한 유네스코 보고서가 있습니다.

이 보고서에 따르면 1989년 이후로 개혁의 직접적인 대가로 러시아에서만 연간 50만 명이 죽었습니다. 질병과 영양실조 환자는 늘어났지만 의료제도가 붕괴된 까닭입니다. 연간 50만 명이 그렇게 죽어갔습니다! 개혁을 주장한 사람들이 만든 놀라운 업적입니다!

동유럽의 경우에도 수치는 비슷합니다. 하지만 제3세계로 가면 그 수치는 거의 환상적입니다. 예컨대 유네스코의 다른 보고서에 따르면 아프리카에서는 거의 50만여 명의 어린아이가 매년 죽어갑니다. 빚잔치 때문에요! 아프리카에서는 개혁 때문이 아닙니다. 국가가 진 빚의 이자를 갚는 데 국부를 소진하기 때문입니다.

게다가 쉽게 치료할 수 있는 질병으로 죽는 아이들만도 매년 1,100만 명에 이른다고 합니다. 2센트 정도의 치료약만 있으면 충분히 이겨낼 수 있는 질병으로 이렇게 많은 아이들이 죽고 있습니다. 그런데도 경제학자들은 뭐라고 말하는지 아십니까? 정부가 지원하면 시장 원리를 간섭하는 것이라고 합니다!

이런 일이 새로운 것은 아닙니다. 19세기 중반 아일랜드의 감자 기근 때도 영국의 경제학자들은 기근의 직접적인 원인이 되더라도 아일랜드는 식량을 영국에 수출해야 한다고 주장했습니다. 식량 지원은 성스런 정치·경제 원리를 위배하는 것이기 때문에 절대 용납할 수 없다면서 말입니다. 그런데 이런 정책들은 이상하게도 부자들을 더욱 살찌우는 반면에 가난한 사람들을 더욱 힘들게 만듭니다. 우연에 불과한 것일까요?

3

비극의 역사적 배경

실제로 CIA는 칠레의 모든 것을 마비시켰습니다.
결국 1973년 9월 군사 쿠데타가 일어나고 아옌데 정부가 전복되자,
미국은 그동안 취소했던 경제원조를 즉각 재개했습니다.
그 과정에서 수천 명이 투옥되거나 고문당했고, 심지어 학살당하기도 했습니다.
어쨌든 군부가 칠레의 민주주의를 전복시킨 대가로 미국은 새 군사정부에
거대한 지원을 아끼지 않았습니다.

페이퍼클립 작전과 나치의 부활

— 크리스 심프슨은 《블로백Blowback》에서, 악명 높던 나치 독일의 전범과 로켓 과학자, 강제수용소 관리 등을 미국에 데려가 연구시킨 페이퍼클립 작전Operation Paper Clip을 다루었습니다.

— 바티칸, 미국 국무부, 영국 첩보부가 관련된 작전도 있었습니다. 흉악무도한 나치 전범들을 활용한 작전이었습니다. 리옹의 도살자라 불리던 클라우스 바르비를 미국 첩보부가 인도받아 현직에 복직시킨 사례가 대표적인 예입니다.

  그 후 이 문제로 사회가 떠들썩해지자, 바르비를 이용하던 미국 첩보부에는 세상이 그렇게 호들갑을 떠는 이유를 모르겠다며 불평한 관리들이 적지 않았다고 합니다. 어쨌든 미국이 개입해서 전범들을 복직시켰습니다. 미국에는 좌익의 저항에 맞대응할 전문가가 필요했던 것입니다. 바르비가 적임자였던 셈이죠. 미국은 그에게 나치에서 했던 일을 다시 요구했습니다. 사실 미국을 위해 그런 일을 해줄 적임자를 어디에서 구할 수 있었겠습니까!

  바르비를 더 이상 보호할 수 없게 되자 미국은 그를 바티칸의 비밀단체에 넘겼습니다. 크로아티아의 나치 성직자들이 그를 라틴아메리카로 데려갔고, 그곳에서도 바르비는 좌익을 때려잡는 역할을 충실히 해냈습니다. 곧 그는 마약계의 거물이 되었고 볼리비아의 군사 쿠데타에도 관여했습니다. 물론 미국의 지원을 등에 업고 말입니다.

하지만 바르비는 작은 인물에 불과했습니다. 페이퍼클립 작전은 나치의 거물들이 대거 관련된 큰 작전이었습니다. 미국은 가스실을 만든 장본인인 발터 라우프를 칠레에 보냈고, 다른 거물들을 에스파냐에 보냈습니다.

라인하르트 겔렌 장군은 동부전선에 주둔한 독일군 첩보대 대장이었습니다. 진짜 전쟁범죄들은 거의 동부전선에서 범해졌습니다. 아우슈비츠를 비롯한 죽음의 수용소가 모두 그곳에 있었으니까요. 겔렌과 그가 관장한 스파이와 테러 조직은 신속하게 미국 첩보대에 인계되었고 예전의 역할에 투입되었습니다.

최근에 기밀문서에서 해제된 미군의 대게릴라 작전 문헌은 독일군의 경험을 분석하는 것으로 시작합니다. 독일군 장교들의 협조를 얻어 작성된 까닭인지 모든 것이 나치의 관점에서 서술되었습니다. 레지스탕스를 소탕하는 데 어떤 수법은 효과적이었지만 어떤 수법은 효과가 없었다는 식으로 말입니다. 이런 자료가 거의 수정되지 않고 미군의 대게릴라 작전에 도입되었습니다. 마이클 매클린톡이 《통치의 도구들 _Instruments of Statecraft_》에서 이 문제를 비교적 자세히 다루었습니다. 매클린톡의 책은 보기 드물게 훌륭한 책이지만 안타깝게도 어떤 언론에서도 소개되지 않았습니다.

하여간 미국은 나치가 동유럽에 주둔시킨 군대를 그대로 남겨두고, 1950년대 초까지 지원했습니다. 하지만 그때쯤 러시아 스파이가 미국 첩보부에 잠입하자 공중투하를 통한 미국의 지원도 거의 중단되고 말았습니다.

— 제2차 세계대전 이후의 역사를 기록한다면 이 사건이 첫 장에 기록되어야 할 것이라고 말씀한 것으로 기억합니다만······.

— 그렇습니다, 적어도 첫 장의 일부가 될 것입니다. 나치 전범들을 복직시켜 새로운 길을 열어준 것도 비난받아 마땅한 짓이지만, 그들의 수법을 흉내 낸 것은 더 흉악한 짓입니다. 따라서 제2차 세계대전 이후의 역사에서 첫 장은 반파시스트 저항 세력을 절멸시키고 전통적인 세력, 즉 본질적으로 파시스트적 성향을 지닌 세력에 정권을 되찾아줄 목적으로 미국과 영국이 전 세계에서 획책한 작전들로 기록되어야 할 것입니다.

미국이 단독으로 작전을 펼친 한국에서는 전통적인 질서를 되찾는 과정에서 한국전쟁이 시작되기 직전까지 10만여 명이나 목숨을 잃었습니다. 그리스에서도 나치에 저항한 세력의 근간이었던 농부와 노동자는 소외 계층으로 전락한 반면에 나치의 협력자들이 권력을 잡았습니다.

영국군과 미군은 차례로 이탈리아 남부에 진입하면서 어렵지 않게 파시스트적 집단, 즉 산업가들의 세력을 복원시킬 수 있었습니다. 하지만 레지스탕스들이 이미 석방된 북부에서는 사정이 달랐습니다. 북부 지방은 이미 안정을 되찾아 산업 활동이 활발히 진행되고 있었습니다. 결국 미국은 이 저항 세력을 해체시키고 구질서를 회복시켜야 했습니다.

미국이 이런 저항 세력을 못마땅하게 생각한 이유가 무엇이겠습니까? 이들이 노동자의 편에서 옛 지배 세력을 몰아냈고 공동사회를 염원했기 때문입니다. 영국과 미국은 이런 변화를 "합법적인 지배세력의 독단적인 교체"라 칭하며 거세게 비난했습니다. 또한 저항 세력은 최대의 이익 창출이라는 경제적 효율성을 추구하지 않고 더 많은 사람에게 일자리를 주고 있었습니다. 미국은 이를 "불필요한 노동자의 초과 고용"이라며 비난했습니다.

다시 말해, 저항 세력은 노동 현장을 민주화시키는 데 전력을 다했습니다. 국민을 돌보는 데 주안점을 두었습니다. 많은 이탈리아 사람들이 굶주렸기 때문에 누구라도 납득할 수 있는 바람직한 현상이었습니다. 하시만 굶주림은 각자가 해결해야 할 문제라 여기는 미국에게는 '불필요한 노동자의 초과 고용'과 '합법적인 지배 세력의 독단적 교체'를 해소시키는 것이 문제였습니다. 미국은 이 일을 훌륭하게 해냈습니다.

다음 단계로 미국은 민주화 과정을 방해하는 데 온힘을 쏟았습니다. 전통적인 보수 집단은 믿음을 상실한 반면에 좌익이 저항 세력의 지지를 얻어 선거에서 승리할 조짐을 보였습니다. 미국은 이를 용납할 수 없었습니다. 1947년 미국은 첫 국가안전보장회의NSC를 통해 이탈리아에 식량 원조를 중단하고 선거 결과를 뒤바꿀 수 있는 갖가지 압력 수단을 동원하기로 결정했습니다.

그런데도 만약 공산주의자들이 승리한다면? NSC 1, 즉 첫번째 〈국가안전보장회의 비망록〉에 이런 우발적인 사고에 대비한 계획까지 세웠습니다. 미국이 즉각 국가 비상사태를 선포하고, 6함대를 지중해에 급파해서 이탈리아 정부를 전복시키기 위한 준군사작전에 돌입한다는 계획이었습니다.

이런 계획은 그 이후에 몇 번이고 반복된 미국의 고유한 방식이 되었습니다. 실제로 프랑스, 독일, 일본의 근대사를 찬찬히 분석해보면 똑같은 패턴을 찾아낼 수 있습니다. 니카라과의 경우는 다릅니다. 미국은 니카라과를 목 졸라 질식시키고 굶겨 죽이려고 합니다. 그리고 선거 결과를 미국의 뜻대로 얻어냅니다. 그런데도 이 모두가 민주주의의 승리라며 갈채를 보냅니다.

가브리엘 콜코는 1968년에 발표한 《전쟁의 정치학 *Politics of War*》에서 이런 문제를 처음으로 제기한 학자였습니다. 대부분의 학자에게 외면당했지만 이 분야에서 고전적인 책으로 평가받기에 부족함이 없는 책입니다. 당시에는 자료마저 충분하지 않았음에도 불구하고 그는 전체적인 상황을 정확히 꿰뚫어보았습니다.

미국의 쿠데타와 칠레의 무너진 민주주의

— 리처드 닉슨의 죽음을 많은 사람이 아쉬워했습니다. 특히 헨리 키신저는 그의 업적을 기리며, "리처드 닉슨은 이 세상을 더 풍요로운 곳, 더 안전한 곳으로 만들었습니다"라고 말했습니다. 십중팔구 라오스, 캄보디아, 베트남을 염두에 두고 그렇게 말했으리라 생각됩니다. 하지만 어떤 언론에서도 언급하지 않은 곳, 즉 칠레에 초점을 맞춰볼까요? 과연 칠레가 '더 풍요로운 곳, 더 안전한 곳'으로 변했다고 말할 수 있을까요? 1970년 9월 초, 살바도르 아옌데는 민주적인 선거를 통해 대통령에 당선되었습니다. 아옌데의 정책은 무엇이었습니까?

— 아옌데는 원래 사회민주주의자이자 상당히 유럽적인 사람이었습니다. 칠레가 무척이나 불평등한 사회였기 때문에 아옌데는 가난한 사람들을 돕기 위해 부의 재분배를 촉구했습니다. 그는 의사이기도 했습니다. 그가 이룬 업적 중 하나는 가난해서 제대로 영양을 공급받지 못하는 50만여 명의 어린이에게 우유를 무상으로 지원하는 프로그램을 제정한 것입니다. 또

한 그는 구리 채굴 같은 주요 산업을 국유화하고, 국제적으로 자주적인 정책을 시행하려고 했습니다. 즉, 칠레가 미국에 쉽게 종속되지 않을 것이며, 미국의 우산에서 벗어나 자주적인 길을 걷겠다는 의미였습니다.

— 그가 자유 민주 선거에서 승리했다고 생각하십니까?

— 미국을 등에 업은 세력의 방해가 대단했기 때문에 완전한 자유 민주 선거였다고 말하기는 힘듭니다. 미국이 그런 짓을 한 것은 이때가 처음이 아니었습니다. 미국 정부는 1964년의 선거에서도 아옌데의 당선을 막으려고 온갖 짓을 다했으니까요. 몇 년 후 성직자 위원회가 1964년 선거를 조사해서 발표한 결과에 따르면, 1인당 선거 비용으로 따질 때 1964년 미국 대통령 선거에서 두 후보(존슨과 골드워터)가 쓴 돈보다 1964년 칠레 선거에서 미국 정부가 앞세운 후보를 당선시키려고 쓴 돈이 더 많았습니다.

1970년에도 미국은 자유 민주 선거를 방해하려고 거의 똑같은 짓을 되풀이했습니다. 아옌데가 승리하면 어머니들이 아이들을 러시아에 노예로 보낼 수밖에 없을 것이라는 등의 엄청난 흑색선전이 난무했습니다. 게다가 아옌데가 승리하면 미국이 칠레 경제를 파탄으로 몰고 갈 것이란 협박까지 있었습니다.

— 그런 흑색선전에 불구하고 아옌데가 승리를 거두었습니다. 아옌데의 재집권이 결정되고 나서 며칠 후, 닉슨은 CIA 국장인 리처드 헬름스와 키신저 등을 불러 칠레 대책 회의를 가졌던 것으로 알려졌습니다. 그 회의에서 어떤 결정이 내려졌는지 아십니까?

— 헬름스의 비망록에 기록된 바에 따르면 두 가지 방향이 논의되었습니다. 온건 노선과 강경 노선입니다. 닉슨의 표현을 그대로 옮기면 온건 노선은 "경제를 곡소리 나게 만드는 것"이었습니다. 한편 강경 노선은 군사 쿠데타였습니다.

칠레 주재 대사로 케네디식의 자유주의자인 에드워드 코리에게 온건노선을 시행하라는 임무가 주어졌습니다. 코리는 이 임무를 "우리 역량이 닿는 한에서 칠레와 칠레 국민에게 최악의 빈곤과 궁핍을 안겨주는 것"이라고 표현했습니다. 이런 것이 온건 노선이었습니다.

— 칠레 사회에 불안감을 조성하려고 대대적인 프로파간다가 행해진 것으로도 알고 있습니다. 예컨대 CIA는 칠레 최대 언론인 《엘메르쿠리오*El Mercurio*》에 거짓 정보를 제공했을 뿐 아니라 노동자의 소요와 파업을 조장했다고 들었습니다.

— 실제로 CIA는 칠레의 모든 것을 마비시켰습니다. 결국 1973년 9월 군사 쿠데타가 일어나고 아옌데 정부가 전복되자, 미국은 그동안 취소했던 경제 원조를 즉각 재개했습니다. 그 과정에서 수천 명이 투옥되거나 고문당했고, 심지어 학살당하기도 했습니다. 어쨌든 군부가 칠레의 민주주의를 전복시킨 대가로 미국은 새 군사정부에 거대한 지원을 아끼지 않았습니다.

칠레 주재 대사가 키신저에게 고문 문제를 거론하자, 키신저는 "내게 정치학을 강의할 셈이요! 고문 따위는 우리 관심사가 아니요. 우린 중요한 문제에만 관심이 있을 뿐이요"라고 핀잔을 주었다고 합니다. 그리고 키신저는 중요한 문제가 무엇인지 칠레 주재 대사에게 장황하게 설명했습니다.

키신저는 칠레의 사회민주주의가 다른 나라로 확대되는 것을 염려했습니다. 칠레의 성공은 남유럽 국가들, 특히 이탈리아 남부 지역에 영향을 미칠 수 있다고 말입니다. 그렇게 된다면, 당시 유럽의 공산당이 사회민주당과 손잡고 연합 전선을 펼치고 있었기 때문에, 유로코뮤니즘Eurocommunism이라고 불렸던 이데올로기가 유럽 전역으로 확대될 수도 있기 때문이었습니다.

그런데 크렘린도 키신저 만큼이나 유로코뮤니즘을 반대하는 입장이었습니다. 결국 도미노이론이 무엇인지 극명하게 보여주는 예가 아닐 수 없습니다. 키신저가 아무리 미쳤더라도 칠레군이 로마까지 쳐들어갈 것이라고 믿었겠습니까! 천만의 말씀입니다. 칠레의 상황은 이탈리아에 아무런 영향도 미치지 못했을 것입니다. 결국 키신저는 민간 기업의 이익보다 일반 국민의 이익을 최우선으로 고려하는 경제 발전의 성공이 도미노 효과를 일으킬까 염려했던 것입니다.

키신저의 말에서 우리는 미국 외교정책의 기본 틀을 분명히 엿볼 수 있습니다.

— 선생님은 이런 정책이 1980년대 니카라과에서도 그대로 반복되었다고 생각하시는 것입니까?

— 그렇습니다. 니카라과만이 아닙니다. 베트남, 쿠바, 과테말라, 그리스에도 똑같은 정책이 적용되었습니다. '좋은 선례'는 미국의 국익을 '위협'한다는 원칙입니다.

— 키신저는 칠레에 대해 언급하면서, "우리가 자국민의 무책임한 행동 때

문에 공산주의 국가로 전락해가는 국가를 방관하고 방치해야 할 이유를 모르겠다"라고 말했습니다.

— 《이코노미스트》에 따르면 우리는 정책과 정치를 분명히 구분해야만 합니다. 무책임한 국민은 체제의 올바른 운영을 위해서라도 도려내야 합니다.

— 언론 보도에 따르면 최근 몇 년 동안 칠레의 경제성장률이 개선되었다고 합니다만……

— 칠레의 경제 상황은 그다지 나쁘지 않았습니다. 하지만 전적으로 과일, 구리 등의 수출에 기반을 두고 있습니다. 따라서 칠레 경제는 세계시장의 동향에 무척 민감한 편입니다.

어제 신문을 읽으면서 혼자 낄낄대고 웃었습니다. 《뉴욕타임스》는 칠레 국민 모두가 현재의 정치체제에 아주 만족하기 때문에 다가오는 선거에 아무도 큰 관심을 보이지 않는다고 보도했더군요.

그런데 세계에서 가장 영향력 있는 경제지이지만 결코 급진적 논조를 띠지 않는 런던의 《파이낸셜타임스》는 정반대로 보도했습니다. 칠레 국민의 75퍼센트가 대안을 인정하지 않는 현재의 정치체제를 몹시 불만스럽게 생각한다는 여론조사 결과를 인용하면서 말입니다.

칠레 국민이 선거에 냉담한 것은 사실입니다. 하지만 그것은 칠레의 사회구조가 와해되었기 때문입니다. 칠레는 아주 역동적이고 생동감이 넘치는 나라였습니다. 1970년대 초까지는 누구도 부인할 수 없는 민주국가였습니다. 그런데 1973년 군사 쿠데타로 파시스트 정권이 들어서자 칠레 국민은 정치에 무관심해졌습니다. 사회관계의 와해가 특히 두드러진 현상입니다. 모두가 혼자 일합니다. 혼자 힘으로 살아가려고 노력할 뿐입니다. 이런 개인주의와 개인의 이익만을 도모하는 현상이 정치적 무관심으로 발전된 것입니다.

너새니얼 내시는 《뉴욕타임스》에서, 많은 칠레인들이 살바로드 아옌데의 격정적인 연설을 가슴 아프게 기억한다고 말했습니다. 그 연설 때문에 아옌데를 포함해서 수천 명이 학살당한 쿠데타가 기억난 탓일까요? 칠레인들은 민중의 후보였던 아옌데의 연설을 기억할 뿐, 파시스트의 고문과 테러를 가슴 아프게 기억하지는 않는다는 사실을 간과해서는 안 됩니다.

캄보디아, 킬링필드와 여론조작

— 가치 있는 희생과 무가치한 희생이란 개념에 대해 말씀해주시겠습니까?

— 《뉴욕타임스》의 기자를 지냈고 현재 《뉴스데이^{Newsday}》의 칼럼니스트로 활동하는 시드니 쉔버그는 《보스턴글로브》에 기고한 글에서, 베트남이 미국의 전쟁 포로 인도에 완전히 우호적인 것은 아니었다는 사실을 인정하지 않았다는 이유로 매사추세츠 주의 케리 상원 의원을 위선적이라고 맹렬히 비난했습니다. 쉔버그의 주장에 따르면 누구도 이에 대한 진실을 밝히지 않고 있습니다.

쉔버그는 미국 정부가 정직하게 진실을 밝혀야 한다고 주장합니다. 정부가 인도차이나에 있던 미국인들을 고려하지 않은 채 그곳에서 물러났다고 고백해야 한다고 말입니다. 물론 그는 미국이 200만여 명의 무고한 인명을 학살하고 인도차이나의 세 나라를 황폐화시켜 그곳 사람들을 처참한 상황에 빠뜨렸으며, 그 후에도 줄곧 그들의 목을 죄어왔다는 사실까지 정부에게 정직히 고백하라고 주장하지는 않았습니다.

정부에게 정직하라고 비난한 사람이 철저히 타락한 인물인 시드니 쉔버그라는 사실에 나는 주목하지 않을 수 없습니다. 그는 미국의 공식적인 적, 폴 포트가 저지른 범죄를 용기 있게 폭로한 공로로 언론계의 위대한 양심으로 추앙받고 있습니다. 1973년 캄보디아의 수도인 프놈펜에 특파된 기자이기도 합니다. 캄보디아 내륙에 대한 미국의 폭격이 최고조에 이르러 수십만 명이 죽고 인간 사회가 처참히 찢겨가고 있을 때 그는 그곳에 있었습니다.

하지만 시드니 쉔버그와 같은 사람들이 이를 기사화하지 않았기 때문에 당시의 폭격 상황과 그 결과에 대해 알려진 것이 거의 없습니다. 그가 당시 상황을 기사화하기란 그다지 어렵지 않았을 것입니다. 어쩌면 쉔버그는 정글 속에 들어가 보지도 않았을 것입니다. 위험한 정글이 아니더라도 프놈펜의 멋진 호텔에서 길거리로 나와, 시골에서 도시로 피해 나올 수밖에 없었던 수십만 명의 난민을 붙잡고 이런 저런 이야기를 나눌 수도 있었을 것입니다.

나는 쉔버그의 기사를 처음부터 끝까지 낱낱이 추적해보았습니다. 그 결과를 에드워드 허먼(펜실베이니아 경영대학원 와튼스쿨의 재정학 명예교수)과 함께 쓴 《여론조작 *Manufacturing Consent*》에서 자세히 밝혔습니다. 폭격에 대한 기사는 여기저기에서 간혹 발견되지만 난민과 인터뷰했다는 기사는 단 한 건도 없습니다.

그가 사흘 동안 보도했다는 미국의 잔혹 행위는 〈킬링필드 The Killing Fields〉라는 영화로 널리 알려졌습니다. 그가 쓴 글을 근거로 제작된 영화인 〈킬링필드〉는 "이 유일한 기사는 무엇을 말해줄까요? 미국 폭격기가 나쁜 마을을 치고 있습니다. 정부의 마을입니다. 잔인무도한 폭격이었습니다"라는 자막으로 시작됩니다. 쉔버그는 이런 기사를 썼습니다. 그런데 미국이 평범한 마을을 폭격했을 때는 어땠습니까? 우리는 이 사실에 조금도 관심을 기울이지 않았습니다.

말이 난 김에 덧붙이면, 전쟁 포로에 대한 미국 자체의 기록은 극악하기 이를 데 없습니다. 베트남전쟁에서 전쟁 포로에 대한 기록은 그야말로 괴기 소설을 읽는 기분입니다. 한국전쟁의 기록은 더 잔혹합니다. 제2차 세계대전 후 미국은 전쟁 포로들을 불법적으로 감금시켰습니다. 영국도 마찬가지였습니다.

제2차 세계대전의 포로들

— 캐나다에서 출간된 《다른 상실들*Other losses*》을 보면, 제2차 세계대전 중 독일 포로들에게 먹을 것을 주지 않는 것이 미국의 공식 방침이었다고 합니다. 이로 인해 많은 독일 포로가 굶어죽었다고 합니다. 이런 주장을 어떻게 생각하십니까?

— 제임스 바크의 책을 말씀하시는군요. 세세한 부분에서 논쟁의 여지가 많은 책입니다. 나도 진실이 무엇인지 정확히 알지 못합니다. 하지만 논쟁의 여지가 없는 부분도 많습니다. 나도 에드워드 허먼과 1970년대 말에 그

부분에 대해 다루었으니까요.

　미국이 독일 전쟁 포로의 '재교육 캠프'라고 불리던 수용소를 운영한 것은 사실입니다. 이 수용소에서 미국은 독일 포로들을 민주적인 방식으로 교육시켰기 때문에 미국의 인도주의를 전 세계에 알린 절호의 기회였다는 평가도 있었습니다. 하지만 이는 독일 포로들에게 미국식 믿음을 받아들이도록 세뇌시키는 작업이었습니다.

　전쟁 포로들은 그야말로 짐승처럼 취급되었습니다. 굶어 죽기도 했을 것입니다. 이런 수용소의 존재 자체가 국제법 위반이었기 때문에 비밀리에 유지되었습니다. 독일군이 앙심을 품고 미군 포로들을 똑같이 다룰까 두렵기도 했을 것입니다.

　전쟁이 끝난 후에도 이 수용소는 계속 유지되었습니다. 종전 후 얼마 동안이나 유지되었는지는 기억할 수 없습니다만, 미국이 1946년 중반까지 독일군 전쟁 포로를 유지한 것은 틀림없습니다. 전쟁 포로들은 강제 노역에 투입되었습니다. 많은 포로가 걸핏하면 매질을 당했고 죽어갔습니다. 영국에서의 상황은 더 처참했습니다. 영국은 독일군 전쟁 포로를 1948년 중반까지 유지했습니다. 완전히 불법이었습니다.

　마침내 영국에서 대중운동이 일어났습니다. 이 운동을 시작한 사람은 페기 더프였습니다. 1960년대와 1970년대에 핵군축캠페인과 국제평화운동을 이끈 인물로 널리 알려졌지만, 페기는 독일군 전쟁 포로의 학대에 항거하는 운동부터 시작했습니다.

　그런데 왜 독일군 전쟁 포로만이 거론되는 것일까요? 이탈리아 전쟁 포로들에 대해서는 왜 한마디도 없는 것일까요? 독일은 매우 효율적인 나라입니다. 그들의 전쟁 포로가 겪는 상황에 대한 자료집을 끊임없이 발간해서 세계 여론을 주도했습니다. 하지만 이탈리아는 무사태평한 나라입니다. 그래서인지 이탈리아의 전쟁 포로에 대한 조사 자료는 없었습니다. 따라서 이들이 어떤 대우를 받았는지에 대해서는 전혀 알려지지 않았습니다. 십중 팔구 독일군 포로보다 훨씬 극악한 대우를 받았을 텐데요.

내가 다니던 고등학교 바로 옆에 전쟁 포로 수용소가 있었습니다. 전쟁 포로들을 학대하는 문제를 두고 학생들 간에 갈등이 적지 않았습니다. 물론 철조망이 가로막혀 포로들에게 물리적인 학대를 가할 수는 없었지만 학생들은 그들에게 뭔가를 던지고 놀려댔습니다. 이런 행위를 못마땅하게 생각하며 반대한 학생들도 있었습니다. 하지만 많지는 않았습니다.

4

그 밖의 쟁점들

타이나 중국과 같은 나라에서 환경재앙이 조금씩 나타나고 있습니다.
다국적 투자자들의 투자가 그 나라들의 경제를 활성화시키고 있지만,
투자자들은 환경을 '외부적인 것'으로 생각합니다.
즉 관심을 기울일 필요가 없는 것이란 뜻입니다.
따라서 투자자들은 타이의 숲을 파괴해서 단기적으로 이익을 거둘 수만
있다면 그것으로 만족할 뿐입니다.

소비와 행복

— 세계 인구의 5퍼센트에 불과한 미국이 세계 자원의 40퍼센트를 소비하고 있습니다. 이런 현상의 결과는 누구나 예측할 수 있겠지만, 선생님의 개인적인 의견이 궁금합니다.

— 무엇보다 대부분의 소비는 인위적으로 유도된 것입니다. 인간의 실질적인 욕구나 필요와는 큰 관계가 없다는 뜻입니다. 지금처럼 많은 것을 소유하고 소비하지 않더라도 우리는 더 행복하고 풍요롭게 살 수 있습니다.

경제의 건전성을 이익의 크기로 판단한다면 현재의 소비는 건전합니다. 하지만 인간에게 의미하는 것으로서의 소비의 가치를 판단한다면 현재의 소비는 매우 불건전한 것입니다. 장기적인 관점에서는 더욱 그렇습니다.

홍보와 광고에 관계된 기업들이 만들어내는 기업계의 어마어마한 광고는 소비 욕구를 창출해내려는 안간힘일 뿐입니다. 아주 오래전부터 그랬습니다. 어쩌면 산업혁명이 일어난 초기부터 광고는 소비 욕구를 끌어내려는 노력이었습니다.

한편 돈을 많이 가진 사람이 더 많이 소비하는 경향을 띱니다. 이유는 자명합니다. 가난한 사람의 필수품 구입은 소비라고 할 수도 없습니다. 부자가 구매하는 사치품에서 소비가 왜곡되어 나타납니다. 이런 현상은 미국에 국한된 현상이 아닙니다. 전 세계가 똑같습니다. 부자 나라가 대규모 소비 국이며, 부자 나라에서도 부자들이 소비의 큰 몫을 차지합니다.

몬드라곤의 소중한 실험, 협동조합

― 에스파냐의 바스크 지역에 있는 몬드라곤에서 사회적 실험이 시도되고 있습니다. 이 실험에 대해 설명해주실 수 있겠습니까?

― 기본적으로 몬드라곤은 노동자가 주인인 커다란 협동조합이라 할 수 있습니다. 그 안에는 첨단 제조 업체를 포함해 많고 다양한 산업체가 있습니다. 몬드라곤은 경제적으로 상당히 성공을 거두었지만, 자본주의 경제체제에 흡수된 이후로는 다른 분야와 마찬가지로 앞으로도 지속적인 성장을 거둘지 의문입니다.

내부적으로 몬드라곤은 노동자가 운영하는 체제가 아닙니다. 전문 경영인이 경영을 맡고 있습니다. 따라서 몬드라곤은 산업민주주의에 계급적 지배와 통제가 복합된 형태입니다. 즉 종업원이 주인이라는 점에서는 산업민주주의적 색채를 띠지만, 노동자가 경영을 맡지 않는다는 점에서 계급적 위계질서를 띱니다.

내가 앞에서도 언급했듯이 기업은 모든 인간 조직이 그러하듯 엄격한 전제주의적 구조를 띠고 있습니다. 그러나 몬드라곤은 그런 구조적 특징을 많이 탈피한 형태라 할 수 있습니다.

임박한 환경 재앙

<u>라디오 첨첨자</u> 동남아시아, 중국 등에서 경제가 눈부시게 성장하면서 환경문제가 심각하게 대두되고 있습니다. 자본주의가 보여주는 또 다른 폐해의 증거가 아닐까요? 과연 그들이 환경문제의 심각함을 인식하여 어떤 식으로라도 변화를 모색하리라 기대하십니까?

― 비극이 아닐 수 없습니다. 타이나 중국과 같은 나라에서 환경 재앙이 조금씩 나타나고 있습니다. 다국적 투자자들의 투자가 그 나라들의 경제를 활성화시키고 있지만, 투자자들은 환경을 '외부적인 것', 즉 관심을 가질 필요가 없는 것으로 생각합니다. 따라서 투자자들은 타이의 숲을 파괴해서 단기적으로 이익을 거둘 수만 있다면 그것으로 만족할 뿐입니다.

중국에 재앙이 닥친다면 그야말로 끔찍하리라고 생각됩니다. 그 땅덩이의 크기를 생각해보십시오! 게다가 조만간 재앙이 닥칠 것이란 조짐마저 보입니다. 동남아시아의 모든 나라가 똑같은 처지에 있습니다.

― 하지만 인간의 생존이 위협받을 정도로 환경 재앙이 임박했다면 뭔가 획기적인 조치나 변화가 있어야 하지 않을까요?

― 민중이 들고 일어나지 않는 한 획기적인 변화를 기대하기란 어렵습니다. 권력이 초국가적인 투자자들의 손에 있는 한 민중은 그저 말없이 죽어 갈 수밖에 없습니다.

원자력과 에너지 문제

— 워싱턴 DC에서 열린 콘퍼런스에서, 청중석에 있던 한 여인이 벌떡 일어나 선생님이 원자력발전소를 옹호한다고 비난한 적이 있습니다. 선생님은 원자력발전소를 옹호하십니까?

— 아닙니다, 아무도 원자력발전소를 옹호하지 않습니다. 심지어 기업계도 원자력이 비싸다는 이유로 찬성하지 않습니다. 하지만 나는 이 문제에 합리적으로 접근하고 싶습니다. 따라서 합리적인 접근법을 옹호할 뿐입니다. 즉, 원자력이란 문제는 도덕적인 문제가 아니라 기술적인 문제라는 점을 인정해야 합니다. 대안 에너지와 비교해 원자력이 갖는 치명적인 결함이 무엇인지 물어야만 합니다.

자연보호, 태양열 등 많은 대안이 제시되고 있습니다. 모든 대안이 나름대로 장점과 단점을 갖고 있습니다. 하지만 유일한 대안이 탄화수소와 원자력뿐이라고 상상해봅시다. 둘 중 하나만을 선택해야 한다면 어느 것이 환경과 인간의 삶이나 인간 사회에 더 위험한가 물어야만 할 것입니다. 결코 간단히 대답할 수 있는 문제가 아닙니다.

예를 들어, 핵융합이 실행 가능한 대안이라 가정해봅시다. 핵융합 물질이 그 자체로는 환경에 아무런 피해를 끼치지 않을 수 있습니다. 그래도 부정적인 요인들이 있습니다. 어떤 형태의 원자력이라도 방사능 폐기물 처리라는 심각한 문제가 남기 때문입니다. 핵무기 확산을 불러일으킬 수도 있습니다. 또한 핵융합은 국가권력의 집중화를 가져올 것이 뻔합니다.

한편으로 탄화수소를 중심으로 한 산업은 공해를 유발하는 동시에 힘의 집중화를 야기할 수 있습니다. 현재도 에너지 기업은 세계에서 가장 큰 기업군에 속합니다. 펜타곤 시스템이 고안된 이유 중 하나도 에너지 기업체의 힘을 유지시켜주기 위한 것입니다.

다시 말해, 에너지 문제는 모든 것을 합리적으로 고려해야 할 문제입니다. 결코 간단히 결정지을 문제가 아닙니다.

가족과 권위의 합리성

— 선생님은 언젠가 "민주주의의 지속적인 발전을 위해서라도 우리는 권위적인 구조를 찾아내어 그 구조에 도전해야만 한다. 절대적인 힘과 계급 차별적인 힘을 전제로 한 형태는 결단코 부정해야 한다"라고 주장했습니다. 그럼 가족 구조는 어떻게 해석해야 할까요?

— 가족 구조를 포함해서 어떤 구조에나 권위는 다양한 형태로 존재합니다. 가부장적 가족은 매우 엄격한 권위 구조를 띨 수 있습니다. 아버지가 규칙을 정하고 구성원은 규칙을 준수해야 합니다. 규칙을 위반할 경우에는 처벌까지 서슴지 않는 경우도 있습니다.

형제자매, 아버지와 어머니, 성별 관계 등에서도 계급 구조가 있습니다. 이런 구조적 관계들은 문제시되어야 마땅합니다. 때때로 권위체에 합리적인 요구를 제기할 수 있습니다. 이는 권위에 대한 도전이라 할 수 있습니다. 하지만 권위의 합리성을 증명하는 책임은 언제나 권위체의 몫입니다.

예컨대 아이들을 구속하는 어떤 행위들은 정당할 수도 있습니다. 아이들에게 뜨거운 냄비에 손을 대지 못하게 막는다든가, 자동차가 쌩쌩 달리는 도로에서 무단으로 횡단하는 것을 막는 행위는 당연한 것입니다. 아이들에게 분명한 한계를 알려주는 것은 적절한 행위일 수 있습니다. 아이들도 그런 것을 원합니다. 아이들은 자신이 이 세상에서 어디쯤에 있는지 알고 싶어 할 테니까요.

하지만 이런 모든 구속에는 감성과 이성적 깨달음이 동반되어야 합니다. 권위체의 역할에는 언제나 정당성이 요구된다는 인식이 있어야 합니다. 결코 자기 정당화에 만족해서는 안 됩니다.

— 아이들은 몇 살쯤에야 부모가 권위를 앞세울 필요가 없는 수준에 이른다고 생각하십니까?

— 일정한 법칙이 있다고는 생각하지 않습니다. 무엇보다 그에 대해 객관적으로 증명된 과학적 지식이나 이해가 부족합니다. 경험과 직관, 여기에 과학적 연구가 일정한 이해의 틀을 제공하고 있기는 하지만, 이마저 학자들마다 조금씩 다릅니다. 또한 개개인의 차이도 상당히 큽니다.

따라서 이 질문은 쉽게 대답할 수 있는 성질의 것이 아닙니다. 독립심과 자제심을 키우고, 합리적인 선택의 폭을 키우며, 선택한 것을 실천하는 역량을 키워가는 것이 곧 어른으로 성장해간다는 뜻이 아니겠습니까!

조직적으로 단결하라

라디오 청취자 개인적 차원에서 말씀드리겠습니다. 며칠 전, 공공서비스 요금을 인상시키겠다는 통지서를 받았습니다. 저는 일을 하기 때문에 한가하게 앉아서 항의 편지를 쓸 시간이 없습니다. 저만 그런 것이 아닙니다. 대부분의 사람이 무언가를 변화시키기 위해 정치에 능동적으로 참여할 시간이 없습니다. 공공요금은 줄곧 인상되지만, 아무도 객관적 이유를 말해주지 않습니다. 그래서 저는 기업이 취득할 수 있는 이윤율에 한계를 두지 않는 이유가 궁금합니다. 물론 그런 조치가 민주적이지 않다는 것을 알고 있습니다만……

— 나는 그런 조치도 충분히 민주적이라 생각합니다. 권력과 부가 민주주의를 왜곡시킬 정도로 집중되는 것은 민주주의의 원칙에서 벗어난다고 생각하기 때문입니다.

하지만 당신이 처음에 지적한 점에는 전적으로 동의합니다. 당신이 종업원에 불과하다면 힘 있는 기업에 맞설 시간이 허락되지 않습니다. 더구나 혼자서 맞선다는 것은 계란으로 바위를 깨겠다는 생각만큼이나 무모한 짓입니다. 그래서 조직이 필요한 것입니다. 그래서 노동조합이 필요한 것이고, 노동자에 기반을 둔 정당이 필요한 것입니다.

이런 정당이 당신의 입장을 대변할 수 있을 것이고, 공공요금의 인상에 얽힌 진실을 말할 수 있을 것입니다. 물론 앤서니 루이스와 같은 사람들은 이 정당을 반민주적이라며 비난할 것입니다. 왜냐하면, 권력자의 이익보다 민중의 이익을 대변하는 정당이니까요.

선생님 덕분에 진실을 알게 되지만 그 무게 때문에 절망감이 더해질까 두렵습니다. 따라서 선생님이 라디오에 출연하고 책이나 논문을 쓰는 열정의 10~15퍼센트만이라도 보통 사람이 세상을 변화시키기 위해 할 수 있는 구체적인 일을 알려주는 데 쏟아주셨으면 합니다. 물론 여러 사람이 선생님에게 똑같은 요구를 했던 것으로 알고 있습니다. 하지만 그때마다 선생님은 "조직적으로 단결하십시오!"라고 대답하십니다. 그것으로 충분한 것일까요?

— 나도 항상 그 문제를 염두에 두고 있습니다. 하지만 유감스럽게도 내 대답은 언제나 똑같을 수밖에 없습니다. 현재의 문제를 극복할 방법은 하나뿐입니다. 혼자서는 아무것도 할 수 없습니다. 혼자서는 세상을 한탄하며 절망할 수밖에 없습니다.

하지만 다른 사람들과 힘을 합하면 당신은 변화를 만들어갈 수 있습니다. 다른 사람들과 힘을 합한다면 어떤 일이라도 가능합니다.

촘스키 연보

1928년(출생) 언어학자이자 철학자이며 정치적 행동주의자인 에이브럼 노엄 촘스키^Avram Noam Chomsky^는 12월 7일 필라델피아 부근 이스트 오크 레인^East Oak Lane^에서 태어남. 아버지 윌리엄 촘스키^William Chomsky^는 우크라이나에서 태어나 1913년에 미국에 온 이민자이고, 어머니 엘시 시모노프스키^Elsie Simonofsky^는 벨라루스 출신. 부모 다 보수적인 정통 유대교 가문에서 자라남. 어머니는 교사이자 행동주의자로, 당시 미국 문화의 편협한 억압 속에서도 전통적 방식으로 가정을 꾸려 나감. 아버지도 교사였는데, 히브리어 문법을 전공한 히브리어 학자로, 《뉴욕타임스^The New York Times^》 부고난에 "세계 최고의 히브리어 문법가 중 한 사람"으로 소개되었을 정도로 명성을 얻음. 언어학자인 아버지는 노엄에게 평생 큰 선물이 됨. 외가 쪽으로는 사회주의자인 친척이 꽤 있었지만 부모는 루스벨트^Franklin Roosevelt^를 지지한 민주당원으로 중도좌파였으며 존 듀이^John Dewey^의 교육론을 지지했음.

* 이 연보는 촘스키 공식 웹사이트(www.chomsky.info)와 볼프강 B. 스펄리치Wolfgang B. Sperlich의 《한 권으로 읽는 촘스키Noam Chomsky: Critical Lives》를 참고하여 편집부에서 작성했으며 장영준 교수(중앙대학교 영어영문학과)가 감수했다.

1930년(2세) 상당히 일찍부터 정식 교육을 받기 시작해 템플 대학교^{Temple} University에서 운영하는 듀이식 실험학교인 오크 레인 컨트리 데이 스쿨^{Oak Lane} Country Day School에 입학, 열두 살까지 다님.

1933년(5세) 동생 데이비드 ^{David} 출생. 1930년대에 촘스키는 대공황의 여파로 드리운 전체주의의 어두운 그림자를 실감하며 자라남. 부모와 부모의 동료가 교육 현장에서 실천하는 모습을 보며 상식으로 세상을 바꿔야 함을 배움. 촘스키는 아나키즘적 정치철학에서 "행동이 이론을 세우는 것보다 훨씬 중요하다"는 교훈을 배움. 촘스키의 이상은 아나키즘적 생디칼리슴에 뿌리를 두는 반면, 정치적 행동주의라는 사상은 상식에서 출발함.

1938년(10세) 에스파냐 내전에서 바르셀로나가 파시스트에 점령당하자 학교 신문에 '파시즘의 확산'을 주제로 사설을 게재함. "오스트리아가 점령당했고 체코슬로바키아가 점령당했으며 이제 바르셀로나도 점령당했다"로 시작함.

1940년(12세) 센트럴 고등학교^{Central High School} 입학. 대학 진학을 최우선 목표로 삼는 경쟁적인 학교에서 위계적이고 엄격한 교육 방식에 다소 곤란을 겪음. 선천적으로 지적 활동을 좋아해 부모에게서 "아들 녀석이 벌써부터 부모를 이기려 한다"는 말을 듣고 자람. 또래 아이들이 슈퍼맨 만화책을 읽을 때, 유대인 공동체에 속한 탓에 시오니즘에 관한 책과 논문을 읽음.

1941년(13세) 중세 히브리어 문법과 역사를 학문적으로 연구한 아버지 덕분에 어린 시절부터 문법이란 개념에 익숙했음. 13세기 히브리어에 대해 아버지가 쓴 원고를 교정 봄. 그러나 문법보다는 정치에 더 관심이 많음. 특히 뉴욕의 외가에 자주 오가면서 이모부 밀턴 클라우스^{Milton Klauss}가 운영하는 신문 가판대에 드나드는 지식인들을 통해 지적 자극을 받음. 훗날 촘스키는 당시 경험을 "10대 초반에 내게 가장 큰 영향을 미친 지적인 문화"였다고 회고함. 이모부는 자유주의 이외에 국내외의 프로파간다에 속고 억압받는 계급과, 그들과 연대하는 것에 대해서도 관심을 가져야 한다고 가르침. 가족의 사교 범위는 좁았지만 이모부에게서 자양분을 공급받을 수 있었음. 한때는 에스파냐의 아나키즘 혁명에 심취했고, 반파시스트 난민들이 주로 운영하는 뉴욕의 중고 서점과 아나키스트들이 이디시어로 발행한《노동자의 자유 목소리*Freie Arbeiter Stimme*》사무실을 들락거림. 이 잡지에 실린 글과, 주류 언론과 서점에 쌓인 책에서 접하는 정보가 극명하게 다른 것에 충격을 받음. 후에 촘스키가 언론 산업에 관심을 갖게 된 결정적인 계기가 됨.

1945년(17세) 펜실베이니아 대학교^{University of Pennsylvania} 입학. 철학, 논리학, 언어학 등 일반 과정을 이수하면서 흥미로운 주제로 보고서를 써냄. 모국어인 영어와 제2 언어로 히브리어를 쓰며 성장한 그는 대학에서 고전 아랍어와 프랑스어, 독일어 기초를 익힘. 그러나 이것이 그를 언어학자로 이끈 것은 아님. 아버지의 학교에서 히브리어를 가르치며 학비를 번 까닭에 겨우 낙제를 면하기도 함. 대학을 중퇴하고 팔레스타인으로 가 키부츠에서 일할 생각을 품음. 이탈리아 출신의 반파시스트 망명자로 훌륭한 인격자이면서 뛰어난 학자인 조르조 레비 델라 비다^{Giorgio Levi Della Vida}와 조우. 그는 촘스키의 이상과 정치적 행동주의에 적잖이 영향을 미침. 또 정치적 행동주의자이면서 뛰어난 작가인 조지 오웰^{George Orwell}에 푹 빠짐. 특히《카탈로니아 찬가*Homage to Catalonia*》에 깊은 인상을 받음. 드와이트 맥도널드^{Dwight Macdonald}가 1999년까지 발행한 정치 잡지《정치*Politics*》에 가끔 실리는 오웰의 글에 심취함.

1947년(19세) 정치 모임에서 같은 학교의 젤리그 해리스^{Zellig Harris} 교수와 만남. 촘스키가 정치적 행동주의자와 언어학자로서의 길을 걷는 데 결정적인 영향을 준 그는 미국에서 처음으로 언어학과를 펜실베이니아 대학교에 만들었으며 구조주의 언어학과 담화 분석의 창시자임. 게다가 프랑크푸르트학파와 심리 분석에 푹 빠진 비판적 사상가로 정치관마저 촘스키와 매우 흡사했음. 자유분방한 해리스는 촘스키에게 수학과 철학을 공부하라고 권하기도 함. 격식을 벗어난 듀이식 교육을 받은 촘스키는 자유로운 분위기에서 학문적 토론에 심취함. 언어학자이자 《촘스키 Chomsky》(1970)의 저자인 존 라이언스 John Lyons 는 "학생 촘스키는 해리스의 정치적 관점에 매료됐고 그 때문에 언어학과 대학원을 선택했다. 어떤 의미에서는 정치학이 언어학으로 그를 인도한 셈이다"라고 함.

1948년(20세) 학위 논문 주제를 고민하는 촘스키에게 해리스가 '히브리어 연구'를 권함. 해리스가 쓴 《구조주의 언어학의 방법론 Methods in Structural Linguistics》 (1947)에 완전히 매료되어 언어학에 빠져듦.

1949년(21세) 학사 학위 논문 발표. 이때부터 개인적인 삶과 학자로서의 삶, 정치적 행동주의자로서의 삶을 이어감. 히브리어에 해리스의 방법론을 접목해 〈현대 히브리어의 형태음소론 Morphophonemics of Modern Hebrew〉 초고 완성. '생성통사론'의 출현을 예고한 논문이지만 촘스키는 이후로 시행착오를 거듭함. 12월 24일 어린 시절 친구인 캐럴 샤츠 Carol Schatz (19세)와 결혼.

1951년(23세) 캐럴이 프랑스어로 학사 학위 받음. 펜실베이니아 대학교에서 학사 학위 논문을 수정하여 언어학으로 석사 학위 받음. 이즈음 촘스키는 철학에 심취해, 굿맨 Nelson Goodman, 콰인 Willard Van Orman Quine 등과 교류하고, 이 둘을 통해 카르나프 Rudolf Carnap, 러셀 Bertrand Russell, 프레게 Gottlob Frege, 비트겐슈타인 Ludwig Wittgenstein 을 만남. 과학자이자 수학자이며 논리학자인 러셀은 오웰만큼 촘스키에게 깊은 영감을 불러일으켰으며, 그가 가장 닮고 싶어 한 사람으로 지금까지 그의 사진을 연구실에 걸어둠. 이 밖에도 옥스퍼드 대학^{Oxford} University 철학과의 존 오스틴^{John Austin} 교수에게 큰 영향을 받음. 굿맨의 권유로 유망한 대학원생을 지원하는 장학제도인 하버드 대학교^{Harvard University} 특별연구원 ^{Society of Fellows}에 지원함. 연구원^{Junior Fellow}으로 선발되어 보스턴으로 이주. 찰스 강 남쪽 올스턴^{Alston}의 커먼웰스^{Commonwealth} 가에 위치한 조그만 아파트를 세 얻음. 같은 연구원인 언어학자 모리스 할레^{Morris Halle}는 촘스키의 언어학을 이해해준 극소수의 동료 중 한 사람으로 남음. 프라하학파 창시자의 일원이자 절친한 사이가 된 로만 야콥슨^{Roman Jakobson}도 만남.

1953년(25세) 캐럴이 하버드 대학교의 여자 단과 대학인 래드클리프 대학^{Radcliffe College}으로 전학함. 하버드 연구원이 누릴 수 있는 가장 큰 혜택인 여행 보조금으로 부부가 첫 해외여행을 떠남. 주목적은 키부츠 체험과 유럽 여행. 영국, 프랑스, 이탈리아를 거쳐 이스라엘로 가, 제2차 세계대전이 유럽에 남긴 상흔을 직접 보고 옴. 음성학을 공부하던 캐럴이 돌연 학업을 중단함. 촘스키는 그간의 연구를 접고 취미로 해온 '생성문법^{generative grammar}'에 집중. 첫 학술논문 〈통사분석 체계^{Systems of Syntactic Analysis}〉를 언어학 저널이 아닌 논리적 실증주의 저널 《기호논리학 저널^{Journal of Symbolic Logic}》에 발표하여 큰 호응을 얻음.

1955년(27세) 유럽 여행 후부터 계속 영원히 키부츠에 정착하는 문제 고민. 가능성 타진을 위해 캐럴이 이스라엘로 떠남. 하버드 특별연구원 장학금을 1955년까지로 연장함. 4월 징집영장 받음. 6주 뒤로 징집을 연기하고 4년간 미뤄온 박사 논문 마무리. 〈변형 분석^{Transformational Analysis}〉으로 박사 학위 취득, 군 복무 면제받음. 이 논문은 1975년 출판되는데, 언어학의 새 지평을 열었다고 평가받음. '변형 분석'은 문장의 언어 층위를 심층 구조와 표층 구조로 설명하는 혁명적인 개념으로, 거의 1,000쪽에 달하는 이 논문에서 그는 이분지$^{\text{binary branching}}$를 이용한 수형도를 발전시킴. 하버드 대학교 도서관에 마이크로필름으로 보관되자마자 논문은 '지하 고전'이 되었고, 열람이 가능한 소수의 '내부자' 집단이 생겨남. MIT(매사추세츠 공과대학교)에서 강사로 일하기 시작. 처음에는 박사 과정 학생들을 대상으로 필수과목인 프랑스어와 독일어를 가르쳤으나 곧 '언어와 철학' 강좌가 개설되었고 강사를 찾지 못한 이 강좌에 지원함. 철학과 언어학을 결합해 강의하며 엄청난 분량의 원고와 독창적 강의 노트를 축적해갔는데, 이후 엄청난 양의 출판물을 쏟아내는 기반이 됨.

1956년(28세) 모리스 할레, 프레드 루코프$^{\text{Fred Lukoff}}$와 함께 논문 〈영어 액센트와 절점에 관하여$^{\text{On Accent and Juncture in English}}$〉 발표.

1957년(29세) 2월 공학과 수학, 과학을 전공하는 MIT 학부생들을 대상으로 한 강의 노트를 바탕으로 《통사 구조$^{\text{Syntactic Structures}}$》 출간. 상업적으로는 성공하지 못했지만 현대 언어학의 고전으로 언어학자의 필독서이자 스테디셀러가 됨. 4월 20일 딸 아비바^{Aviva} 태어남(중앙아메리카의 역사와 정치를 전공하고 아버지의 뒤를 이어 학자가 됨). 선배 교수이자 초기부터 촘스키 이론에 관심을 둔 조지 밀러$^{\text{George Miller}}$의 초대로 스탠퍼드 대학$^{\text{Stanford University}}$에서 여름 학기를 보냄. 이듬해까지 콜롬비아 대학$^{\text{Columbia University}}$ 초빙 교수를 지냄.

1958년(30세) MIT 부교수가 됨.

1959년(31세) 2004년의 한 강연에서 촘스키는 하버드 대학원 시절을 회고하며 "생물언어학적 관점$^{\text{biolinguistic perspective}}$은 제2차 세계대전 직후 미국에 알려지기 시작한 동물행동학^{ethology}을 비롯해, 생물학과 수학의 발전에 크게 영향을 받은 일부 하버드 대학원생들의 토론에서 이미 반세기 전에 요즘의 형태를 갖추기 시작했다"고 밝힘. 이런 접근법에 영향을 받아 스키너의《언어 행동*Verbal Behavior*》(1957)을 다룬 평론(〈스키너의《언어 행동》에 대한 고찰*Reviews: Verbal behavior*〉)을 언어학 학회지《언어*Language*》에 발표, 언어가 학습되는 행동이라는 이론을 여지없이 무너뜨림. '자극-반응-강화-동기부여'로 이루어지는 행동주의의 이론적 틀이 언어학에서나 일반 과학에서 추론적 의미는 물론 경험적 의미도 갖지 못한다는 점을 증명함으로써 당대 학자인 스키너와 콰인을 정면공격함. 마치 경험주의와 합리주의 논쟁으로도 비친 이런 논쟁을 다른 학자들과 즐겨 했고, 평론가들은 이를 일컬어 '언어학 전쟁*linguistics wars*' 이라고 부름. 그러나 길버트 하먼*Gilbert Harman*은 "촘스키의 언어 이론만큼 현대 철학에 영향을 미친 이론은 없다"고 평함. 이듬해까지 프린스턴 대학*Princeton University* 고등연구소*Institute of Advanced Study* 회원으로 있음.

1960년(32세) 둘째 딸 다이앤*Diane* 태어남(현재 니카라과 수도 마나과에 있는 한 원조 기구에서 일함). 1960년대 들어 적극적으로 정치적 견해를 피력하기 시작. MIT 전자공학연구소에 있던 시절 촘스키는 테크놀로지를 경멸했는데 1950년대 말부터 컴퓨터와 컴퓨터 언어학에 컴퓨터를 응용하는 분야를 인정하기 시작했고, 이런 그의 비판적 관심이 오토마타 이론*Automata Theory*(자동번역이론)에 기여했으며, 결국 자연 언어에 수학적 이론을 접목한 '촘스키 계층 구조*Chomsky hierarchy*'를 완성하기에 이름.

1961년(33세) MIT 종신교수가 됨.

1964년(36세) 1967년까지 하버드 인지 연구 센터*Harvard Cognitive Studies Center* 연구원을 지냄.

1965년(37세) 지금도 언어학계에서 가장 훌륭한 저작으로 손꼽히는《통사이론의 제상*Aspects of the Theory of Syntax*》출간. '표준이론*Standard Theory*'에 대한 대학원생과 신임 교수들의 허심탄회한 논의를 정리한 책임. 베트남전쟁이 발발하자 정치적 행동주의자가 되기로 결심하고 항의 집회에 적극적으로 참여함. 삶 자체가 불편해지고 가족들에게도 피해가 갈 것이며 더 자주 여행하고 더 많은 사람을 만나야 하고 또 정치에 무관심한 학계의 따돌림도 받겠지만 모든 것을 감수하기로 결심함. 그러면서도 충직한 학자답게 정치관과 언어학 교실을 엄격히 구분함. 렉싱턴 지역으로 이사해 지금까지 살고 있음. 학자들 사이에서 좌파라고 밝히는 것이 유행처럼 번지고 반문화 운동이 확산된 불안한 1960년대에 들어와 민중의 힘이라는 새로운 현상에 주목한 신생 조직들이 생겨남. 각종 정치 행사와 시위에 강연자로 초청받는 일이 잦아짐. 그의 회고에 따르면 "처음 치른 대규모 대중 집회는 1965년 10월 보스턴 커먼 공원에서 열린 행사"임. 이때 베트남전쟁을 찬성하는 반대파에 공격받고 지역 언론으로부터 맹렬하게 비난받음.

1966년(38세) 촘스키는 정치적 행동주의자로서 연설하고 강연한 것, 또 강연하기 위해 조사한 자료에 대해 어마어마한 양의 기록을 자세히 남김. 행동주의 저술가로서 그의 글과 소책자는 어떤 행동주의자의 글보다도 더 많은 독자에게 전해짐. 이해에 행동주의자가 아닌 대중을 상대로 하버드에서 최초로 강연했는데, 마침 힐렐^{Hillel}(세계에서 가장 큰 유대인 대학들의 기관) 집회였고, 이 강연은 이듬해 2월 《뉴욕 리뷰 오브 북스^{The New York Review of Books}》에 〈지식인의 책무^{Responsibility of Intellectuals}〉로 실림. MIT 석좌 교수가 됨. 모리스 할레와 함께 하퍼 앤드 로^{Harper and Row} 출판사에서 '언어 연구 시리즈^{the Studies in Language Series}' 편집. UCLA와 캘리포니아 대학^{University of California} 버클리^{Berkeley} 캠퍼스에서 초빙 교수 지냄.

1967년(39세) 아들 해리^{Harry} 태어남(현재 캘리포니아에서 소프트웨어 개발자로 일함). 징역형을 선고받을 위기에 처함. 아이 셋을 키우며 캐럴이 다시 공부를 시작함. 《뉴욕 리뷰 오브 북스》에 실린 〈지식인의 책무〉를 통해 "지식인은 정부의 거짓말을 세상에 알려야 하며, 정부의 명분과 동기 이면에 감추어진 의도를 파악하고 비판해야 한다"고 역설. 그가 행동하는 지식인으로 각인되는 계기가 됨. 이 매체는 좌파 학자들에게 거의 유일한 언로였는데, 촘스키는 이때부터 1973년까지 꾸준히 기고함. 10월 처음 투옥되어, 그곳에서 베트남전쟁을 다룬 소설 《밤의 군대들 _The Armies of the Night_》로 퓰리처상을 받은 소설가 노먼 메일러 _Norman Mailer_를 만남. 학생비폭력조정위원회 _Student Nonviolent Coordinating Committee_의 폴 라우터 _Paul Lauter_와 의기투합하여 저항조직 레지스트 _RESIST_를 창설함. 10월 21일 펜타곤 외곽을 행진하던 시위대가 헌병대와 충돌하는 바람에 체포당해 노먼 메일러와 함께 구치소에서 하룻밤을 보냄. 당국이 본보기를 남기기 위해 법무부 건물 앞 계단에서 연설한 그는 제외한 채 '보스턴의 5적'을 발표함. 이 재판을 지켜보며 보수 집단이 무슨 짓을 할지 두려움에 휩싸임. 그래도 캐럴은 아이들을 데리고 나가 반전 집회 행진에 참여하고, 매사추세츠의 콩코드에서 여성과 어린이가 참가한 침묵 시위에도 참여함. 이때 캐럴과 두 딸은 통조림 깡통과 토마토 세례를 받음. 런던 대학교 _University of London_에서 명예박사 학위를 받음. 시카고 대학 _University of Chicago_에서 명예 언어학 박사 학위 받음.

1968년(40세) 《언어와 정신 _Language and Mind_》 출간. 오랜 친구이자 동료인 모리스 할레와 함께한 기념비적인 저작 《영어의 음성체계 _The Sound Pattern of English_》 출간. 500여 쪽에 달하는 이 책으로 '음운론'을 거의 완벽히 정리해냄. 12월 〈콰인의 경험론적 가정 _Quine's Empirical Assumption_〉 발표. 캐럴이 하버드 대학교에서 언어학으로 박사 학위를 받음.

1969년(41세) 1월 캐럴이 박사 논문과 같은 주제인 '언어 습득 과정'에 관해 쓴 《언어습득론 *The Acquisition of Syntax in Children from Five to Ten*》을 출간함. 봄에 옥스퍼드 대학의 존 로크 강좌 John Locke Lectures 에서 강연함. 9월, 펜타곤에서 연설한 것과 기고문을 모아 《미국의 힘과 신관료들 *American Power and the New Mandarins*》 출간. 미국의 베트남전 개입을 신랄하게 규탄한 이 책으로 미국 안팎에서 뜨거운 반응을 얻음.

1970년(42세) 4월 그리스도교 연합교회 목사인 딕 페르난데스 Dick Fernandez, 코넬 대학교 Cornell University 경제학과 교수인 더글러스 다우드 Douglas Dowd 와 함께 하노이 방문. 폭격이 잠시 중단된 틈을 타, 폭격의 피해를 입지 않은 하노이 폴리테크닉 대학교 Polytechnic University 에서 강연. 이 강연 여행은 지하운동과 민중운동 쪽에서 큰 화제가 됨. 영화배우이자 반전운동가 제인 폰더 Jane Fonda 가 하노이를 방문했을 때 '반역'이라 비난받자 대국민 사과를 한 것과 비교하면 비교적 알려지지 않은 채 넘어감. 이후로도 논란이 될 만한 해외여행은 하지 않음. CIA(미국중앙정보국) 용병부대의 폭격 탓에 항아리 평원 Plain of Jars 에서 쫓겨난 라오스 난민들을 인터뷰해 《아시아와의 전쟁 *At War With Asia*》 출간. 이 책에서 그는 미국은 베트남전쟁에서 주된 목표를 이루었으며 그 대표적인 예가 FBI가 실행한 반첩보 프로그램인 코인텔프로 COINTELPRO 라고 지적함. MIT 출판사가 창간한 학술지 《언어학 탐구 *Linguistic Inquiry*》의 편집위원회를 맡음. 촘스키 언어학을 알리는 수단에 불과하다는 비판도 있었으나 지금은 가장 권위 있는 언어학 학술지로 자리 잡음. 시카고의 로욜라 대학교 Loyola University 와 스워스모어 칼리지 Swarthmore College 에서 명예박사 학위 받음. 이때부터 1980년대까지 학자로서의 역할에 충실함. 《런던타임스 *The Times of London*》 선정 '20세기를 만든 사람'에 이름을 올림.

1971년(43세) 전해 1월 케임브리지 대학^{Cambridge University}에서 한 버트런드 러셀 기념 특강을 모아 《촘스키, 러셀을 말하다^{Problems of Knowledge and Freedom}》 출간. 영국 폰타나^{Fontana} 출판사에서 《아시아와의 전쟁》 출간. 폰타나는 유럽에서 유일하게 《밀실의 남자들^{The Backroom Boys}》(1973), 《국가 이성을 위하여^{For Reasons of State}》 (1973), 《중동에서의 평화^{Peace in the Middle East?}》(1975) 등 촘스키 저작을 연이어 출판하면서 그의 이름을 알리는 데 적잖은 역할을 함. 네덜란드 텔레비전 방송국에서 미셸 푸코^{Michel Foucault}와 대담. 평소 프랑스의 포스트모던 철학이 '정치 비평'적 색채를 띠어 철학이 정치적 행동주의처럼 여겨진다는 이유로 프랑스 철학을 경멸했던 촘스키는 푸코의 '포스트모던' 비판에 폭넓게 동의함. 철학자이자 과학자인 데카르트에게서 깊이 영향받은 촘스키의 언어학이 '데카르트 언어학'이라고도 불린 것에 비하면 이례적인 일임. 뛰어난 학자를 지원하는 구겐하임 펠로십^{Guggenheim fellowship} 수상. 바드 칼리지^{Bard College}에서 명예박사 학위 받음.

1972년(44세) 캐럴이 하버드 교육대학원에서 교편을 잡고 1997년까지 가르침. 델리 대학^{Delhi University}에서 명예 학위를 받음. 4월 1일 뉴델리 대학^{University of New Delhi}에서 네루^{Nehru} 추모 특강을 함. 5월 《언어와 정신》 개정판 출간.

1973년(45세) 《국가 이성을 위하여^{For Reasons of State}》 출간. 베트남전쟁과, 닉슨^{Richard Milhous Nixon}의 부관 헨리 키신저^{Henry Alfred Kissinger}가 비밀리에 캄보디아를 폭격한 사실을 알리기 위해 처음으로 허먼과 함께 《반혁명적 폭력: 대학살의 진상과 프로파간다^{Counter-Revolutionary Violence: Bloodbaths in Fact and Propaganda}》를 저술함. 출간을 코앞에 두고 워너커뮤니케이션스^{Warner Communications}의 간부가 "존경받는 미국인들을 아무 근거 없이 상스럽게 비난한 거짓말로, 명망 있는 출판사에서 낼 만한 책이 아니"라는 이유로 출간 보류함. 개정하고 글을 추가해 사우스 엔드 프레스$^{\text{South End Press}}$에서 1979년《인권의 정치경제학$^{\textit{The Political Economy of Human Rights}}$》으로 출간함. 매사추세츠 대학교$^{\text{University of Massachusetts}}$에서 명예박사 학위 받음. 닉슨의 '국가의 적$^{\text{Enemies List}}$' 명단에 이름이 올라 있는 것이 밝혀짐.

1974년(46세)《반혁명적 폭력》의 프랑스어판 출간. '프랑스 좌파의 이데올로기적 욕구를 만족시키기 위한 오역이 난무한다'고 자평함.

1975년(47세) 3월《중동에서의 평화》출간. 정치적 행동주의가 담긴 책들은 출간이 어려웠으나 언어학 연구서들은 학계에서 주목받으며 널리 읽힘. 6월《'인권'과 미국의 대외 정책$^{\textit{'Human Rights' and American Foreign Policy}}$》출간. 박사 논문을 고쳐 실질적인 첫 저작이라 할《언어 이론의 논리적 구조$^{\textit{The Logical Structure of Linguistic Theory}}$》출간. 1월에 진행한 캐나다 온타리오의 맥마스터 대학교$^{\text{McMaster University}}$ 휘든 특강$^{\text{Whidden Lectures}}$에 시론을 덧붙인 언어학 고전《언어에 대한 고찰$^{\textit{Reflections on Language}}$》출간.

1976년(48세) MIT에서 인스티튜트 프로페서$^{\text{Institute Professor}}$(독립적인 학문기관으로 대우하는 교수)로 임명됨. 학자로서 최고의 전성기를 맞음. 이해부터 동티모르에 대해 끊임없이 문제를 제기하고 3년 뒤 책으로 엮음.

1977년(49세) 봄,《리바이어던$^{\textit{Leviathan}}$》과의 인터뷰에서 "미국은 제2차 세계대전 이후 일관된 정책을 유지했는데, 그것은 서남아시아의 에너지 자원을 확실하게 통제하려는 것이다"라고 함. 11월 네덜란드 레이던 대학$^{\text{University of Leiden}}$에서 하위징아^{Huizinga} 추모 특강.

1978년(50세) 이듬해까지 유엔 탈식민지위원회에 출석해 동티모르의 상황을 증언함(후에 출간). 11월 콜롬비아 대학에서 우드브리지^{Woodbridge} 특강.

1979년(51세) 1월 스탠퍼드 대학에서 칸트$^{\text{Immanuel Kant}}$ 강의. 주로 언어학, 언어학과 철학을 결합시킨 것, 그리고 정치적 행동주의를 주제로 한 강연을 함.

이 세 주제를 넘나들며 진행한 인터뷰가 《언어와 책무: 미추 로나와의 대화*Language and Responsibility: Based on Interviews with Mitsou Ronat*》로 출간됨. 5월 리스본까지 달려가 동티모르의 위기를 다룬 첫 국제회의에 참석. 1980년대 초에도 리스본에서 동티모르 난민들을 만나고, 이후 오스트레일리아의 지원단체 및 난민들과 가까운 관계를 유지함. 촘스키는 동티모르와 관련된 대부분의 정보를 오스트레일리아 친구들에게서 얻음. 전해 우드브리지 특강을 바탕으로 한 《규칙과 표상*Rules and Representations*》 출판. 1980년대에 언어학에서 타의 추종을 불허하는 탁월한 철학자로 우뚝 섬. 정치철학과 현대 프랑스 철학에 휩쓸리지 않으면서 자신만의 언어철학을 완성해감. 언어가 인간 행위에 영향을 미치며 언어 능력이 세상을 변화시키고 더 낫게 만들어나가는 궁극적인 도구라고 본 촘스키는 《규칙과 표상》에서 언어는 보편적으로 학습된다는 인지언어학*conitive linguistics*으로부터 생물언어학을 구별 정립함. 1951년에 쓴 석사논문이 《히브리어의 형태소론*Morphophonemics of Modern Hebrew*》으로 출판됨. 〈나치의 쌍둥이: 안보국가와 교회*The Nazi Parallel: The National Security State and the Churches*〉라는 도발적인 제목의 시론 발표. 라틴아메리카의 교회, 특히 브라질 교회가 저항의 중심이 될 것이라 낙관함. 이 글과 함께 《반혁명적 폭력》을 개정, 보완한 《인권의 정치경제학》(전 2권)을 에드워드 허먼과 함께 출간. 1권 《워싱턴 커넥션과 제3세계 파시즘*The Washington Connection and Third World Fascism*》(2권은 《대격변 이후: 전후 인도차이나와 제국주의적 이데올로기의 부활*After the Cataclysm: Postwar Indochina and the Reconstruction of Imperial Ideology*》)은 누설된 기밀 문서를 광범위하게 다루는데, 오스트레일리아에서 엄청난 판매고를 올림. 출판이 금지된 데다 책을 보관했던 창고가 원인 모를 화재로 전소되었기 때문. 프랑스 학자 로베르 포리송*Robert Faurisson*이 나치의 유대인 학살과 학살이 자행된 가스실이 존재하지 않았다는 논문을 쓰고 '역사 왜곡죄'로 재판받을 위기에 처하자 '표현의 자유'를 이유로 500여 명의 지식인들과 함께 탄원서를 제출함. 마치 포리송의 주장을 지지하는 듯이 비쳐 프랑스에서는 '나치주의자'로 몰리고, 이듬해까지 이어진 이 사건에서 촘스키는 '정치적 올바름^{political correctness}'의 문제로 논란의 중심에 섬.

1980년(52세) 《뉴욕타임스》에 동티모르에 관한 논설을 기고할 기회를 얻고, 《보스턴글로브^{The Boston Globe}》를 설득해 미국에서는 처음으로 동티모르에 대한 진실을 보도하도록 유도함. 1980년대 레이건 행정부 때는 분쟁 지역마다 쫓아다니며 정치적 견해를 피력함. 서벵골의 비스바-바라티 대학교^{Visva-Bharati University} 명예박사 학위 받음.

1981년(53세) 1970년대에 작업한 '확대 표준 이론^{Extended Standard Theory, EST}', '수정 확대 표준 이론^{Revised Extended Standard Theory, REST}'에 이어, 1980년대 들어 중견 언어학자로 성장한 제자들이 촘스키의 언어학을 수정, 확대함. 그 중심에 서서 혁신적인 변화를 꿈꾸며 《지배와 결속에 대한 강의: 피사 강의^{Lectures on Government and Binding: The Pisa Lectures}》(일명 'GB') 출간.

1982년(54세) 어떤 압력에도 굴하지 않고 계속 용기 있게 글을 써, 이해에만 대외적으로 150편이 넘는 글을 발표함. 해외에서도 즐겨 찾는 연사로 꼽혀 여행이 잦아짐. 대중적 인지도가 높아지면서 사생활을 지키기가 힘들어짐. 학자로서 성공했음에도 정치적 행동주의자로서 여전히 주류 세계에 편입하지 않고 많은 시민운동을 조직하며 활동함. 주류 학계와 정계에서는 그와 일정한 거리를 두려고 발버둥침. 동티모르에 대한 기본적인 내용을 담은 《새로운 냉전을 향하여^{Towards a New Cold War}》 출간. 시러큐스 대학^{Syracuse University} 초빙 교수 지냄.《근본적인 우선순위^{Radical Priorities}》 출간.

1983년(55세) 이스라엘과 서남아시아에 대한 그의 견해를 집약한 《숙명의 트라이앵글*The Fateful Triangle*》출간. 이 책에서 주류 언론에서 보도하지 않은 미국의 범죄를 낱낱이 나열함.

1984년(56세) 미국 심리학회로부터 '특별 과학 공로상*distinguished scientific contribution*' 수상. 11월 인도의 두 젊은이(라마이아*L. S. Ramaiah*와 찬드라*T. V. Prafulla Chandra*)가 촘스키의 출판물 목록을 최초로 정리해 출판함(《노엄 촘스키: 전기*Noam Chomsky: a Bibliography*》). 직접 쓴 것이 180종이 넘고, 그를 다룬 출판물의 수는 그 두 배에 달함. 펜실베이니아 대학교에서 명예박사 학위 받음.

1985년(57세) 《흐름 바꾸기: 미국의 중앙아메리카 개입과 평화를 위한 투쟁*Turning the Tide: U. S. Intervention in Central America and the Struggle for Peace*》출간.

1986년(58세) 《언어 지식: 그 본질, 근원 및 사용*Knowledge of Language: Its Nature, Origin, and Use*》출간. 3월 니카라과 마나과를 방문해 1주간 강연함. 강연 도중 미국이 니카라과를 비롯해 중남미에서 저지른 만행을 고발하며 미국 시민이란 것에 수치심을 느껴 눈물을 흘림. 언어학 분야에서는 '원리와 매개변인*principle*'에 대한 탐구 등 GB 이론을 더 정교하게 다듬은 《장벽*Barriers*》(1986)을 '언어학 탐구 모노그래프' 시리즈의 13권으로 발표. 얄팍한데도 지나치게 전문적이어서 대학원생은 물론 언어학자까지 당혹스러워했지만, 언어학의 발전 방향을 제시함. 《해적과 제왕: 국제 테러리즘의 역사와 실체*Pirates and Emperors: International Terrorism in the Real World*》출간.

1987년(59세) 니카라과 마나과 강연을 모아 《권력과 이데올로기: 마나과 강연*On Power and Ideology: The Managua Lectures*》출간. 아침에 한 강연만 따로 모은 《지식의 문제와 언어: 마나과 강연*Language and Problems of Knowledge: The Managua Lectures*》도 출간. 이 책으로 '평이한 언어로 정직하고 명료하게 뛰어난 글을 쓴 공로*Distinguished Contributions to Honesty and Clarity in Public Language*'를 인정받아 미국 영어교사 위원회*National Council of Teachers* of English가 주는 오웰상 Orwell Award 을 받음. 사우스 엔드 프레스의 공동 설립자인 마이클 앨버트 Michael Albert 와 리디아 사전트 Lydia Sargent 가 《Z 매거진 Z Magazine》 창간. 촘스키를 필두로 진보적 지식인들의 글 게재, 이후 인터넷에서 정치적 행동주의자들의 언로 역할을 함.

1988년(60세) 에드워드 허먼과 함께 《여론조작: 매스미디어의 정치경제학 Manufacturing Consent: The Political Economy of the Mass Media》 출간. '여론조작'은 칼럼니스트 월터 리프먼 Walter Lippmann 에게서 차용한 개념. 이 책으로 또 한 번 미국 영어교사 위원회로부터 오웰상 받음(1989년). 시론 〈중앙아메리카: 다음 단계 Central America: The Next Phase〉에서 니카라과를 비롯한 중앙아메리카에 대한 미국의 공격을 '국가 테러'라고 고발함. 파시스트와 민주 세력 사이에서 교회가 선한 역할을 맡을 것이라 낙관하면서도 늘 기독교 근본주의를 호되게 비판함. '기초과학 교토상 Kyoto Prize in Basic Sciences' 수상. 《테러리즘의 문화 The Culture of Terrorism》 출간. 7월 이스라엘이 점령한 팔레스타인 지역 방문. 예루살렘 근처 칼란디야 난민촌 Kalandia refugee camp 에 잠입했다가 이스라엘군에게 쫓겨남.

1989년(61세) 《여론조작》에 이어 미국, 미국과 비슷한 민주 국가들을 신랄하게 비판한 《환상을 만드는 언론 Necessary Illusions: Thought Control in Democratic Societies》 출간.

1991년(63세) 《민주주의 단념시키기 Deterring Democracy》 출간.

1992년(64세) 《미국이 진정으로 원하는 것 What Uncle Sam Really Wants》 출간. 캐나다의 언론인 마크 아크바르 Mark Achbar 와 피터 윈토닉 Peter Wintonick 이 《여론조작》을 기초로 만든 다큐멘터리 〈여론 조작: 노엄 촘스키와 미디어 Manufacturing Consent: Noam Chomsky and the Media〉가 11월 오스트레일리아에서 처음 상영됨. 아크바르는 이 작품으로 20대 초반 젊은 영화인들에게 주는 '더 듀크 오브 에든버러 인터내셔널 어워드 The Duke of Edinburgh's International Award'를 수상했고, 이 작품은 2003년 차

기작이 나오기 전까지 캐나다 역사상 가장 성공한 다큐멘터리로 기록됨.

1993년(65세) 《부유한 소수와 불안한 다수 *The Prosperous Few and the Restless Many*》(데이비드 바사미언*David Barsamian* 인터뷰) 출간. 허울 좋은 명분 아래 풍부한 자원과 잠재력을 지닌 중남미 대륙과 아프리카, 아시아를 미국이 정치·경제적으로 어떻게 식민지화했는지 밝히고 "도덕은 총구로부터 나온다"는 미국의 오만한 역사 의식을 신랄하게 비판한 《507년, 정복은 계속된다 *Year 501: The Conquest Continues*》 출간.

1994년(66세) 《비밀, 거짓말 그리고 민주주의 *Secrets, Lies and Democracy*》 출간. 1991년 11월 말레이시아계 뉴질랜드 학생이자 오스트레일리아 구호단체 소속 카말 바마드하즈*Kamal Bamadhaj*가 동티모르에서 인도네시아 헌병대 총에 등을 맞는 치명상을 입고 결국 사망함. 그의 어머니 헬렌 토드*Helen Todd* 기자가 범인을 법정에 세우고자 투쟁을 벌인 4년간 그녀와 계속 연락을 주고받으며 격려함. 연루된 장군 중 한 명이 하버드 대학교에 다닌다는 사실이 밝혀지자 보스턴의 행동주의자들이 하버드 대학 당국에 항의 시위하여 결국 토드가 승소함.

1995년(67세) 동티모르 구호협회*ETRA*와 저항을 위한 동티모르 국가 평의회 *CNRM*의 초청으로 9일간 오스트레일리아 방문. 수도 캔버라에서 난민들을 대상으로 강연하고 멜버른과 시드니에서 대규모 집회를 조직함. 생물언어학을 치밀하게 실행에 옮기고자 규칙을 최소화함으로써 강력한 설명력을 띤 소수의 원리 체계로 언어 메커니즘을 분석한 《최소주의 프로그램 *The Minimalist Program*》 출간. 이 '최소주의 프로그램'에 모든 인간이 생득적으로 갖고 있는 모든 언어에 내재한 '보편문법*Universal Grammer, UG*'을 적용해 언어학을 발전시킴.

1996년(68세) 캐럴 은퇴, 촘스키의 실질적인 매니저로 활동. 전해 오스트레일리아에서 연 강연들을 모아《권력과 전망*Powers and Prospects*》펴냄.

1997년(69세)《미디어 컨트롤: 프로파간다의 화려한 성취*Media Control: The Spectacular Achievements of Propaganda*》출간(〈화성에서 온 언론인*The Journalist from Mars*〉을 추가해 2002년 개정판 출간).

1998년(70세)《공공선을 위하여*The Common Good*》(데이비드 바사미언 인터뷰) 출간.

1999년(71세)《숙명의 트라이앵글》개정판 출간. 에드워드 사이드*Edward Said*는 서문에서 "인간의 고통과 불의에 끊임없이 맞서는 숭고한 이상을 지닌 사람에게는 무언가 감동적인 것이 있다"며 촘스키의 '숭고한 이상'을 피력함. 《그들에게 국민은 없다: 촘스키의 신자유주의 비판*Profit over People: Neoliberalism and Global Order*》출간. 그의 장기적 연구가 컴퓨터와 인지과학*Computer and Cognitive Science* 분야의 성장에 기여했다는 이유로 벤저민프랭클린 메달*Benjamin Franklin Medal* 수상. 헬름홀츠 메달*Helmholtz Medal* 수상.

2000년(72세)《신세대는 선을 긋는다: 코소보, 동티모르와 서구의 기준*A New Generation Draws the Line: Kosovo, East Timor and the Standards of the West*》출간. 《언어와 정신 연구의 새 지평*New Horizons in the Study of Language and Mind*》출간. 《불량 국가*Rogue States: The Rule of Force in World Affairs*》출간. 이 책에서 서방 강국, 그중에서도 미국이 어떻게 각종 국제적 규범에서 면제되는 것처럼 행동해왔는지, 또한 이런 경향이 냉전 종식 이후 어떻게 더 강화돼왔는지를 면밀히 밝힘. 또 라틴아메리카, 쿠바, 동아시아 등지에서 미국이 저지른 만행과 치명적인 결과를 구체적인 자료와 실증을 통해 적나라하게 보여줌. 여기서 미국이 테러의 표적이 된 이유를 차근차근 설명하는데, 미국은 이라크, 북한, 쿠바 등을 '불량 국가'로 분류하지만 오히려 국제 질서 위에 군림하면서 국제 규범을 무시하는 미국이야말로 국제사회의 '불량 국가'라고 규정함. 《실패한 교육과 거짓말*Chomsky on Mis-education*》

(2004년 개정판), 1996년의 델리 강연을 엮은 《언어의 구조 *The Architecture of Language*》 출간.

2001년(73세) 5월 경제적 이익을 위해 폭력을 무수히 행사하는 부시 정부에 대해 어정쩡한 태도를 보여 비난받기도 함. '미국과 테러'에 대한 견해를 소상히 밝힌 《프로파간다와 여론: 노엄 촘스키와의 대화 *Propaganda and the Public Mind: Conversations with Noam Chomsky*》(데이비드 바사미언 인터뷰) 출간. 배타적 애국주의로 치닫는 미국의 주류 언론과 지식인을 비판하면서 미국 정부와 언론의 프로파간다 공세 뒤에 가려진 진실과 국제 관계를 보는 새로운 시각을 전함. 9·11테러 이후 인터뷰 요청이 쇄도해 9월부터 10월 초까지 많은 인터뷰를 함. 이를 모은 책 《촘스키, 9-11 *9-11*》이 이듬해 페이퍼백 부문 베스트셀러 1위를 차지함. 10월 프랑스에서 《촘스키, 누가 무엇으로 세상을 지배하는가 *deux heures de lucidité*》(드니 로베르 *Denis Robert* 와 베로니카 자라쇼비치 *Weronika Zarachowicz* 인터뷰) 출간. 표현의 자유와 포리송 사건에 대한 공식 입장을 표명함. 12월 인도 델리에서 인도의 경제학자 라크다왈라 *Lakdawala* 추모 강연을 함(2004년 《인도의 미래 *The future of the Indian past*》로 출간됨).

2002년(74세) 1월 세계경제포럼 *World Economic Forum* (다보스포럼)에 대항한 NGO(비정부기구)들의 회의인 세계사회포럼 *World Social Forum* (브라질 프로투알레그리 *Porto Alegre*)에 참석. 2월 촘스키 책을 출간했다는 이유로 반역죄로 기소된 터키 출판인의 재판에 공동 피고인으로 참석하기 위해 터키 방문. 출판인이 공동 피고인이 되어달라고 부탁했고 촘스키가 기꺼이 요청을 받아들인 것으로, 재판부는 국제사회에 이런 사실이 알려질까 두려웠는지 첫날 기소를 기각함. 쿠르드족을 찾아다니며 그들의 인권을 강력하게 옹호하는 말과 글을 계속 발표함. 1월 23일 뉴욕에서 열린 미디어 감시단체 페어 *FAIR* 의 창립 15주년

축하 강연 내용을 기반으로 《미디어 컨트롤》 개정판 출간. 《촘스키, 세상의 물음에 답하다 *Understanding Power: The Indispensable Chomsky*》, 《자연과 언어에 관해 *On Nature and Language*》 출간.

2003년(75세) 《중동의 평화에 중동은 없다 *Middle East Illusions*》(《중동에서의 평화》 포함) 출간. 《촘스키, 사상의 향연 *Chomsky on Democracy and Education*》(C. P. 오테로 *C. P. Otero* 엮음) 출간. 브라질에서 열린 세계사회포럼에 참석. 라틴아메리카 사회과학위원회 *CLASCO* 회장의 초청으로 쿠바 방문. 귀국 후 쿠바에 가한 미국의 금수 조치를 격렬히 비난함. 인도의 시민운동가이자 소설가 아룬다티 로이 *Arundhati Roy* 는 〈노엄 촘스키의 외로움 *The Loneliness of Noam Chomsky*〉이란 글에서 "촘스키가 이 세상에 기여한 공로 중 하나를 고른다면 아름답고 밝게 빛나는 '자유'라는 단어 뒤에 감춰진 추악하고 무자비하게 조작되는 세계를 폭로한 것"이라고 말함. 미국 정치·경제 엘리트들의 '제국주의적 대전략 *imperial grand strategy*'을 완벽히 해부한 《패권인가 생존인가 *Hegemony or Survival: America's Quest for Global Dominance*》 출간. 9·11사태로 희생된 사람은 3,000명 남짓이지만, 미군의 직접적인 테러로 희생된 사람은 서류로만 봐도 수십만 명에 이른다고 주장하는 바람에 미국 우익과 자유주의자 모두의 분노를 폭발시켜 지식인 사회가 크게 동요함. 마크 아르바르 등이 촘스키 등을 인터뷰해 만든 다큐멘터리 〈기업 *The Corporation*〉 출시.

2004년(76세) 이듬해까지 이탈리아의 피렌체와 볼로냐, 그리스의 테살로니키, 아테네, 헝가리, 영국의 런던, 옥스퍼드, 맨체스터, 리버풀, 에든버러, 독일의 올덴부르크와 베를린, 라이프치히, 슬로베니아의 류블랴나, 크로아티아의 노비그라드, 북아메리카 등 전 세계 각지에서 강연함. 학자 9명이 촘스키의 논리적 허구와 사실 왜곡을 신랄하게 짚은 《촘스키 비판서 *The anti* *chomsky reader*》출간. 이때까지 촘스키가 등장하는 영화만 28편에 이름.

2005년(77세)《촘스키, 미래의 정부를 말하다*Government in the Future*》출간. 2003년 캐나다를 방문한 촘스키의 1주간의 행적을 담은 DVD 〈노엄 촘스키: 쉬지 않는 반항자*Noam Chomsky: Rebel without a Pause*〉 출시.《촘스키의 아나키즘*Chomsky on Anarchism*》(배리 페이트먼*Barry Pateman* 엮음) 출간. 인터뷰집《촘스키, 우리의 미래를 말하다*Imperial Ambitions: Conversations on the Post-9/11 World*》(데이비드 바사미언 엮음) 출간. 10월《가디언*The Guardian*》이 선정한 '세계 최고의 지식인' 1위로 뽑힘. 이때까지 받은 명예 학위와 상이 30여 개에 이름. MIT에서 열린 컴퓨터 언어학 세미나에 참석. 더블린의 유니버시티칼리지*University College*의 문학과 사학회*Literary and Historical Society*의 명예회원이 됨. 11월《포린 폴리시*Foreign Policy*》선정 '2005 세계 지식인 조사'에서 1위를 차지함. 2위인 움베르토 에코*Umberto Eco*의 두 배인 4만 표를 받음.

2006년(78세) 5월《뉴스테이츠먼*New Statesman*》이 선정한 '우리 시대의 영웅' 7위로 뽑힘. 5월 8일부터 8일간 촘스키 부부와 파와즈 트라불시*Fawwaz Trabulsi* 등이 레바논을 여행함. 9일 베이루트의 아메리칸 대학교*American University*에서 '권력의 위대한 영혼*The Great Soul of Power*'이란 제목으로 에드워드 사이드 추모 강연함. 10일에는 같은 대학에서 '생물언어학 탐구: 구상, 발전, 진화*Biolinguistic Explorations: Design, Development, Evolution*'라는 주제로 두 번째 강연함. 12일에는 베이루트 함라 거리*Hamra Street*의 마스라알마디나*Masrah al Madina* 극장에서 '임박한 위기: 위협과 기회*Imminent Crises: Threats and Opportunities*'라는 제목으로 강연함. 촘스키의 강연과 인터뷰에, 동행한 사람들과 서남아시아 전문가들의 글을 덧붙이고 캐럴이 찍은 사진을 담아 이듬해《촘스키, 고뇌의 땅 레바논에 서다*Inside Lebanon: Journey to a Shattered Land with Noam and Carol Chomsky*》출간. 미셸 푸코*Michel Foucault* 와의 대담집《촘스키와 푸코, 인간의 본성을 말하다*The Chomsky-Foucault Debate: On Human Nature*》출간.《촘스키, 실패한 국가, 미국을 말하다*Failed States: The Abuse of Power and the Assault on Democracy*》출간. 배우 비고 모텐슨*Viggo Mortensen*과 기타리스트 버킷헤드*Buckethead*가 2003년에 발표한 앨범 판데모니움프롬아메리카*Pandemoniumfromamerica*를 촘스키에게 헌정함.

2007년(79세) 대담집《촘스키와 아슈카르, 중동을 이야기하다*Perilous Power: The Middle East and US Foreign Policy: Dialogues on Terror, Democracy, War, and Justice*》출간. 뉴욕타임스 신디케이트에 기고한 칼럼을 모아《촘스키, 우리가 모르는 미국 그리고 세계*Interventions*》출간. 바사미언과의 인터뷰집《촘스키, 변화의 길목에서 미국을 말하다*What We Say Goes: Conversations on U.S. Power in a Changing World*》출간. 스웨덴 웁살라 대학*Uppsala University* 카를 폰 린네*Carl von Linné* 기념회로부터 명예박사 학위 받음.

2008년(80세) 2월 골웨이 아일랜드 국립대학교*National University of Ireland, Galway*의 문학과 토론 클럽*Literary and Debating Society*으로부터 프레지던트 메달*President's Medal* 받음.《촘스키 지知의 향연*The Essential Chomsky*》(앤서니 아노브*Anthony Arnove* 엮음) 출간. 12월 대한민국 국방부가 발표한 '2008 국방부 선정 불온서적'에《미국이 진정으로 원하는 것》과《507년, 정복은 계속된다》가 포함됨. 이에 대해 "한국민의 위대한 성취를 거꾸로 되돌리려는 시도"라며 한국 정부 당국을 "독재자 스탈린을 뒤따르는 세력"이라고 강력히 비난함. 12월 19일 평생을 함께한 캐럴 촘스키, 암으로 사망.

2009년(81세) 국제 전문 통번역사 협회*IAPTI* 명예회원이 됨.

2010년(82세) 1월 MIT 크레지 강당*Kresge Auditorium*에서 러시아 출신 작곡가 에드워드 마누키안*Edward Manykyan*과 하버드 대학교 언어학과장 제나로 치에치아*Gennaro Chierchia* 등이 촘스키 가족을 초대해 특별 콘서트를 개최함.《촘스키, 희망을 묻다 전망에 답하다*Hopes and Prospects*》출간. 11월 일란 파페*Illan Pappé*와 대담하여《위기의 가자 지구: 팔레스타인과 벌인 이스라엘 전쟁에 관한 고찰Gaza in Crisis: Reflections on Israel's War Against the Palestinians》출간. 진보한 인문학자에게 수여하는 에리히프롬상Erich Fromm Prize 수상.

2011년(83세) 케이프타운에서 학문의 자유에 관한 다비Davie 기념 강연함. 3월 9·11 이후 미국과 서구 국가, 서남아시아 국가의 권력 관계와 국제적 협상에 관해 10년간 발전시킨 분석틀을 제시한《권력과 테러: 갈등, 헤게모니 그리고 힘의 규칙Power and Terror: Conflict, Hegemony, and the Rule of Force》출간. 9월 소프트 스컬 프레스Soft Skull Press의 리얼 스토리Real Story 시리즈 중 베스트셀러 네 권을 모은《세상은 어떻게 움직이는가How the World Works》출간(한국에서는 〈촘스키, 세상의 권력을 말하다〉시리즈로 출간).《미국이 진정으로 원하는 것》,《부유한 소수와 불안한 다수》,《비밀, 거짓말 그리고 민주주의》,《공공선을 위하여》가 묶임. 수가 클수록 학자로서의 저명함을 입증하는 '에르되시 수Erdös number'가 4가 됨. 시드니평화상Sydney Peace Prize 수상. 국제전기전자기술자협회IEEE 인텔리전스 시스템Intelligent Systems의 '인공지능 명예의 전당'에 오름.

2012년(84세) 4월 맥길 대학교McGill University 철학 교수 제임스 맥길브레이James McGilvray와의 대담집《언어의 과학The Science of Language》출간. 2007년에 낸《촘스키, 우리가 모르는 미국 그리고 세계》에 이어 뉴욕타임스 신디케이트에 기고한 칼럼을 두 번째로 모아《촘스키, 만들어진 세계 우리가 만들어갈 미래Making the Future: Occupations, Interventions, Empire and Resistance》출간. 2007년 이후의 칼럼에는 북한 이야기도 포함됨. 전해 11월 월스트리트에서 시작된 '점령하라' 운동에 대한 강연과 대담을 엮어《점령하라Occupy》출간.

2013년(05세) 이모부의 신문 가판대에서 일한 경험 때문인지 오래 습관이 된, 아침 식사 자리에서 신문 네다섯 개를 읽는 것으로 하루를 시작함. 신문 기사는 그날 강연의 화두가 되고, 자신의 주장을 뒷받침하는 배경이 됨.

1월 《권력 시스템: 글로벌 민주주의 부흥과 미국 제국주의의 새로운 도전 *Power Systems: Conversations on Global Democratic Uprisings and the New Challenges to U.S. Empire*》(데이비드 바사미언 인터뷰) 출간. 8월 미국 외교전문매체 《포린 폴리시》가 정보자유법 FOIA에 따라 최근 공개한 CIA의 기밀 자료에 따르면, CIA가 1970년대에 촘스키의 행적을 감시했음이 밝혀짐. 9월 영화 제작자이자 탐사 전문 기자인 안드레 블책 Andre Vltchek과 대담하여 《서구 제국주의에 관하여: 히로시마에서부터 무인 전투 폭격기까지 *On Western Terrorism: From Hiroshima to Drone Warfare*》 출간.

현재 미국국립과학아카데미 National Academy of Sciences, 미국예술과학아카데미 American Academy of Arts and Sciences, 미국언어학회 Linguistics Society of America, 미국철학회 American Philosophical Association, 미국과학진흥협회 American Association for the Advancement of Science 회원이며, 영국학술원 British Academy 통신회원 corresponding fellow, 영국심리학회 British Psychological Society 명예회원 honorary member, 독일 레오폴디나 과학아카데미 Deutsche Akademie der Naturforscher Leopoldina 와 네덜란드 위트레흐프 예술과학회 Utrecht Society of Arts and Sciences 회원. 전 세계 수십 개 주요 대학에서 명예박사 학위를 받음. 58년간 MIT에서 학생들을 가르쳐왔으며 지금까지 120권이 넘는 저서와 1,000편이 넘는 논문을 발표함.

찾아보기

미국이 진정으로 원하는 것
촘스키, 미국이 쓴 착한 사마리아인의 탈을 벗기다

제2차 세계대전 이후로 미국이 세계를 지배한 방식을 촘스키 특유의 신랄하고 냉철한 어조로 비판한다. 유럽과 제3세계, 아시아는 물론이고 카리브 해 연안의 작은 섬나라까지 전 세계의 민주주의의 불꽃을 철저하게 파괴한, 가면을 벗긴 미국 제국주의의 참모습을 촘스키는 기밀문서와 각종 자료를 토대로 분석하고 파헤친다.

문이얼 옮김 | 176쪽 | 값 12,500원

비밀, 거짓말 그리고 민주주의
촘스키, 세계화의 진실과 민주주의의 실상을 밝히다

세계화와 민주주의라는 이름으로 세계 곳곳에서 자행되는 유린의 내막을 촘스키의 시선으로 들여다본다. GATT와 FTA 그리고 신자유주의의 폭력과 자본에 잠식당한 민주주의, 경제 제도, 건강보험과 분배의 불평등 문제를 통해 억압받는 제3세계와 약소국의 실상을 점검하고 세계 민중들의 단결을 촉구한다.

데이비드 바사미언 인터뷰 | 강주헌 옮김 | 280쪽 | 값 14,500원

공공선을 위하여
촘스키, 언론과 결탁한 세계 자본의 위험을 비판하다

오늘날에 비하면 아리스토텔레스의 시대조차 급진적이었다고 할 수 있는 공공선의 문제를 되짚어 지금의 현실을 꼬집는다. 자본이 독재적인 권력을 휘두르는 미국의 비밀을 파헤쳐, 세계 모든 나라를 위협하는 미국 중심의 자본과 언론 권력을 비판한다. 더 나은 세계를 위해 지식인이 해야 할 일 그리고 민중이 할 수 있는 일을 역설한다.

데이비드 바사미언 인터뷰 | 강주헌 옮김 | 240쪽 | 값 14,000원